KB209030

저자 밥 버포드는 인생의 과도기를 맞이했을 때 삶의 초점을 '성공'에서 '의미'로 옮긴 보기 드문 사람이다. 이 책은 남은 인생을 우리 생애 최고의 시간으로 만드는 길로 안내할 것이다. 우리 성도들도 빠짐없이 이 희망의 이야기를 읽었으면 좋겠다.

_릭 워렌(새들백 교회 담임목사)

저자에 따르면, 삶의 전반부는 성공을 추구하고 후반부는 의미를 추구하는 시기다. 저자 역시 자신이 성공을 거둔 후, 지금은 우리에게 의미를 보여주고 있다. 이 독특한 책은 우리를 격려하면서도 무척이나 실용적이다. 이 책을 읽고 인생을 멋지게 마무리하라!

_맥스 루케이도(《너는 특별하단다》 저자)

이 책에서 탁월한 정신과 마음이 느껴진다. 인생 후반부에서 의미와 성취감을 찾는 문제, 즉 성공하는 삶에서 의미 있는 삶으로 옮겨가는 과정을 다루어 희망을 불러일으키는 책이다.

_스티븐 R. 코비(《성공하는 사람들의 7가지 습관》 저자)

이 책은 성공한 사람들을 위한 책이다. 또다시 승리하고, 또다시 영업 실적을 올리고, 또다시 정복하거나 수익을 획기적으로 높이는 것만으로는 인생에서 더 많은 것을 실현할 수 없다고 깨달았다면, 밥 버포드를 길잡이 삼아 여러분의 남은 인생을 생애 최고의 시절로 만들기 바란다.

_켄 블랜차드(《칭찬은 고래도 춤추게 한다》 저자)

밥 버포드 덕분에 많은 부자 청년들이 천국에 들어갈 수 있을 것 같다. 그는 남은 세월을 하릴없이 지내지 않고 값지게 보내는 기막힌 방법을 창조해냈다. 덕분에 나도 후반부에 더욱 의미 있는 삶을 살게 될 것이라고 확신한다.

_스티븐 아터번(뉴라이프 미니스트리 설립자)

밥 버포드의 접근법은 감정의 정곡을 찌른다. 이는 그가 신실한 그리스도인이며 탁월한 사업가이기에 가능한 일이다.

_스티븐 레이먼드(前 펩시코 CEO)

이 책은 우리 마음속에서 일과 삶에 대한 근심스러운 의문이 떠나지 않을 때 그 의문에 귀를 기울이라고 말한다. 그런 다음, 우리가 어떤 선택을 해야 좋은지, 어떻게 하면 용기를 내어 그것을 실천할 수 있는지 읽기 쉽게 분석한다.

_데니스 바크(AES 코퍼레이션 공동 설립자)

저자는 마음속에 있는 사적인 방에 관해 이야기한다. 이제 막 40대에 들어선 나에게 이 책은 숨차고 지친 채로 경기 중반에 들어선 선수를 결승선까지 달리게 하는 시원한 물 한 컵과도 같았다.

_데이비드 G. 브래들리(애틀랜틱미디어 회장)

이 책은 단순히 강력한 메시지를 전달하는 것에 그치지 않고 실천을 촉구한다. 저자의 이야기는 진지하고 현실적이며, 마음을 움직이고 자극한다. 더 나은 내일을 위해 자신의 인생 이야기와 철학을 함께 나누는 저자에게 감사한다.

_마이클 J. 카미(컨설턴트)

열정을 목적에, 성공을 의미에, 군중을 지역사회에 연결(또는 재연결)하고자 하는 모든 이들에게 저자의 이야기와 삶은 믿음을 삶 속에서 실천할 방법을 알려주는 은혜로운 초대다. 그의 삶은 진정한 의미에서 말 그대로 '재구성된' 삶, 곧 그가 일차적 충성을 바쳐온 것으로 멋지게 구성된 삶이다.

_돈 플로우(플로우 컴퍼니 CEO)

내 아이들에게 주려고 마음먹은 책이다.

_맥스 드프리(허먼밀러 명예회장)

이 책은 하나님과 전 세계 사람들을 위해 자신의 시간과 재능을 바치는 한 남자의 마음이다. 지난 수 세기 동안 하나님께서는 특히 마음이 선한 사람들을 축복했고, 저자도 그중 한 사람이다. 이 책이 전하는 이야기는 우리에게 값진 도움이 될 것이다.

_더글라스 E. 코(前 미국 국가조찬기도회 대표)

여러 해 동안 나는 그리스도인들에게 큰 꿈을 꾸라고, 큰 계획을 세우라고, 큰 기도를 하라고, 하나님의 큰 명령에 순종하라고 이야기했다. 저자 밥 버포드는 예리한 사업가 기질과 예수 그리스도를 향한 헌신을 바탕으로, 이 지침들을 행동으로 옮기게 만든다. 그는 하나님이 진정으로 의미 있는 삶을 살라고 우리에게 부여한 모든 재능을 곱절로 활용하게 한다.

_루이스 팔라우(루이스 팔라우 협회 설립자)

이 책은 사업에서 눈부신 성공을 거두다가 삶의 방향을 바꾸어 타인에게 봉사하며 의미를 찾아가는 흥미진진한 이야기다. 책에는 저자의 철학뿐만 아니라 훌륭한 철학자들의 다양한 영적 여정에 관한 이야기가 실려 있다. 전반부를 사는 사람과 후반부를 사는 사람 그리고 개인의 기나긴 여정을 높이 평가하는 모든 이들을 위한 책이다.

_ 프랜시스 허셀바인(프랜시스 허셀바인 리더십 연구소 대표)

이 책은 우리 삶의 방향과 우선순위를 다시 생각하게 만든다. 많은 시험을 거치며 숨 가쁘게 지내던 삶을 힘겹게 바꾼 그가 우리에게 보여주는 통찰력과 조언은 진실하고 깊은 울림을 준다. 노련하고 우아하게 경기를 펼치던 실전 경험에서 우러난 그만의 지도법은 지혜로 가득 차 있어서, 우리에게 삶을 풍성하게 할 원칙과 전략을 제공해준다.

_J. 윌리엄스(前 트래멀크로우CEO)

저자는 운동경기와 마찬가지로 삶에서도 마무리가 중요하다는 사실을 잘 아는 사람이다. 전반전에서 아무리 높은 점수를 얻어도 막판에 점수가 낮다면 무슨 소용이 있겠는가? 성공을 중시하는 사람들이 쉽게 이해하도록 저자는 라커룸에서 선수를 격려하듯 삶의 기본을 발견하도록 도전한다. 당신이 인생에서 올바른 경기 규칙을 따르고 있는지 궁금하다면 타임아웃을 요청하고 이 책을 읽으라.

_스티븐 A. 헤이너(前 컬럼비아 신학교 총장)

하프타임 1

밥 버포드 Bob Buford | 이창신 옮김

국제제자훈련원

내 인생에서 가장 소중한 두 사람,

내 마음을 키운 린다

그리고

내 정신을 키운 고故 피터 드러커에게.

차례

이 책을 쓰고 내 삶에서 일어나는 일들을 돌아보면서, 놀라운 진실을 발견했다. 내가 했던 중요한 일 중에서 다른 사람들과 팀을 이뤄 함께하지 않은 일이 없다는 사실이다. 오만하고 무엇이든 혼자 다 하려 들면서 독립적인 존재인 양 행동하는 우리 인간들을 보시고 하나님은 필시 웃음을 터뜨리실 것이다. 인간의 이런 성향은 큰돈을 벌었을 때, 운동경기에서 승리하거나 책을 써서 박수갈채를 받았을 때, 뭔가 특별한 것을 성취했을 때 나타나기도 한다. 하나님은 우쭐대는 모든 인간에게, 실제로 우리가 얼마나 상호의존적인 존재인지 가르쳐줄 방법을 찾으신다.

인간의 상호의존성을 다룬 글 가운데 가장 뛰어난 것은 로마서 12장이 아닐까 싶다. 바울은 로마서 12:3-6에서 이렇게 말한다.

> 여러분은 스스로 마땅히 생각해야 하는 것 이상으로 생각하지 말고, 하나님께서 각 사람에게 나누어주신 믿음의 분량대로, 분수에 맞게 생각하십시오. 한 몸에 많은 지체가 있으나, 그 지체들이 다 같은 일을 하는 것이 아닙니다. 이와 같이, 우리도 여럿이지만 그리스도 안에서 한 몸을 이루고 있으며, 각 사람은 서로 지체입니다. 하나님께서 우리에게 주신 은혜를 따라, 우리는 저마다 다른 신령한 선물을 가지고 있습니다. (새번역)

이 책도 그렇고, 책이 보여주고자 한 삶도 그렇고, 모두 한 팀이 완성한 결실이다. 책을 만든 공로는 존더반 출판사의 전직 편집인인 스캇 볼린더에게 있다. 나는 이 책의 집필을 여러 번 포기했다. 하지만 그는 포기하지 않고 댈러스로 두 번이나 찾아와 완강히 버티는 '저자'를 설득해 책을 완성하게 했다. 린 크라이더먼은 책을 꼼꼼히 손봐주었다. 곁에서 나를 도와준 엥글은 다양한 초안을 만들고 또 만들면서 오랜 시간을 보냈다. 나는 T. S. 엘리엇이 글쓰기를 "표현력 부재에 대한 급습"이라고 말한 의미가 무엇인지 직접 체험할 수 있었다.

나는 활동 목적에 따라 여러 팀의 일원으로 활동한다. 삶을 설계하는 일에서는 피터 드러커가 내 생애에서 가장 중요한 인물이었다. 사업을 어떻게 운영해야 할지 몰라 도움이 절실하던 초기 시절에 그는 내 스승이었고, 수많은 저술 활동을 통해 다른 많은 사람에게도 스승이 되었다. 또한 내가 후반부로 들어갈 때 그는 안내자가 되어 성공에서 의미로 옮겨가도록 나를 이끌어주었다.

사무실에 있는 많은 책 중에 내 인생의 가장 훌륭한 동반자가 두 권 있는데, 인간적 지침서인 《피터 드러커·매니지먼트》*Management*, 청림 역간와 영적 지침서인 성경이다. 피터는 2005년 11월, 95세 생일이 되기 며칠 전에 세상을 떠났다. 그의 사상은 그가 남긴 많은 책과 그가 영감을 준 많은 사람들 안에서 여전히 살아 있다.

이 책은 피터 드러커가 쓴 서문을 여러분의 손에 쥐여준다는 사실만으로도 그 가치가 충분하다. 개인적으로 내게도 더없이 값진 말이지만, 여러분에게도 값진 이야기다. 피터는 여러 해 동안 내게 그랬듯이, 서문을 통해 여러분에게도 현재 일어나는 많은 일을 해석하는 길잡이가 되어줄 것이다.

《하프타임》 개정증보판에는 짐 콜린스의 서문이 추가되었다. 짐은 경영 분야의 스타다. 그는 피터와 마찬가지로 누구보다 혜안이 탁월한 사람이다. 그 외에 내가 팀을 이룬 사람 중에 가장 중요한 사람은 물론 아내 린다다. 아내는 천만다행으로 나와는 많이 다르며 개성이 뚜렷한 사람이지만, 이 책을 쓰면서 어디까지가 내 생각이고 어디까지가 아내의 생각인지 분명하게 구분하기 어려울 때가 많았다. 사랑하고 존경하는 아내가 없었다면 내 삶이 어떠했을지 상상하기 힘들다. 그리고 1987년에 육체는 사라졌지만 지금도 여전히 나와 함께 있는 아들 로스도 있다. 로스는 여러 면에서 아직 완벽한 존재가 아닌 나의 일부였다. 로스는 활동적이고 생기와 열정이 넘쳤으며, 사람들과 잘 어울리는 아이였다. 특히 사냥개를 좋아했다. 아마도 그리 멀지 않은 미래에 나는 로스를 다시 보게 될 것이다. 그때 우리는 함께 영생을 누릴 것이다.

그리고 다른 누구보다도 하나님과의 협력을 감히 언급하고 싶다. 내가, 작고 유한한 내가 우주의 창조자와 협력한다는 사실에 나는 표현할 수 없는 희열과 형언할 수 없는 즐거움을 느낀다. 피터 드러커가 쓴 이 책의 서문을 읽기 전까지는 그와 같은 협력 관계를 제대로 깨닫지 못했다. 피터는 서문에서 내 능력으로 쓸 수 있는 책, 그 이상의 의미를 이야기한다. 나도 그렇게 쓰려고 노력했지만, 사실은 그러지 못했다. 내 능력을 넘어서는 일이었다. 그러나 책은 나왔다. 그리고 이 놀라운 결과에 대해서는 단지 하나님께 감사드릴 뿐이다.

하나님, 애쓰셨습니다.

15년 전, 나는 삶 속에서 일어나는 여러 일들을 보며 느낀 점을 기록하기 시작했다. 당시 중년에 접어든 나는 위기에 맞닥뜨린 것이 아니라, 오히려 새롭고 더 멋진 삶이 내 앞에 놓인 것을 발견했다. 나는 그것을 발견하는 과정을 '하프타임'이라 불렀고, 이 과정은 결국 '후반전'으로 이어졌다. 이 비유가 더 없이 적절한 이유는, 전반전을 성공적으로 마친 내가 잠시 휴식을 취하면서 후반전을 치르기 위한 변화를 구상해야 했기 때문이다. 지난 20년간 많은 성공을 거두는 사이 기력이 다하거나 좌절한 적은 없었지만 뭔가 빠졌다는 느낌이 들었고, 경기 작전을 바꿔야 한다는 생각에 이르렀다. 돌이켜보면 그때 빠진 것을 찾기 위해 사람들이 흔히 택하는 길을 따라가지 않았던 것은 하나님의 보호하심 때문이었던 게 틀림없다.

나는 그동안 쓴 원고를 가지고 출판사를 찾아갔고, 출판사에서는 그다지 큰 기대는 하지 않은 채 내 원고를 책으로 펴내기로 결정했다. 바로 이때부터 《하프타임》을 중심으로 어떤 움직임이 일어났다고 말해도 좋을 것이다. 60만 명(초판 기준) 넘게 책을 읽었고, 이들 중 다수는 《하프타임》이 촉매제가 되어 인생의 후반전을 새롭게 발견했다. 내가 세운 리더십 네트워크 Leadership Network는 내게 온 편지 수천 통에 대한 답으로 하프타임 그룹Halftime Group을 조직했으며, 사람들이 성공을 찾는 삶에서 의미를 찾는 삶으로 옮겨가는 여정에서 필요한 자원을 제공하고 개별 지도를 실시하고 있다. 지금도 상당히 많은 사람들이 이 책을 읽고 있으며, 하프타임 그룹은 그 어느 때보다 바쁜 시기를 보내고 있다. 20년도 더 전에 내게 경기 작전을 바꾸라고 속삭였던 잠잠하고 세미한 음성이 오늘날의 사람들에게 오히려 그때보다 더 친숙하게 들리다 보니 출판사는 내게 새로운 내용을 추가해 《하프타임》 개정증보판을 내자고 제안해왔다.

여러 면에서 나는 바뀐 게 없다. 내가 하고 싶은 말은 1994년이나 지금이나 똑같다. 중년에 접어든 사람이라면, 즉 30대 후반부터 50을 훌쩍 넘긴 사람에 이르기까지, 생애 최고의 순간은 아직 오지 않았다는 사실이다. 지금 어떤 성공을 거두든 간에 그것만으로는 절대 완벽한 충족감을 얻을 수 없다. 의미 있는 삶, 정말 중요한 삶은 원하면 얼마든지 얻을 수 있으며, 그 과정은 내가 이 책에 설명한 내용을 참고하면 될 것이다.

책을 처음 썼을 때만 해도 휴대전화를 가진 사람은 얼마 없었고 인터넷을 이용자는 그보다 더 적었다. 내가 말했던 이야기의 주인공들은 그 사이에 더 좋은 세상으로 옮겨갔고, 여러분의 여정에 도움이 될 좋은 자료는 더 많아졌다. 그래서 나는 시간을 내어 이 책을 읽고 또 읽으면서 마음속으로 한 가지 질문을 던졌다. 만약 오늘 책을 처음부터 다시 쓰기 시작한다면, 어느 부분을 바꾸게 될까? 결국 바꿀 내용은 많지 않지만 이 책을 독자들의 여정에 더 훌륭한 자원으로 만들 수는 있겠다는 생각이 들었다. 그 결과, 인생 후반부에서 소명을 발견한 사람들의 이야기를 최근 것으로 교체했다. 그리고 Chapter 21, "재정 상태가 발목을 잡는다면"을 새로 넣어 '직업을 그만둘 수 없는 사람은 하프타임을 어떻게 경험할 수 있을까?'라는 문제를 다루었다. 각 Chapter 뒤에는 토론하기 좋은 질문을 새로 고쳐 실었다. 후반부 모험을 시작하면서 이 책을 읽고 새로운 것을 배운 사람들의 지혜가 녹아 있는 조언도 덧붙였다.

《하프타임》 초판에서 가장 훌륭한 부분은 내 친구이자 인생 조언자였던 피터 드러커의 서문이다. 안타깝게도 피터는 2005년 11월 11일에 세상을 떠났다. 그러나 그의 글은 여전히 진실한 울림이 있어서, 계속 놔두기로 했다. 여기에 덧붙여 역시 나의 좋은 친구이자 피터의 친구였던 베스트셀러 저자 짐 콜린스가 서문을 다시 하나 써주었다. 그의 글 한마디 한마디 역시 피터의 글만큼이나 훌륭하다. 독자들뿐만 아니라 나 역시 보너스를 하나 받은 셈이다. 마음껏 즐기시라.

초판 서문

이 책은 대단히 드문, 어쩌면 이 세상에 하나밖에 없는 책이다. 이와 조금이라도 비슷한 책을 이제까지 보지 못했다.

비범한 한 남자의 자서전이라 해도 손색이 없어서, 무척 즐겁게 읽을 수 있다. 그의 이야기는 이제 겨우 열한 살이 된 아이가 아버지의 때 이른 죽음으로 한 집안의 '가장'이라는 짐을 떠맡아야 했던 보잘것없는 상황에서 시작한다. 그러나 이 이야기는 크나큰 시련의 이야기이자, 앞날을 내다보는 결단의 이야기이며, 슬픔과 성공의 이야기다.

이야기 자체도 재미있지만, 저자 밥 버포드에게 특별한 점이 있다면 겨우 10대에 자신의 강점이 무엇인지를 꿰뚫어 본, 내가 아는 몇 안 되는 사람 가운데 하나라는 점이다. 그것은 보통 극소수의 달인들에게나 가능한 일이다. 더욱 믿기 힘든 점은 하나님께서 그에게 부여한 재능이 그가 정말 하고 싶은 일과 상당히 거리가 있음을 알았을 때, 그는 지적 정직함과 용기를 발휘해 자신에게 말했다는 것이다. "정말 하고 싶은 일보다 잘하는 일을 하는 것이 내 의무이고 사명이다." 물론 이런 생각 덕분에 그는 혁신적 기업가이자 사업가로 성공할 수 있었다.

그러나 내 경험상 전에는 한 번도 보지 못한 일인데, 버포드는 처음 품었던 비전을 절대 잊지 않았고, 성공을 빌미로 그 가치를 단념하는 법이 없었다. 젊은 시절의 야망을 치기 어린 꿈으로 치부해 지워버리려 하지도 않았다. 그는 혼신의 힘을 다해 일하면서도 저 높은 곳에 있는 꿈을 계속 올려다보았다. 그리고 30년간 일한 뒤 시간적, 금전적 여유가 생겼을 때 30년 전에 하고 싶었던 일을 어떻게 성취할지 다시 고민하기 시작했다. 이때는 그의 강점과 경험과 지식을 총동원할 수 있었다.

다른 사람들 같으면 은퇴할 나이였다. 그러나 버포드는 자신의 일을 무척 좋아했고 또 능숙하게 해냈다. 그는 하던 일을 계속해야 한다는 걸 잘 알았다. 하지만 자신의 일과 병행할 수 있는 경력을 개발해야 할 때가 왔다고 판단했다. 그래서 그는 자신의 강점과 지식, 경험, 재력을 이용해 이 땅에 하나님 나라를 앞당기는 일, 다시 말해 조국의 기독교에 헌신했다.

여기까지만 해도 흔치 않은 일이다. 그러나 이 책은 단순한 자서전에서 한참 더 나아간다. 설교 한마디 없이, '학구적' 치장도 없이, 통계나 학문적 전문용어도 없이, 우리처럼 풍요로운 선진 사회가 직면한 근본적이고 사회적인 도전을 다룬다.

그리 오래전도 아니고 내가 태어난 해인, 제1차 세계대전이 일어나기 몇 년 전만 해도 지금 우리가 중년 초기라고 생각하는 나이를 넘기는 사람이 얼마 없었다. 1929년 미국인의 평균수명은 50세도 채 안 되었다. 그리고 그보다 50년 전에는 약 35세였다. 그러나 오늘날에는 미국인의 절대다수가 그리고 다른 선진국 국민의 절대다수가 우리 증조부모보다 두 배나 오래 산다.

또 한 가지 중요한 사실은 역사상 처음으로 수많은 사람들이 '성공'을 기대할 수 있게 되었다는 점이다. 과거에는 '성공'이라는 개념을 사실상 거의 모르고 지냈다. 성공이 반드시 엄청난 부나 세속적인 커다란 성공을 뜻하지는 않는다. 그러나 예전 사람들은 몰랐던 그 무언가를 얻는 것임은 분명하다. 가령 대학 교수로서, 의사나 변호사로서, 조직의 중간관리자나 전문인으로서, 병원 관리자로서 얻는 성취인데, 이런 직업은 20세기 초에는 아예 존재하지도 않았거나 사회적으로 별 의미가 없을 정도로 극소수에 불과했다.

그때는 일이 생계였을 뿐 삶이 아니었다. 철강공장 노동자, 가내 농장의 농부, 조립 공정 노동자, 소규모 가게의 판매원처럼 전통적인 고용 관계를 맺으며 일하던 사람들에게는 30년 일하면 은퇴하는 것이 당연했다. 물론 경제력이 뒷받침된다는 전제 아래 그렇다. 이들은 하던 일을 그리워하지 않았다. 일은 단지 식탁에 다음 끼니를 올리고 아이들에게 신발을 사주는 수단에 지나지 않았기 때문이다.

오늘날에는 점점 많은 사람들이 밥 버포드처럼 일하고 싶어 한다. 일을 즐기고, 나이가 들수록 고수가 되고, 경제적으로 여유가 있으면서도 은퇴할 생각을 안 하는 식이다. 많은 사람이 그리고 갈수록 더 많은 사람이(나는 이들을 '지식 노동자'라 부른다) 역사상 다른 누구보다도 경제적으로 여유로울 뿐 아니라 개인의 만족 또한 월등하게 누리고 있다. 그러나 이들은 40대 중반에 접어들면서, 익숙하고 애착을 느끼던 그 일에 더 이상 도전을 느끼지 못한다. 이들에게는 새로운 자극이 필요하다.

나는 20~30년 전에 처음 이 사실을 알게 되었고, 수많은 사람들이 '두 번째 경력'을 갖겠구나 생각했다. 이를테면 대기업에서 여러 사업 부서를 관리하다가 그와 비슷한 업무를 비영리 기관에서 하는 식이다. 하지만 내 생각은 빗나갔다. 밥 버포드가 내게 한 수 가르쳐주었다. 사실 이들 상당수는 이미 하던 일도, 잘하는 일도 그만둘 생각이 없다. 이들은 저자가 "인생의 다른 절반"이라고 부른 시기에 내가 "병행할 수 있는 경력"이라 부른 것을 덧붙이고 싶을 뿐이다. 이들은 이미 습득한 강점, 지식, 경험을 이용해 자신이 잘하는 일을 하면서 가치를 만들어 낼 수 있는 영역을 찾고 싶어 한다.

이 새로운 도전은 앞서도 말했듯이 전에 없던 현상이다. 그리고 내가 아는 한 이 책은 능숙한 솜씨로 그러한 도전을 제시하고 그 문제를 풀어가는 방법을 보여주는 최초의 책이다. 탁월한 선도적 작업이며, 탁월한 사회 분석인 동시에 최고의 자기계발서다. 21세기의 사회 발전 가운데 위대한 발전 두 가지를 꼽자면 하나는 수명(특히 노동 수명) 연장이고, 또 하나는 생계의 문제에서 벗어나 '성공'을 이루며 인생을 꾸려나갈 수 있는 것이다. 이러한 발전의 수혜자라면 그 사람의 가치가 무엇이든, 몰두하는 일이 무엇이든 간에(이 점에서는 밥 버포드와 달라도 아무런 문제가 없다) 이 책을 촉매제로 삼아야 한다.

이 책은 정치 서적이기도 하다. 현대 사회에서는 정부가 지역 공동체와 사회문제를 살필 여력이 없다는 것을 갈수록 절실히 깨닫는다. 자유 시장도 마찬가지다. 그러다 보니 새로운 부문이 필요하다는 인식이 점점 확산되는 추세다. 그 부문을 '비영리 부문'이라 부르든, '제3 부문'이라 부르든, 아니면 '독립 부문' 또는 '사회 부문'(내가 좋아하는) 등 어느 것으로 불러도 상관없다. 이 부문에서 시민은 단지 이따금 투표나 하고 세금이나 내는 형식적인 구성원에서 벗어나 '자원봉사자'라는 분명한 실체가 된다. 이 책은 선진 사회에서 일어나는 커다란 정치적 도전에 해결책을 제시한다. 중년층이 성공함으로써 정치 공동체가 제 기능을 다하며 효과적으로 움직이고, 민주주의와 지역사회의 기본 가치를 재확인할 수 있게 되었다는 사실이다.

이 책은 또한 미국이 맞닥뜨린 큰 도전의 핵심을 건드린 종교 서적이기도 하다. 그 도전은 미국 사회와 미국인의 삶에 종교, 특히 기독교의 역할과 관련한 문제다. 미국 사회의 주류를 형성한 교회에서 지난 30~40년 동안 성도 수가 꾸준히 줄었다는 것은 누구나 다 아는 사실이다. 그러나 정작 놀라운 점은 교회 성도 수가 줄었다는 것이 아니라 그 줄어든 폭이 아주 적다는 사실이다. 과거에는(과거라고 해봐야 50~60년 전이지만) 사회적 압력으로 교회에 나가는 경우가 아주 많았다는 점을 생각하면 분명 놀라운 현상이다.

내가 영국 여러 신문의 특파원으로 미국에 처음 발을 들여놓던 30년대에는 교회에 나가는 것이 일종의 의무였다. 나는 미국으로, 그것도 풍요롭고 그다지 '종교적'이지 않은 뉴욕 교외로 이사 온 지 몇 주 만에 주택담보대출 양식을 작성해야 했다. 양식에는 참고인 두 명을 적는 곳이 있었는데, 둘 중 한 사람은 반드시 내가 다니는 교회의 목사여야 했다. 참고인을 적지 않으면 대출을 받을 수 없었다. 그 뒤 25년이 지난 1950년대 초에도 미국 소도시나 시골에서는 교회에 다니지 않는 사람이 은행 대출도 받을 수 없었고 그럴듯한 직업도 가질 수 없었다.

이제 이런 사회적 압력은 사라졌다. 그렇다면 성도 수가 급격히 줄었을 법한데, 유럽과 비교해도 그렇고 다른 어느 모로 보아도 그 줄어든 폭은 그리 크지 않을 뿐 아니라, 기존의 전통적인 교회에서 성도 수가 줄어드는 대신 '전원 교회'라는 새로운 형태의 대형 교회가 생기면서, 기존 교회의 성도 수가 줄어드는 속도보다 두세 배 빠른 속도로 성도 수를 늘려가고 있다. 다시 말해 미국은 여전히 엄연한 기독교 국가다. 그러나 이제 교회는 오늘날의 성도들 즉, 강요받지 않고 스스로 교회에 와서 성도가 된 사람들을 섬기는 방법을 배워야 한다.

저자는 뛰어난 안목으로 이를 일찌감치 간파했다. 그가 만든 리더십 네트워크는 대형 전원 교회가 효과적으로 움직이고, 교회의 주요 문제를 파악하며, 교회 스스로 오래 지속될 능력을 키우고(초기 전원 교회는 전혀 그러하지 못했다), 교회가 사도이자 증인이자 지역 봉사의 중심지로서 본래의 사명에 집중하도록 지원한다. 그는 현재 중소형 교회로까지 활동 범위를 넓혀, 설교자가 아닌 혁신적 기업가로 활동하면서 잠자고 있는 교회의 힘을 깨우기 위해 노력한다.

마지막으로 이 책은 지식을 지혜로 거듭나게 한 이야기이자 지적, 정신적 교육에 관한 이야기이며, 또 그렇게 읽어야 한다. 이런 이야기는 대단히 드물 뿐만 아니라 거들먹거리는 모험담이나 '낭만적' 영웅담보다 훨씬 더 재미있고 중요하며 교훈적이다. 인생의 중간점에 도착한 사람들, 성취할 건 웬만큼 이루어낸 성공한 사람들에게 필요한 이야기다. 한창 젊을 때는 영웅의 위업이나 낭만적 사랑 이야기가 필요하듯이.

결론을 지으면, 이 책은 다양한 각도로 읽어야 하고 그럴 수 있는 책이다. 이 책은 서로 다른 사람들에게 서로 다른 이야기를 선사할 것이다. 그러나 책을 펼친 모든 이들은 한결같이 이 책 속에서 의미와 교훈을 찾게 될 것이다.

1994년 9월 1일
피터 드러커

개정판 서문

밥 버포드는 사람을 구슬려 불편한 일을 떠맡기는 재능을 타고난 사람이다. 내가 버포드를 처음 만난 때가 1996년이었는데, 그때 그는 나더러 대형 복음주의 교회 목사들을 대상으로 강의해달라고 했다. 나는 초대형 교회에 대해서는 아는 바가 없었고, 그분들에게 내가 도움이 될지도 의문이었다. 하지만 이런 내게 버포드가 말했다.

"그러니까 해야죠! '내가 이런 도움을 줄 수도 있구나' 하고 깨닫게 될 겁니다. 교회 지도자들하고 일하다 보면 배울 점이 있을지도 모르잖아요. 그 일을 하고 나면 선생은 더 유능한 사람이 될 거예요."

그래서 나는 모험을 했고, 그의 말이 옳았다는 것을 깨달았다. 초대형 교회를 대상으로 수업을 하던 중에 목사들에게 오래가는 교회를 지으라고 이야기하자 뒤쪽에서 누군가가 손을 들었다. 사우스 캐롤라이나에서 온 목사였다.

"선생님, 지금 그게 왜 중요한가요?"

"지속성을 미리 생각해두지 않으면, 즉 교회가 담임목사와 담임목사 개인의 카리스마에만 의존하면, 목사가 떠난 뒤에 교회는 기울거나 무너지니까요."

그런 다음 나는 한때 잘나가던 회사 이야기를 들려주었다. 그 회사의 나이 많은 설립자가 후계자 계승 문제가 불거질 때면 으레 월례 연설의 머리말이나 되는 듯 "내가 그만둘 때가 되면"이라고 말한다는 이야기다.

아까 질문을 던진 그 목사는 내가 마치 가장 기초적인 것을 빠뜨리기라도 한 듯 거의 동정에 가까운 눈빛으로 나를 바라보더니 일부러 점잔을 빼는 목소리로 천천히 말했다.

"그런데 말이죠, 콜린스 선생님, 선생님은, 뭐랄까, 근본적인 걸 놓치신 게 아닌가 싶어요."

그는 잠시 뜸을 들이더니, "그러니까, 우리 교회를 세우신 목사님은…" 또 한 번 뜸을 들이고는, "그러니까, 그만두시는 일은 절대 없을 거예요"라고 말했다.

강의실에 웃음이 터졌고, 내가 버포드를 쳐다보자 그는 내게 고개를 끄덕였다. "그것 봐요. 이 일이 선생에게 자극제가 될 거라고 내가 그랬잖아요. 선생은 더 잘할 거예요"라고 말하듯이. 나는 집으로 돌아와 '오래간다'는 개념을 종교적 지도력이라는 맥락에서 다시 생각해보았고, 이 일이 계기가 되어 우리

두 사람은 평생 지속되는 우정을 시작했다. 이 관계는 이후에도 끊임없이 나를 쇄신하는 원천이 되었다.

버포드는 늘 도전적이고 일을 끝까지 밀어붙였다. 한번은 긴 대화를 나누다가 내가 이제까지 만난 최고의 기독교 사절인 그에게 물었다.

"로마제국에서 외따로 떨어져 정체된 지역 주변을 서성이는 소수의 열광적 성도 집단에 불과했던 기독교가 어떻게 300년 뒤에 세계에서 가장 막강한 제국의 공식 종교로 변신할 수 있었을까요? 비유해 말하자면, 마치 오늘날 바그다드에서 50킬로미터 떨어진 곳에서 20여 명이 일으킨 신흥종교가 앞으로 1~2백 년 뒤에 미국의 공식 종교가 되는 것과도 같아요. 그것도 대중매체를 전혀 이용하지 않고 말이죠. 어떻게 그럴 수 있었을까요?"

버포드는 그에 대한 답으로, 박식한 기독교 역사가들에게 도움을 청해 수집한 사과 한 상자 분량의 자료와 정보를 보내주었다. 배움과 혁신을 위한 또 한 번의 기회이자 또 한 번의 도전이었으며, 밥 버포드 식의 깜짝쇼이기도 했다.

버포드가 내게 이 책의 서문을 써달라고 한 의도에는 재미난 아이러니가 들어 있다. 나이 50에 접어들면서 하프타임 한가운데 선 나야말로 이 책과 딱 들어맞는 사람이었으니까. 버포드는 자신이 하는 일 가운데 내게 대단히 유익하리라고 판단되는 일에 나를 교묘히 끌어들인다. 버포드는 내게, 그리고 이 책을 읽는 모든 이들에게 정곡을 찌르는 질문을 던진다. 내가 아직 답을 찾지 못한 그 질문은 이렇다. "수십 년 동안 경험으로 지혜를 축적해놓고는 왜 엉뚱한 일에 굴복하는가?"

20세기 전반에 살았던 사람들은 대개 일을 안정적이고 편안한 생활을 위한 필요악 정도로 여겼다. 그러다가 1960년대에 들어오면서 사람들은 자신이 하는 일에서 그 이상을 원하기 시작했다. 의미와 목적의식이 필요했다. 밥 버포드는 이제 바로 그 도전을 들고 나왔다. 일에 만족하고 성공하는 좁은 울타리를 뛰어넘어 어떻게 하면 삶 전체를 의미 있고 유용하게 만들지 고민하는 일이다. 버포드는 이 책에서, 죽도록 일하다가 은퇴하여 휴식을 취하는 낡은 방식은 그만 내던져야 하며, 후반부를 전반부보다 더욱 창조적이고, 더욱 화끈하고, 더욱 의미 있고, 더욱 도전적이며, 더 많이 배우고 헌신하는 삶으로 만들 수 있다고, 그렇게 만들어야 한다고 주장한다. 성공적인 전반부 50년은 단지 좋은 출발일 뿐이다.

버포드가 쓴 책을 읽은 사람들은 대부분 이미 성공을 달성했지만 뭔가 부족하다고 느낀다. 하프타임에 도달했을 때, 살아온 날보다 살아갈 날이 더 적다고 느낄 때, 우리의 인생 조언자와 선생님과 부모님이 세상을 떠나기 시작할 때, 우리는 단지 '더 큰 성공'만으로는 "이게 다 무슨 소용이지?"라는 질문에 대답할 수 없다.

"상자에 들어 있는 그 하나, 즉 둘도 아니요, 셋도 아니요, 넷도 아닌 중대한 다른 하나는 무엇인가?"라는 질문에 답을 해본 적이 있는가? 자신의 묘비명을 써본 적이 있는가? 사회에 기여하는 활동을 하면서 그 효과를 100배로 확대할 전략을 구체적으로 짜본 적이 있는가? "어느 정도면 충분하겠는가?"라는 질문에 답을 해보았는가? 내가 가장 잘할 수 있는 일을 찾아내기 위해 '지진 실험'을 해본 적이 있는가? 완벽한 삶의 두 가지 본질적 요소인 자아실현과 지역사회를 위해 따로 시간을 내어본 적이 있는가?

이런 질문에 답을 찾고 있었다면 당신은《하프타임》을 읽을 준비가 된 사람이다.

버포드의 질문으로 고민하는 사이에 나는 두 가지 눈에 띄는 자기혁신 방법을 발견했다. 독자들도 이 책을 읽으며 그 둘을 생각해보기 바란다.

첫째는 작고한 존 가드너가 주장한 분갈이 개념으로, 우리 자신을 전적으로 새로운 활동에 옮겨 심어야 한다는 것인데, 성공에서 의미로 옮겨가면서 일보다는 사회에 기여하는 쪽으로 활동의 초점을 바꾸는 것이다. 보건부, 교육부, 복지부 장관을 두루 거치고 지금은 고전이 되다시피 한《자기혁신》*Self-Renewal*을 쓴 가드너는 한때 내게, 자기는 일흔에서 여든여덟 살 사이에도 한 살부터 열여덟 살 사이만큼 배우고 성장할 계획이라고 말한 적이 있다. 새로운 도전에 부딪히면 일흔 살이라고 해봐야 한 살 때보다 더 나을 것도 없다고 했다. 가드너는 10년 또는 15년 주기로 스스로를 '분갈이'하면서 새로운 도전에 자신을 내던져 숨겨진 장점을 끄집어내라고 사람들을 다그쳤다.

버포드는 가드너가 빠뜨린 부분을 짚어내어, 창조성은 나이가 들면서 줄어든다는 인식을 버리고, 인생 후반부에서 자신을 헌신할 수 있는 더욱 의미 있는 일에 도전하라고 말한다. 나를 분갈이함으로써 10대 또는 20대에 경험한 흥분과 상상을 얼마든지 거듭 재창조할 수 있다. 분갈이는 시간을 늦춘다는 놀라운 장점도 있다. 학교나 도시 또는 회사를 옮기거나 더러는 살던 나라를 옮겼을 때 처음 몇 주 동안 얼마나 흥분했던가를 떠올려보라. 새롭다는 사실만으로 기분이 들뜨고 추억은 깊어진다. 그러다가 50주 또는 100주가 지나면 삶은 다시 단조로워진다.

자기혁신의 두 번째 방법은 초기 활동, 즉 전반부에서 추구하던 바로 그 활동을 혁신의 주요 수단으로 삼는 것이다. 이 두 번째 방법이 최고의 선택이 되는 사람도 있는데, 이런 사람은 예술가가 자신의 재능 안에서 발전하듯이 이미 선택한 양식 또는 분야 안에서 자기혁신을 추구한다. 베토벤이 하프타임에 도달했을 때 자기혁신을 한다고 음악을 포기하는 일은 없었다. 그는 대단히 급진적이고 혁신적인 음악을 창조하는 일에 여전히 집중했다. 베토벤이 의미를 찾겠다고 음악을 포기했다면 더 가치 있는 사람이 되었을까? 피터 드러커도 베토벤처럼 두 번째 길을 택한 경우이고, 그런 그가 이 책 초판의 서문을 쓴 것은 아주 적절한 일이다.

드러커가 쓴 책은 클레어몬트 대학원의 책꽂이 세 곳을 가득 채운다. 그곳에 있는 내 친구가 말했다.

"그분이 예순다섯이 되기 전에 쓴 책이 책꽂이 하나 분량이고, 예순다섯 이후에 쓴 책이 책꽂이 두 개 분량이라는 걸 주목하게."

피터 드러커가 여든여섯이었을 때 내가 그분께 이제까지 쓴 책 26권 중에 어떤 책이 가장 자랑스러우냐고 묻자 그는 이렇게 대답했다.

"다음에 쓸 책이지."

최고경영자(또는 작가나 교회 지도자나 교수)가 소질에 맞는 사람에게는 이렇게 물어야 할 것이다. 하프타임까지 교향곡을 네 곡 썼다면, 앞으로 나올 5, 6, 7, 8, 9번은 어떤 곡이며, 어떻게 하면 9번 교향곡을 가장 뛰어난 곡으로 만들 수 있겠는가?

자, 이제 이 책을 읽으면서 밥 버포드를 알아가기 전에 미리 주의를 해두는 게 좋겠다. 쉽고 편안한 삶을 원한다면 이 책을 읽지 말라. 결승선까지 힘들이지 않고 내달리고 싶다면 이 책을 읽지 말라. 주로 남에게 주기보다 내가 갖기를 좋아한다면 이 책을 읽지 말라. 그렇지 않고, 가치 있는 사람이 되어 죽는 날까지 배우고 성장하고 싶은 마음이 간절하다면 《하프타임》에서 활기찬 도전을 발견할 것이다.

혁신은 우리가 한평생 고민할 문제다. 어떤 이는 놀라운 은총과 창조력으로 이 문제에 답을 하면서 '꽃다운 일흔'이 되고,

또 어떤 이는 안타깝게도 일찍 나이를 먹기 시작해 서른다섯에 '꺾인 일흔'이 된다. 버포드는 하프타임이라는 둘도 없이 적절한 비유를 이용했지만, 운동경기와 삶에는 한 가지 큰 차이가 있다. 미식축구(또는 마라톤이나 등산)에서는 언제 중간 지점을 넘어섰는지 분명하게 알 수 있다. 그러나 삶에서는 하프타임에 도달했다고 생각하지만 실제로는 42킬로미터 마라톤의 40킬로미터에 해당하는 지점에 있거나, 미식축구 4쿼터에서 마지막 2분을 남겨둔 지점에 있거나, 운이 좋다면 산을 겨우 3분의 1 정도 올라간 지점에 있을 수도 있다. 삶은 한 번뿐이며, 자신이 꼭 해야 하는, 자신의 소명을 따라 살아야 한다는 절박감은 날마다 커간다. 시곗바늘은 지금도 돌아가고 있다.

2007년 11월 콜로라도 볼더에서

짐 콜린스

Prologue

마음속 가장 거룩한 방을 열며

예수께서 그들에게 여러 가지를 비유로 말씀해주셨다. "씨 뿌리는 사람이 씨를 뿌리러 나갔다. 씨를 뿌리는데 어떤 것은 길바닥에 떨어져 새들이 와서 쪼아 먹었다. 어떤 것은 흙이 많지 않은 돌밭에 떨어졌다. 싹은 곧 나왔지만 흙이 깊지 않아서 해가 뜨자 타버려 뿌리도 붙이지 못한 채 말랐다. 또 어떤 것은 가시덤불 속에 떨어졌다. 가시나무들이 자라자 숨이 막혔다. 그러나 어떤 것은 좋은 땅에 떨어져서 맺은 열매가 백 배가 된 것도 있고 육십 배가 된 것도 있고 삼십 배가 된 것도 있었다. 들을 귀가 있는 사람은 알아들어라."_마 13:3-9(공동번역)

우리가 언제 죽을지는 아무도 모른다. 그러나 원한다면 내 묘비명을 내가 정할 수는 있을 것이다. 나는 정해두었다. 멀쩡히 살아 있으면서 묘비명을 생각하려니 조금은 오싹하지만 내 머리와 가슴에는 영광스러운 흥분이자 비장한 도전이 떠오르는 생생한 이미지가 하나 있다. 그것은 바로 '100×'이다.

100×

'100배'라는 뜻이다. 이는 마태복음 13장에 나오는 씨 뿌리는 사람 이야기에 나오는 말이다. 나는 기업가다. 그리고 좋은 땅에 떨어져 100배의 결실을 거둔 씨앗으로 기억되고 싶다. 그것은 내가 살아가고 싶은 방식이며, 내 열정과 내가 가장 헌신하는 일을 표현하는 방식이자, 마음속에 그려놓은 유산이다. 나는 살아서도, 죽어서도, 풍성한 결실의 상징이 되고 싶다.

아우구스티누스는 "나는 어떤 사람으로 기억되고 싶은가?" 하고 자신의 유산을 자문할 때 비로소 성인의 삶이 시작된다고 했다. 내가 묘비명을 적으면서 했던 일이 바로 그것이었다. 어쨌거나 묘비명은 임의로 선택하여 단지 희망사항을 적어놓은 엉성한 좌우명이어서는 안 된다. 정직한 묘비명이라면 한 사람의 인격과 영혼의 정수를 말해줄 수 있어야 한다.

창조주는 우리에게 마음속 가장 거룩한 방을 휘젓는 재능을 부여하셨다고 나는 믿는다. 그것은 인간이 동물이나 기계 이상의 존재임을 나타내는 하나의 증거다. 그것은 우리가 목적을 지닌, 나아가 소명을 지닌 영적 존재임을 드러내는 고백이다. 그리고 우리가 하나님의 형상으로 창조되었다는 기적 같은 놀라운 사실을 상기시키는 거룩한 징표이기도 하다.

100×라는 내 묘비명을 희망사항이라고 말하는 사람도 있을 것이며, 사실 어느 정도는 그렇기도 하다. 그러나 자신의 유일한 재능에 감사하는 표현을 그리고 비석 아래에서 쉬게 되는 날까지 헌신할 목표를 자신의 묘비명으로 삼을 때, 그 사람은 자기

안에 평생토록 암호화된 목적과 열정을 알아본 셈이다.

예수님께서 들려주신 이야기나 우화 중에서 특히 씨 뿌리는 사람 이야기는 내 꿈과 경험의 핵심이 되었다. 그것은 이 책을 만든 숨은 힘이기도 하다. 나는 하나님이 주신 모든 것을 곱절로 불리고, 그 과정에서 그것을 환원하는 일에 열정을 느낀다. 독자들에게도 그것을 권하고 싶다. 나는 독자들이 길바닥에 떨어지거나 돌밭에 흩어지거나 잡초에 숨이 막히는 씨앗이 되지 않았으면 좋겠다. 그런 씨앗은 열매를 맺을 능력은 있지만 환경에 방해를 받는다.

나는 수분이 충분하고 토양이 비옥한 환경에서 자랐다. 그것은 대단한 행운이었고, 내 생애를 결정짓는 요소가 되었다. 내가 살아온 이야기는 자수성가한 사람의 이야기도 아니고, 가난뱅이에서 부자가 된 이야기도 아니며, 호레이쇼 앨저(미국의 유명한 아동문학가) 풍의 모험담도 아니다. 나는 성장하고, 개인적으로 발전하고, 금전적 보상을 받을 기회가 대다수 미국 사람들보다 훨씬 더 많았다.

또 한편으로는 일하는 데 필요한 많은 것이 미리 갖추어졌다고 해서 나를 행운아라고 말하는 사람도 있을 것이다. 그러나 "많은 것을 가진 사람에게는 많은 것이 요구된다"라는 말을 나뿐만이 아니라 독자들도 믿는다면, 내 묘비명이 얼마나 힘겨운 것인지도 알 수 있을 것이다.

여러분의 묘비명은 어떠한가? 여러분에게는 무엇이 주어졌으며, 그것을 이용해 남은 인생에서 무엇을 하려는가?

최근에 나는 미식축구에 빗대어 내 삶을 바라보기 시작했다(사실 절반으로 나뉘어 진행된다면 다른 경기라도 상관없다) 나는 서른다섯이 될 때까지 전반전을 치렀다. 그러다가 환경이 바뀌면서 하프타임에 들어갔다. 그리고 지금은 후반전을 뛰고 있으며, 경기는 절정에 접어들었다. 그러는 사이에 나는 삶의 후반부가 우리 생애 최고의 순간이 되어야 한다고 그리고 실제로 한 개인의 르네상스가 될 수 있다고 생각하게 되었다.

독자들도 나와 비슷한 경우라면, 인생 전반부에서 나머지 후반부를 어떻게 살아야 할지 생각해볼 겨를이 없었을 것이다. 정신없이 대학에 들어가고, 사랑에 빠지고, 결혼하고, 일을 시작하고, 정상을 향해 달리고, 그 여정을 좀 더 편하게 이어갈 몇 가지를 손에 넣었을 것이다.

치열하게 싸운 전반전이었다. 승리를 거둔 사람도 있을 것이다. 그러나 이내 과연 이것이 최선일까, 하는 의문이 들기 시작한다. 일단 높은 점수를 획득하면 그 점수를 유지하는 것만으로는 쾌감을 맛볼 수 없다.

더러는 심각한 타격을 받기도 할 것이다. 상당수 사람들이 하프타임으로 넘어가면서 고통을 겪는다. 극심한 고통, 이혼, 지나친 음주, 아이들과 함께하기에는 부족한 시간, 죄의식, 외로움…. 여느 훌륭한 선수들처럼 좋은 의도로 전반전을 시작하지만 그 과정에서 허를 찔리기도 한다.

비록 그 고통이 미미할지라도 후반전은 전반전만큼 좋은 경기를 치르지 못하리라는 걸 충분히 예상할 수 있다. 우선 체력이 예전 같지 않다. 대학을 갓 졸업했을 때는 하루에 14시간 일하고 휴일까지 초과근무를 해도 끄떡없었다. 고된 노동은 전반전의 작전 계획이자 성공하기 위해서는 어쩔 수 없는 과정이었다. 그러나 이제는 성공 그 이상의 것이 간절해진다.

물론 경기 자체의 현실성을 간과할 수 없다. 시간은 흐른다는 것이다. 한때는 영영 다가오지 않을 것처럼 보이던 순간이 이제는 눈앞에 다가왔다. 경기가 끝나는 게 두렵지는 않지만 마무리를 잘하고 싶고 누구도 빼앗지 못할 무언가를 남긴 채 떠나고 싶다. 전반전이 성공을 추구하는 시기였다면 후반전은 의미를 찾아 떠나는 시기다.

승부는 전반전이 아니라 후반전에 결정된다. 전반전에서는 실수를 할 수도 있고 실수를 만회할 시간도 있지만, 후반전에서는 그것이 쉽지 않다. 후반전에 들어오면 이제는 어떤 방법으로 경기를 치러야 할지 파악하고 있어야 한다. 그리고 내가 뛰는 운동장, 그러니까 내가 사는 세계는 이미 잘 알고 있다. 승리를 경험한 적도 많아서 경기가 대개는 얼마나 어려운지, 그러나 조건만 맞으면 얼마나 쉬워 보이는지 잘 안다. 고통과 실망 역시 많이 겪어본 터라, 경기에서 한동안 수세에 몰리면 그다지 즐겁지는 않지만 그 상황은 만회될 수 있으며 더러는 이때 내 안에 잠재된 장점을 발견한다는 사실도 잘 안다.

세상에는 평생 후반전에 도달하지 못하는 사람도 있고, 후반전이 존재하는 사실조차 모르는 사람도 상당수다. 우리 사회에는 마흔 살에 가까워지면 노화와 쇠퇴의 시기로 접어든다는 생각이 만연하다. 나이를 먹는다는 말을 성장이라는 말과 짝짓는 게 용어상 모순처럼 보인다. 그러나 이는 내가 절대 받아들이지 않을 통념이며, 더 나아가 나는 독자들의 머릿속에 있는 이러한 통념을 깨고 싶다.

여러분이 경기의 어느 지점에 와 있는지 모르지만, 만약 20대 독자라면 이제 막 경기를 시작해 흥미진진한 전반전을 눈앞에 두고 있을 것이다. 이들에게는 내가 쓴 이야기가 머나먼 이야기처럼 들리겠지만, 그렇다고 해서 이 책을 나중에 찾아볼 수도 없는 곳에 던져두지는 말라. 전반전은 생각보다 일찍 끝난다.

독자 중에는 아무래도 전반전 종료를 앞둔 사람들, 그러니까 30대 중반에서 40대 초반이 가장 많지 않을까 싶다. 이때쯤이면 이제는 예전 방식대로 경기를 계속할 수는 없다는 생각이 들기 시작한다. 이 책을 통해 그 사실을 분명하게 알 수 있을 것이다.

그런가 하면 후반전에 들어섰지만 한 번도 그것을 자각한 적이 없는 독자도 있을 것이다. 미식축구의 훌륭한 라인맨처럼 그저 계속 앞으로 돌진하는 사람들이다. 이 책은 그런 독자들에게 타임아웃을 요청하고 사이드라인 밖으로 나와서 중간 점검을 하도록 권할 것이다. 경기 작전을 변경하기에 너무 늦은 때란 없는 법이다.

어떤 부류의 독자건 인생 후반전은 절대 전반전과 같은 수준에 도달할 수 없으리라고 생각하는 독자가 있다면 이제 이 책을 읽으며 다시 생각해보라. 그저 삶에 나를 맡긴 채 체념해 살기보다는 새로운 지평, 새로운 도전을 기꺼이 받아들이라. 여러분이 인생 전반부에서 성취한 그 어떤 결과물보다 더 의미 있는 것을 남기고 떠날 수 있다는 믿음으로 여러분의 초점을 '성공'에서 '의미'로 옮길 준비를 하라.

자, 묘비명을 직접 작성할 준비가 되었는가?

고민하고 토론할 문제

1 중년에 이른 사람 중에 결승선을 생각하며 즐거워할 사람은 없지만, 이 문제를 곰곰이 생각해본다면 당신의 삶에 심오한 영향을 미칠 수 있다. 몇 분만이라도 시간을 내어 삶의 마지막 순간을 생각해보라. 당신은 어떤 사람으로 기억되고 싶은가? 어떤 유산을 남기고 싶은가?

2 당신의 인생 전반부를 곰곰이 생각해보라. 그리고 다음 항목에 시간과 자원을 얼마나 소비했는지, 순서대로 나열해보라.

교육, 승진, 가족, 소유한 물질(집, 자동차, 장난감 등)

3 삶의 시계는 계속 째깍거리는데 이루고 싶은 일이 있어도 시간이 없다는 생각을 해본 적이 있는가? 어떤 종류의 일이었으며, 그 일을 못 하게 막는 장애물은 무엇이었는가?

1부

전반전

사람을 진정으로 시험할 기회는
그가 원하는 역할을 할 때가 아니라
운명이 그에게 부여한 역할을 할 때다.

_ **바츨라프 하벨**

Chapter 1

세미한 속삭임에 귀 기울이기

여호와께서 이르시되 너는 나가서 여호와 앞에서 산에 서라 하시더니 여호와께서 지나가시는데 여호와 앞에 크고 강한 바람이 산을 가르고 바위를 부수나 바람 가운데에 여호와께서 계시지 아니하며 바람 후에 지진이 있으나 지진 가운데에도 여호와께서 계시지 아니하며 또 지진 후에 불이 있으나 불 가운데에도 여호와께서 계시지 아니하더니 불 후에 세미한 소리가 있는지라. _**왕상 19:11-12**

나는 그동안 삶에 주의를 기울이는 편이 아니었다. 솔직히 말하면 40대 초반이 되어서야 비로소 삶을 가까이 들여다보기 시작했고, 그러면서 내가 성공 공황에 빠졌다는 것을 알게 됐다. 나는 잘나가던 케이블 텔레비전 회사의 사장 겸 최고경영자였다. 결혼생활도 나무랄 데 없이 훌륭했다. 포상이라는 표현이 제격인 아들도 하나 있었다.

물론 나를 끊임없이 괴롭히는 문제도 있었다. 그토록 성공을 거두고, 그토록 행운을 누리고도 왜 여전히 이루지 못한 게 남은 것처럼 조바심이 들까?

사업 전략과 추진, 가족 관계, 친구의 중요성에 내가 얼마나 큰 가치를 두는지 나 스스로도 잘 알고 있었다. 그러나 이런 가치들이 서로 충돌할 때 이해관계를 어떻게 조화시켜야 할지는 판단이 서지 않았다. 그리고 무엇보다 중요한 신앙에 있어서는, 믿음에 확신을 갖고 있으면서도 그것과 관련해 무엇을 할지는 아무런 계획을 세우지 못했다.

이때부터 내가 바라는 인생 후반부를 두고 고민이 시작되었다. 나는 단지 이익을 내는 삶이 아니라 진정으로 생산적인 삶을 살아야 한다고 생각했다. 그 생각은 막연했지만 매우 절실했다. 돈을 많이 버는 것도 좋지만, 더 나은 세상을 위해 나는 과연 무엇을 남기고 떠날 것인가? 삶에는 돈 이상의 것이 있다고 무언가가 내게 말을 해댔다. 나는 내 인생의 계절을 알아채기 시작했고, 불길이 지나간 다음 난데없이 세미한 음성이 들려왔다.

나는 스스로에게 물었다.

> 내가 지금 세미한 속삭임에 귀를 기울이고 있는가?
>
> 지금도 일이 내 삶과 정체성의 중심에 있는가?
>
> 나의 진정한 목적은 무엇인가? 내 인생을 걸 만한 일은?
>
> 내 소명은?
>
> '모든 것을 가졌다'는 말의 진정한 의미는 무엇인가?
>
> 나는 어떤 사람으로 기억되고 싶은가?

정말 잘 살았다고 말할 수 있는 인생은 어떤 것인가?

성경에서 예수 그리스도는 자신이 이 땅에 왔기에 그분을 따르는 사람들이 풍요로운 삶을, 더없이 충만한 삶을 누리게 되리라고 가르쳤다.

> … 내가 온 것은 양으로 생명을 얻게 하고 더 풍성히 얻게 하려는 것이라(요 10:10).

정말 멋진 이야기다. 하지만 종교가 금지하는 것과 제한하는 것투성이라고 생각하는 사람들이나, 혹은 예수님이 인상을 쓰면서 "안 돼!"라고 혼꾸멍내러 세상에 오셨다고 생각하는 많은 사람들은 이 말의 요지를 놓친 것 같다. 내가 알고 사랑하는 예수님은 옹졸하거나 편협한 삶이 아니라 풍성한 삶으로 나를 인도하셨다. 그리고 의미로 가득 찬 삶을 "예!"라고 큰 소리로 대꾸하며 받아들이라고 하셨다.

그러나 전반전에서 눈코 뜰 새 없이 바빴던 나는 예수님의 음성을 듣지 못했다. 내게 중요한 문제는 믿음이 아니었다. 나는 어린 나이에 하나님을 향한 믿음이라는 선물을 받았다. 그러나 나는 전반전 내내 야구로 치면 2루에 머물렀다. 다음 그림을 보라. 목사이자 작가인 릭 워렌의 이야기를 듣고 내 머릿속에 가장 먼저 떠오른 개념이다.

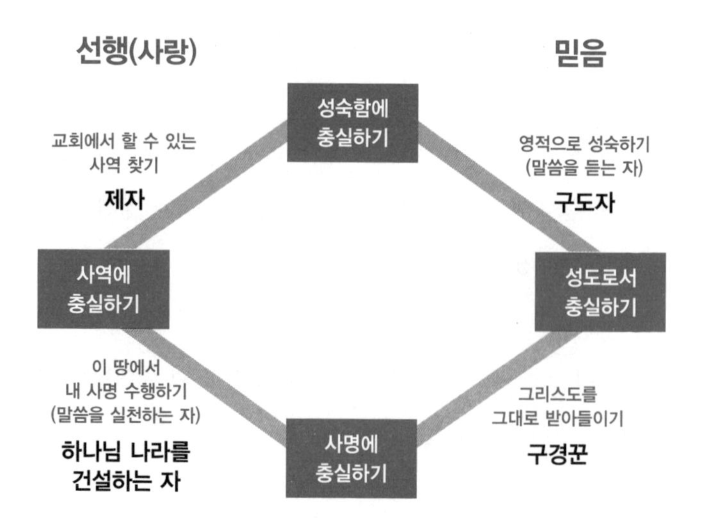

1루는 단순하고 어린아이 같은 믿음의 시기로, 하나님의 가족이 되는 단계다. 내게는 성경에 실린 예수님에 관한 이야기를 사실이라고 받아들이는 단순한 단계였다. 여기에는 키르케고르가 "신앙의 도약"이라 부른 것이 포함된다. 신앙은 이성을 부인하지 않지만 이성과는 다르다. 신앙은 서로 다른 여러 능력의 조합을 하나님의 선물로 인정한다. 신앙이 없다면 마음과 영혼에서 일어나는 일들을 바라만 보는 구경꾼에 불과하다. 신앙이 있다면 서로 다른 두 능력인 이성적 감각과 감성적 감각을 동원해 개인적 성장이라는 여정에 올라 2루까지 갈 수 있다. 내게 2루까지 가는 여정은 전적으로 믿음에 관한 것이었다. 처음에는 마음이, 다음에는 머리가 움직였다. 2루를 돌아가는 과정은 성경에서 말하는 "말씀을 듣는 자"에서 "말씀을 행하는 자"로 옮겨가는 과정이다. 즉, 신앙이란 마음속에 묻어두는 믿음의 체계가 아니라 행동으로 표출하는 것이라는 인식이 생겨나기 시작한다. 교회에 다니며 하나님을 향한 믿음을 겉으로 드러내는 수많은 사람들처럼 나 역시 옳은 것을 믿는다는 확신으로 편안하게 2루에 서 있었다. 주일이면 교회에 가서 설교를 들으며 믿음을 굳건히 했고, '실천'이라면 헌금 주머니에 약간의 돈을 넣고 주일학교 교사로 자원하는 정도가 고작이었다.

믿음 자체로는 잘못된 것이 없다. 영생이라는 하나님의 선물을 받는 대가로 우리가 지불해야 할 것이라고는 믿음이 전부다. 그러나 하나님께서는 단지 올바른 생각만이 아니라 그보다 훨씬 더 많은 것을 우리에게 바라신다. 그중에서도 행동으로 드러나는 신앙이 '가장 좋은 길'이다. 바울 사도는 사랑에 관한 유명한 이야기인 고린도전서 13장에서 이 주제를 이야기한 뒤에 이렇게 끝을 맺는다. "그런즉 믿음, 소망, 사랑, 이 세 가지는 항상 있을 것인데 그중의 제일은 사랑이라"(고전 13:13). 사랑을 뜻하는 헬라어인 agape아가페는 charity자선, 사랑와 똑같은 말이다. 자선charity은 사랑love의 표현이다. 그러고 보면 믿음과 소망은 홈으로 향하는 후반부 여정을 준비하기 위해서 2루로 가는 도중에 챙기는 준비물인지도 모르겠다.

3루는 교회나 종교단체에서 신앙을 구체적인 행동으로 표현하면서 제자가 되는 과정이다. 그리고 마지막 힘을 다해 홈으로 향하는 여정에 오른다. 이 과정이 고든 맥도날드가 "하나님 나라를 건설하는 자"라고 표현한 단계로, 하나님이 우리 한 사람 한 사람에게 특별히 부여하셔서 우리가 이 땅에서 실천할 소명을 찾는 일이다. 그것은 그리스 사람이 '운명'이라 부른 것이며, 시인 존 던이 말한 "어느 누구도 하나의 동떨어진 섬이 아니다. 모든 사람은 대륙의 일부, 본토의 일부다"라는 구절이 의미하는 것이다.

네 베이스를 꼭짓점으로 하는 다이아몬드의 후반부는 선행에 관한 것이다. 이 단계는 믿음이 핵심인 전반부와 결코 별개가 아니며 오히려 그 믿음을 완벽하게 완성한다. 야고보는 "행함이 없는 믿음은 죽은 것이니라"(약 2:26)라는 유명한 구절을 남겼다. 나는 그 내용을 이렇게 풀어 쓰겠다. "행동이 따르지 않으면 신앙은 죽는다." 신앙인의 삶은 개인의 책임을 이행하는 삶이 되어야 한다. 팔과 다리가 마음과 머리를 따라가지 않으면 몸은 완전한 개체가 될 수 없다.

하나님은 우리 모두가 홈으로 들어오기를 바라시겠지만 대다수 그리스도인은 믿음 단계를 넘어서지 못한다. 2007년 갤럽 여론조사에서 미국인의 82퍼센트가 스스로를 그리스도인이라고 단언했다. 성경에 나오는 굳건한 가치를 문화의 모든 영역에 주입하기에 충분한 수치다. 나는 갤럽의 조사 결과를 의심하지 않는다. 그러나 실제로 우리 사회에서 기독교 신앙이 존재하는 증거가 그렇게까지 많이 나타나지는 않는다. 우리 대다수가 1루와 2루 사이에 갇혔기 때문이다.

인생의 전반부에서는 2루에서 더 전진할 시간이 충분치 않다. 수렵 채집인인 우리는 가족을 먹여 살리고, 경력을 쌓고, 우리 믿음과 가치를 아이들에게 전달하고자 최선을 다한다. 게다가 남자들 대부분이 그리고 갈수록 많은 여자들이 전반부에서 어느덧 전사가 된다. 우리는 자신에게 그리고 남들에게, 뭔가 대단한 것을 성취할 수 있음을 증명해 보여야 하는데, 그러려면 한곳에 몰입하는 게 최선이다.

인생 전반부는 신앙을 발전시키고 삶을 향한 성경의 고유한 접근법을 배우는 계절이다. 압력이 빠져나가는 후반부에 들어서면, 사람들 대부분이 2루를 돌아 그동안 발전시킨 신앙과 관련해 무언가를 실천하기 시작한다. 내가 바로 그랬다.

오디세우스의 삶을 노래한 서사시 〈오디세이〉에는 오디세우스를 끌어당기는 두 가지 큰 힘이 등장한다. 일과 가정이다. 그는 집으로 돌아가고 싶은 마음이 간절하면서도 전쟁을 즐긴다. 그에게 동질감이 느껴지는가? 인생 전반부에서 우리 역시 가족과 함께 지내고 싶은 욕구와 일터에서 성공하려는 모험 사이에서 갈등한다. 그러는 사이 우리는 혹시 우리를 더 나은 삶으로 안내하는 세미한 음성을 듣지 못하는 것이 아닐까?

인생 전반부는 성취와 획득, 배움과 돈벌이에 집중한다. 그리고 대개는 그것을 가장 일반적인 방식으로 해결한다. 교육을 받고, 직장을 잡고, 가정을 꾸리고, 집을 사고, 꼭 필요한 것과 몇 가지 갖고 싶은 것을 살 수 있는 돈을 벌고, 목표를 세우고, 목표를 향해 올라가는 식이다. 좀 더 거창하고 공격적인 방식으로 보상을 얻으려는 사람도 있다. 대규모 거래를 성사시키고, 큰 소송에서 승소하고, 차입매수와 합병으로 기업을 인수하고, 정상에 오르기 위해 수단과 방법을 가리지 않는 경우다. 어느 쪽이든 인생 전반부에서 하나님께 귀를 기울일 시간이 거의 없다. 영적인 것에 약간의 관심이 있다면 인생 전반부에 흔히 나타나는 전형적 방식에 따라 교회건축위원회에서 활동하거나 주일학교 교사를 하거나 연례 청지기 운동을 조직하는 등의 활동을 할 뿐이다.

인생 후반부는 조급한 것들을 해결한 후 맞이하는 삶이라서 더욱 위험이 따른다. 이때는 우리 안에 뿌려놓은 창조성과 힘의 씨앗이 움틀 수 있도록 물을 주고 잘 가꾸어 풍요로운 결실을 맺는 시기다. 이를 위해 우리는 재능을 투자해 타인에게 봉사하고, 그 대가로 개인적인 희열을 맛본다. 도전적인 기업가들이 흔히 높은 수익을 바라고 떠안는 위험부담도 대개는 이런 종류다.

진정한 기업가 정신은 터무니없이 무모하지 않으며, 특별한 용기가 필요하지도 않다. 다만 어떤 판단에 영향을 미칠 시장 상황이나 환경을 가능한 한 다방면으로 검토하고 필요한 정보를 얻을 뿐이다. 그런 다음 재빨리 판단해야 한다. 마찬가지로 후반부가 전반부보다 나은 삶이 되려면, 자동조종장치에 의지해 편안한 삶을 사는 것에서 한걸음 물러나 다른 선택을 해야 한다. 그리고 여러 문제와 씨름해야 한다. 내가 누구인지, 삶에서 가치를 둔다고 공언한 게 있다면 그 이유가 무엇인지, 일상적 활동과 관계에 의미와 체계를 부여하기 위해 어떤 노력을 하는지.

이러한 판단을 내리려면 위험이 따른다. 정성껏 관리하는 안락한 삶에서 몸을 보호하고 체온을 유지하는 담요를 걷어차려면 익숙한 표지판이나 판단 기준을 포기해야 할 경우가 있기 때문이다. 적어도 처음에는 삶의 통제력을 상실하는 느낌마저 들기도 한다. 그런 사람에게 나는 말한다. "잘된 일이군요."

삶의 통제력을 내려놓고 내 감각에, 삶의 모험과 보상을 인식하게 해주는 내 감각에 전적으로 의존한다는 것은 정말 잘된 일이다. 특히 요즘처럼 변화무쌍한 시대에는 내 미래의 상당 부분이 내 통제력을 벗어난다. 그것을 붙들고, 치밀하게 계획하고자 아무리 애를 써도 소용없다. 인생의 어느 계절을 지나든 다 마찬가지다. 그래도 이 사실을 가장 뼈저리게 느끼는 사람은 중년에 다가가는 사람들일 것이다. 내가 40대에 그랬듯이.

삶의 오후로 이행하던 시기가 내게는 시간과 재산을 재정리하고, 가치와 미래의 모습을 재구성하는 시간이었다. 그것은 단지 새로운 정리가 아니었다. 완전히 새로운 출발이었다. 그것은 현실 점검 그 이상이었다. 다른 사람이 아닌 내 마음의 가장 거룩한 방을 신선하고 여유로운 시선으로 들여다보면서, 궁극적으로 내 영혼 저 깊은 곳에서 갈망하는 것에 대답할 기회를 갖는 시간이었다.

돌이켜보면 그 시기는 씨를 뿌리는 시간이자 뿌리를 뽑는 시간이며, 눈물을 흘리는 시간이자 웃는 시간이며, 애도하는 시간이자 춤추는 시간이며, 탐색하는 시간이자 포기하는 시간이며, 소유하는 시간이자 버리는 시간이었다. 내 생애에 가장 중요한 시간이었다. 지금까지는.

지금 90대에 접어든 작가이자 드라마 감독인 노먼 코윈은 《늙지 않는 영혼》*The Ageless Spirit*이란 책에서 중년으로 옮겨가던 때를 이렇게 회상했다. "지금 생각해보면 이제까지 가장 힘들었던 생일은 마흔 살 생일이었다. '젊음에게 잘 가게, 잘 가게, 잘 가시게'라고 말한 대단한 상징의 순간이었으니까. 그러나 그 나이를 통과하면 마치 음속장벽(속력이 음속에 가까운 경우에 공기 저항으로 나타나는 비행 장벽)을 허무는 느낌이 들었다."[1]

조지 버나드 쇼가 오래전에 그랬듯이, 이때는 삶의 "진정한 희열"을 맛보는 시기가 틀림없다. 쇼는 그 순간을 다음과 같이 묘사했다.

> 삶의 진정한 희열을 느끼는 것이란, 스스로 인정한 위대한 목적에 헌신하는 것이다. 또한, 세상이란 도대체 나를 행복하게 해주지 않는다며 불평만 해대는 불안하고 이기적인 육체덩어리가 되는 것 대신, 하나님의 도구가 되는 것이다. 내 삶은 사회 전체에 속하며, 나는 살아 있는 동안 사회를 위해 힘닿는

데까지 무엇이든 할 수 있는 특권이 있다. 나는 죽는 날까지 나를 다 소모하고 싶다. 열심히 일할수록 그만큼 더 많이 사는 셈이다. 나는 삶 자체가 즐겁다. 내게 삶은 금방 꺼지는 촛불이 아니다. 삶은 지금 이 순간 내 손에 쥐고 있는 활활 타오르는 횃불이며, 나는 그 횃불을 다음 세대에 넘겨주기 전까지 가능한 한 밝게 타오르게 하고 싶다.

프롤로그에서 나는 독자에게 묘비명을 직접 써보면 인생 후반부를 생각해보는 데 도움이 된다고 말했다. 이제 인생 후반부를 고민하게 하는 질문을 하나 더 던져보겠다.

"내게 더할 나위 없이 완벽한 삶이란 어떤 삶인가?"

한동안 곰곰이 생각해볼 가치가 있는 질문이다. 이때 나타날 그림은 내 행복을 찾아줄 스냅사진이기 때문이다. 단, 사진을 정확하게 보려면 내 안에 울리는 세미한 속삭임에 귀를 기울여야만 한다.

고민하고 토론할 문제

1 지금 이 순간 당신의 삶을 생각해볼 때, 마음속에 떠오르는 형용사나 기타 어구(예를 들어, 흥분, 열정, 단조로운, 지겨운 등)는 무엇인가?

2 본문의 그림으로 돌아가보자. 당신은 지금 몇 루에 있는가? 언제부터 그곳에 있었는가? 다음 베이스로 옮겨갈 의욕을 점수로 매긴다면 10점 만점에 몇 점이나 되겠는가?

3 신앙은 당신의 행동에 어떤 영향을 미치는가? 신앙 때문에 하지 않은 일이 많은가, 신앙 때문에 실천한 일이 많은가? 그것과 관련해 바꾸고 싶은 것이 있는가? 있다면 무엇인가?

4 전반부에서 당신이 가장 성공적으로 이룬 일 한두 가지는 무엇인가? 그것의 어떤 점이 그토록 만족스러운가?

5 가족 외에 어떤 문제에 가장 열정을 느끼는가? 예를 들면, 환경, 입양, 교육, 빈곤 등이다. 그 열정을 어떤 식으로 구체화할 수 있겠는가?

6 앞으로 2년 뒤에 완벽한 후반부를 살고 있다면, 당신은 그 사실을 어떻게 알 수 있겠는가?

하프타임 과제—1

당신의 이야기를 읽으라

전반부에서 당신이 했던 일들이 이후의 이야기를 어떻게 끌고 가는지, 다시 말해 전반부를 토대로 어떻게 더 나은 후반부를 준비할지 살펴보려면 아래의 질문을 가만히 생각해보라.

- 이제까지 당신이 살아온 이야기가 곧 책으로 출간된다면, 제목을 뭐라고 정하겠는가?
- 당신의 이야기가 한 편의 영화라면, 누가 당신 역을 연기하겠는가? 그 이유는 무엇인가?
- 당신의 이야기가 대단한 성공 사례로 발전한다면, 그 내용은 무엇이겠는가? 어떻게 그곳까지 도달할 수 있었는가?
- 당신의 이야기가 한 편의 서사 작품이라면, 당신이 지닌 고귀한 명분은 무엇인가? 당신의 성취 뒤에는 어떤 동기가 있었는가?
- 당신의 이야기에 등장했던 참담한 좌절이자, 당신의 내면에서 최대의 장점을 이끌어냈던 절망적인 순간을 묘사해보라. 그 사건으로 인해 드러난 개인의 특징이나 자질은 무엇이었는가?
- 그 외에 또 어떤 좌절과 마주쳤으며, 그런 경험을 통해 무엇을 배웠는가?
- 당신의 이야기에서 앞날을 예견한 사건은 무엇이었는가? 후반부에서 생략하고 싶은 부분은 무엇인가? 후반부에 집어넣고 싶은 부분은 무엇인가? 앞으로 더 해야 할 일은 무엇인가?
- 이제까지 당신의 이야기에서 가장 중요한 인물은 누구였으며, 그들이 앞으로의 이야기에서 어떤 역할을 할 것 같은가?

이제까지 당신의 전반부가 어떻게 후반부의 출발점이 될지 생각해보았으니, 이후 당신의 이야기가 어떻게 전개되었으면 좋을지 큰 점을 찍어가며 나열해보라. 목록을 나열하는 데 도움이 될 요령 하나는 스스로에게 질문을 던지는 것이다. "내가 무언가를 내놓을 마음이 없어지거나 능력이 없어지기 전에, 삶에서 성취하고 싶은 것은 무엇인가?"

목록을 나열하는 데 참고할 만한 예를 아래에 몇 가지 적어보았다.

후반부에서 내가 하고 싶은 일들

- 직장에서 협상을 통해 일에 쏟는 힘과 시간을 점차 줄여나가다가, 쉰 살이 되면 '돈 버는 일'에 일주일 중 최대 24시간만 투자한다.
- 하프타임의 꿈과 후반부의 여정을 함께할 조언자 세 사람을 구해 신뢰할 만한 팀을 꾸린다.
- 비영리 단체 지도자 중에 내 마음에 맞는 활동을 하는 사람 열 명을 찾아 그들에게 내 소개장을 보내고, 점심을 살 테니 만나 내가 그 조직에서 할 수 있는 일이 있는지 의논해보자고 제안한다.
- 소프트웨어와 하드웨어 공급자들과 제휴를 맺는다.
- 기금을 모은다.
- 해외 선교 사역에 필요한 본격적인 훈련 프로그램을 제공하는 인터넷 사이트를 개설한다.
- 다른 나라로, 또는 현재의 도시를 벗어난 지역으로 '선교 여행'을 떠난다.

과 제 ——— 1

자, 이제 위의 목록을 참고하여 당신의 후반부 이야기를 녹음기에 담아보라. 그리고 재생해 들으면서 그 이야기를 후반부에 어떻게 실행할지 고민해보라.

Chapter 2

펑! 젊음의 꿈이 떠오른 순간

지금은 이기는 경기 말고 다른 경기도 있다는 사실을, 또 다른 경기장에서 수많은 다른 경기들이 펼쳐지고 있다는 사실을 알게 됐다. 그리고 신용 경쟁에서 월등히 앞서며, 높은 시장 점유율이나 급성장하는 이익으로 점수를 따서 이기는 법 말고 다른 방법으로 이길 수 있다는 사실도 배웠다. _**본문 중에서**

그리스도인 중에는 하나님을 받아들인 회심의 순간을 정확히 기억하는 사람도 있다. 몇 월 며칠, 무슨 요일, 몇 시 몇 분 몇 초 몇 나노초까지. 펑! 눈 깜짝할 사이에 어떤 일이 일어나고, 사람이 변하고…, 다시 태어나고…, 용서받고…, 구원받는다.

나는 그렇지 않았다. 유감이나 자랑으로 하는 이야기가 아니다. 나는 아주 어린 나이에 신앙이라는 선물을 받은 탓에 신앙 없이 살았던 기억이 없다. 물론 살면서 의문을 품었던 적도 있다. 특정한 신학적, 교리적 논리와 마주칠 때 일어나는 전형적 혼란이다. 하지만 하나님을 의심했던 적은 한 번도 없었다.

예수님이 직접 말씀하신 그분의 참모습을 나는 늘 믿어왔다.

이 같은 신뢰와 행복한 확신은 내 힘으로 얻은 게 아니다. 나는 주님을 찾아 헤매지 않았다. 흔들리지 않는 내 신앙은 주님이, 나를 발견한 주님이 내려주신 선물이다. 그러다 보니 내 영적 세계에는 극적 또는 감정적 전환점이라고 할 만한 것들이 없다.

다만 열네 살 때 성직자가 되겠다는 생각을 버렸던 그 순간은 기억이 난다. 그렇다고 해서 내가 신앙이나 그동안 헌신해왔던 활동을 단념한 것은 결코 아니었다.

청소년 시절, 오클라호마에 살던 우리 식구는 '외로운 별'이라는 별칭을 지닌 텍사스주의 동쪽 끝, 소나무 숲이 울창한 타일러로 이사했다. 술을 무척 좋아하고 오클라호마의 스키트사격 챔피언이었던 아버지는 우리가 텍사스로 이사하기 전, 내가 5학년 때 돌아가셨다.

아버지에 대한 기억은 별로 없지만 위스키를 병째 들이켜던 모습만은 지금도 생생하다. 나중에 나도 그 습관을 따라 하게 되었는데, 어니스트 헤밍웨이가 위대한 영문학 작품을 쓰고, 억센 미국 남자들이 자신을 거칠고 절대 쓰러지지 않는 사람이라고 여기던 전후시기에 아주 흔한 풍경이었다.

그러나 아버지는 절대 쓰러지지 않는 사람이 아니었다. 아버지는 젊은 아내와 사내아이 셋을 남기고 세상을 떠나셨고, 남은 식구끼리 생활을 꾸려갔다. 어머니는 오클라호마에서 잠깐 라디오 방송국을 운영하다가 타일러로 이사하면서 아예 그 곳의 라디오 방송국을 사들였다.

갑자기 홀로 서야 했던 어머니는 안목 높은 방송사업 경영자로 성공했다. 타일러 최초의 텔레비전 방송국 운영 허가를 받으려고 신청서를 제출할 때는 지역 신문 소유주 및 마을의 저명한 자선사업가 집안과 경쟁을 벌여야 했다. 석유사업을 하는 집안이었다.

승산이 거의 없었다. 어머니는 남편도 없고, 마을에서도 연고가 없는 비교적 낯선 사람인데 반해, 석유 거물인 그 지역 유지는 거의 모든 자선단체에 이런저런 명목으로 돈을 대면서 지도자로 활동했기 때문이다. 그리고 바로 옆 댈러스에서는 텔레비전 방송국 세 곳의 운영권이 그 지역 신문 소유주에게 돌아간 상황이었다.

한편 어머니는 텍사스 스미스카운티 법원에 어머니의 '장애'를 제거해달라는 탄원을 제출해야 했다. 1950년대 초의 주 법률에 따르면 법원이 법적 자격을 부여하지 않는 한, 여자는 남편의 동의 없이 혼자서 경영권을 행사하거나 계약서에 서명할 수 없었다.

그러한 불리한 상황에서 그리고 상당한 문화적 장애물에 부딪혀가며 어머니는 끝까지 밀고 나갔다. 결국 1954년 10월에 방송국 운영권을 따냈고, KLTV를 설립했다[L은 어머니 이름인 Lucille에서 따왔다). 어머니의 결단과 집념은 내게 중요한 교훈이 되었고, “하면 된다”라는 정신과 믿음의 본보기가 되었다. 나는 어린 나이에, 근면과 끈기만 있으면 이루지 못할 게 없다는 확신을 갖게 되었다.

어머니는 그 뒤 두 번이나 재혼을 하셨지만 안타깝게도 결혼생활은 두 번 다 원만하지 못했으며, 오직 사업과 자식만을 생각하며 사셨다. 밤에 나를 이불 속에 누이고는 닥터 수스의 그림책이나 아기 곰 푸의 모험담을 읽어주는 게 아니라 대차대조표, 감가상각, 광고판매기술 등을 가르쳐주셨다. 연방통신위원회에 텔레비전 방송국 허가를 신청할 때는 신청 사유를 적는 곳에 “아이들이 나중에 그 사업을 운영하도록 하기 위해서”라고 쓰셨다.

오직 한 가지 일에 헌신적으로 몰두하던 어머니의 삶은 내 안에서 흥분과 긴장을 동시에 일으켰고, 나는 사업에서 성공하는 삶을 살지 목회에 헌신하는 삶을 살지를 두고 심각한 갈등에 빠졌다. 이 긴장은 수십 년 동안 완전히 해소되지 못할 수도 있었지만, 나는 열네 살 때 결정적으로 방향을 전환했다.

나는 그 순간을 아주 선명하게 기억한다. 예수님을 영접하는 순간을 세세하게 기억하거나 세계무역센터가 공격받던 2001년 9월 11일에 자신의 주변 상황을 상세히 기억하는 사람들처럼.

내 천직이 바뀌던 순간은 호그 중학교에서 미티 마시 선생님이 9학년 영어수업을 진행하던 중에 일어났다. 당시 미티 마시 선생님은 타일러에서 전설적인 인물이었다. 선생님의 자매인 미니와 사라도 마을 공립학교 교사였고, 세 자매는 사우스 브로드웨이에서 대규모 농장 같은 저택에 살았다. 사우스 브로드웨이는 금요일과 토요일 밤이면 고등학생들이 차를 끌고 나와 짝을 찾아 어슬렁거리는 큰 거리였다. 미티, 미니, 사라 선생님은 타일러에서 엄격한 학문 기준을 정한 교사들이었다. 이들은 인생 조언자로서, "똑바로 하지 않으면 원하는 대학에 가지 못할 거다"라고 경고했다.

내 자리는 교실 왼쪽, 앞에서 두 번째 자리였다. 무엇 때문에 그런 결정을 내렸는지는 지금까지도 확실치 않지만, 어쨌거나 바로 그 순간 '펑' 하고 단박에 깨달았다. 설교니, 세례니, 결혼이니, 죽음이니 하는 것들이 빠져나가고, 텔레비전 방송국 경영자로 돈을 버는 일이 그 자리에 들어왔다. 나는 터보차저turbo charger 엔진을 장착한 자동차를 운전하겠다는, 명석하고 10대다운 결정을 내렸다.

물론 '명석하다'와 '십대답다'란 말이 한 페이지에 등장하는 일은 극히 드물다. 하물며 한 문장 안에 동시에 등장하기란 더더욱 드문 일이다. 게다가 그때만 해도 걸음마 수준이었던 텔레비전 방송이 독서, 대화, 라디오 청취 같은 미국인의 전통적인 오락거리에 심각한 위협이 되리라고 예상하는 사람은 거의 없었다. 그런데 그때 내가 무슨 생각을 했을까? 인생의 봄날에 아직 꽃도 피우지 않은 중학생에 불과하던 내가.

사업의 세계는, 특히 텔레비전이라는 흥미로운 신기술의 세계는 내가 상상할 수 있는 것보다 더 멋진 드라마와 더 많은 전리품이 따르는 근사한 스포츠로 인식되었다. 그리고 솔직히 말하면, 나는 9회 말에 타석에 서서 경기를 승리로 이끌 홈런 한 방을 날리는 사나이가 되고 싶었다. 결정적이고도 극적인 홈런 한 방을. 점점 다가오는 계절을 위해 길을 닦아놓는 중대한 선택이었다.

나는 텔레비전 사업이라는 스포츠를, 경쟁이니, 전략이니, 정복이니 하는 것들을 지금도 무척 좋아한다. 내가 아는, 나중에 자살한 한 경영자는 사업을 "세상에서 가장 위대한 스포츠"라 불렀다. 나는 그 말뜻을 알고도 남는다. 나 역시 한때는 경쟁을 측정하고, 점수를 따고, 이기고 또 이기고 또 이기면서 말할 수 없는 쾌감을 느꼈으니까. 중요한 주자로 뛴다는 건 여전히 신나는 일이다.

게다가 책에서 무언가를 암기할 때보다 몸으로 직접 부딪힐 때 최고의 학습 환경과 가장 훌륭한 지적 도전의 기회가 생긴다고 나는 믿는다. 우리가 이론으로 배우는 것들은 경험으로 한층 보강되기 마련이다. 나는 텔레비전 사업에서 경험을 쌓으면서 경기에서 승자가 되려면 무엇이 필요한지 많이 배웠다.

그러나 지금은 이기는 경기 말고 다른 경기도 있다는 사실을, 또 다른 경기장에서 수많은 다른 경기들이 펼쳐지고 있다는 사실을 알게 됐다. 그리고 신용 경쟁에서 월등히 앞서며, 높은 시장 점유율이나 급성장하는 이익으로 점수를 따서 이기는 법 말고 다른 방법으로 이길 수 있다는 사실도 배웠다.

이 소중한 교훈은 그저 흘러가던 삶에 단순히 주의를 조금 기울이고 약간의 양념을 하는 사이에 천천히 내게 다가왔다. 여러분도 이미 깨달았거나 아니면 언젠가는 깨닫게 될 교훈이다. 그 교훈은 약 30년 전, 오직 사업에서만 큰 성공을 거두던 때에 무심코 내 마음속에 스며들기 시작해 결국 결단을 내리는 곳까지 깊숙이 침투해버렸다. 이를 계기로, 중학교 수업시간에 순간적으로 떠올라 젊음이라는 안개의 바다에 띄웠던 명석한 꿈을 다시 천천히 생각하기 시작했다.

믿음을 어떻게 실천할지 생각하기 시작한 것이다.

고민하고 토론할 문제

1 고등학생 시절, 장래 희망이 무엇이었는가? 지금 그런 사람이 되었는가? 그렇지 않다면 그 이유는 무엇인가?

2 당신이 지금 하는 일에 적임자가 될 수 있었던 소질이나 재능이 무엇인가?

3 그 재능이나 소질을 충분히 활용해서, 일 외에 하나님이나 타인에게 봉사할 수 있는 방법은 무엇인가?

4 당신 삶에서 가장 큰 전환점이 된 사건은 무엇이었는가? 어떤 일들이 당신의 경력에 영향을 미쳤는가? 가정생활, 사회생활, 신앙생활에 영향을 미친 일들은 무엇인가?

5 어떤 경로로 당신 삶에서 지금의 전환점에 이르게 되었는가? 무엇에 영향을 받아, 또는 어떤 일을 계기로, 방향 전환이나 변화가 순조롭게 이루어졌다고 생각하는가?

Chapter 3

탐색과 자립의 계절

천하만사가 다 때가 있나니 …
찾을 때가 있고 잃을 때가 있으며. _전 3:1, 6

파도가 높으면 대양의 배가 전부 높이 뜬다는 원칙은 경제의 공급 측면을 설명하는 소중한 원칙이다. 물론 모든 사람이 동의하지는 않는다. 그러나 내가 몸담았던 텔레비전 사업은 1960~1970년대에 미국 전역을 휩쓴 상업적, 문화적 파도가 분명했다. 그것은 오락과 정보전달에서 거대 산업이 되어 사람들의 행동 방식과 교류 방식을 바꿔놓았다.

더불어 내 배도 높이 떠올랐다.

CBS의 전설적인 뉴스 앵커 월터 크롱카이트는 그 이름과 얼굴을 모르는 이가 없을 정도로 친숙한 인물이 되었을 뿐 아니라 미국에서 가장 신뢰받는 인물 목록에서도 상위권에 올랐다. 권위와 지명도를 안겨주는 텔레비전의 위력 덕에 가능한 일이었다. 케이블, 인공위성, 인터넷 등으로 여론이 빠르게 퍼져나가는 오늘날에도 텔레비전의 위력은 여전하다.

쉽게 짐작할 수 있듯이, 당시 상업적 텔레비전 사업에는 엄청난 행운과 보상이 따랐다. 타일러에 있는 텔레비전 방송국에서 출발한 우리 가족은 30년이 넘는 세월 동안 미국 곳곳의 케이블 텔레비전을 여러 개 소유하게 되었고, 버포드텔레비전Buford Television Inc.은 연간 25퍼센트씩 성장했다.

여러 해 전에 경영 전문가 피터 드러커에게 배운 바에 따르면, 사업이 매년 꾸준히 성장하기 위해서는 회사 지도자가 미치든가 비뚤어지든가, 아니면 변화에 긍정적으로 반응하고 사업을 확장할 기회와 도전을 기꺼이 수용할 줄 알아야 한다. 1954년에서 1986년 사이에 우리 텔레비전 사업은 엄청난 고공행진을 지속했다. 그 당시 우리만큼 지속적으로 성장한 사업은 흔치 않았다.

그러나 버포드텔레비전이 그렇게 탄탄하고 눈부신 성장을 이룬 데는 적절한 변화가 한몫했다. 예를 들어 1980년대 중반에 이르러서는 더 이상 방송국을 사들이지 않았다. 이 시기에 미국 사람들은 케이블 텔레비전 채널을 보통 35개에서 55개까지 보유하고 있었다. 버포드텔레비전은 방송국을 정리하고 전적으로 케이블 텔레비전에 매달리기 시작했다. 물론 이제는 텔레비전이 아니라도 컴퓨터나 휴대전화로 수많은 비디오, 오디오, 텍스트 파일을 이용할 수 있는 시대가 되었다.

사업도 인생과 마찬가지로 다 때가 있다. 환경은 바뀐다. 회사도 사람처럼 건강하게 성장하려면 주기적으로 초점을 옮겨야 한다.

나는 지금도 ABC 방송의 〈월요일 밤의 풋볼〉이란 프로그램의 화려한 초창기 시절을 생생하게 기억한다. 댈러스 카우보이스의 쿼터백 선수였던 '멋쟁이' 돈 메러디스는 경기가 아직 몇 분이나 남았는데도 시청자에게 게임이 끝났다는 식으로 말하곤 했다. 그는 텍사스 특유의 콧소리를 섞어 노래했다. "불을 꺼주세요. 파티는 끝났습니다." 나는 똑똑한 것보다는 운이 좋은 게 낫다는 옛 속담도 어느 정도 인정하지만, 파티가 끝났을 때와 다음 단계로 옮겨가야 할 때를 알 정도로 똑똑한 게 최고라고 믿는다.

나는 회사 사장 겸 회장 자리로 옮겨갔고, 댈러스 중심가 호텔에 머물던 어머니가 화재로 세상을 떠나시는 바람에 서른한 살의 나이에 식구들 중 가장 연장자가 되었다. 어머니는 내게 사업과 인생에 관해 참 많은 것을 가르쳐주셨다. 성공한 많은 사람들처럼 어머니도 강점과 약점이 많은 분이었다.

어머니는 언제나 위험을 떠안았고, 타고난 자존심과 자신감으로 사업에서 성공을 거두었으며, 나를 헌신적으로 키워내셨다. 내가 고등학교에 다닐 때 어머니는 가는 곳마다 나를 "세계에서 가장 뛰어난 라이트엔드" 미식축구 선수라고 소개하셨다. 사실 나는 3학년 때 2군 선수로 뛰면서 진짜로 뛰어난 주전 라이트엔드를 보조했다. 내가 정식으로 그 자리에서 뛰기 시작한 시기는 4학년이 된 뒤였고, 그나마 그것도 겨우 선수라고 부를 수 있을 수준이었다. 그러나 어머니가 나를 그런 식으로 소개하는 게 듣기 좋았다. 그 말은 내게 긍정적인 사고를 심어주었고 내 삶의 자극제가 되었다.

한편 어머니는 어수룩하고 곧잘 무분별하게 행동하셨는데, 훗날 결혼생활에 실망을 느끼고 파경에 이른 데에는 이러한 단점이 큰 원인이 되었다. 그래서 나는 그 단점만큼은 멀리하겠다고 다짐했다.

대학을 졸업하면서 가업에 뛰어들기는 했지만, 어머니의 죽음은 내 인생에 새로운 계절을 예고했다. 새로운 책임, 새로운 선택, 새로운 꿈이 기다리는 계절이었다. 때는 바야흐로 다음 세대를 위한 시절이었고, 이와 더불어 사회적 대변동이 일어났다. 베이비붐 세대의 선두주자들이 대학과 직장에 들어가기 시작했다. 베트남전쟁은 지루하게 계속됐다. 리처드 닉슨은 재선 계략을 꾸몄고, 워터게이트 사건이 터지기 일보 직전이었다.

나도 그런 온갖 사회적 긴장을 피할 수는 없었지만, 내 주된 관심사는 사업과 나 자신의 성장이었다. 나는 당시 시중에 나온 자립과 자기계발을 주제로 한 책에 깊이 끌렸다. 피터 드러커가 쓴 책은 모조리 다 읽었고, 미국경영협회가 마련한 경영

수업에도 참석했다. 하버드 경영대학원에서는 기업주/경영자 수업을 들었다. 경영학 석사 교육과정의 주요 수업을 압축한 9주짜리 집중 과정이었다.

당시 유행하던 환각 약물을 복용하지 않았는데도 내 꿈이 눈앞에 펼쳐졌다. 내가 상상하고 확신할 수 있는 일이라면 의지를 한데 모아 성취할 수 있으리라고 생각했다. 그것은 내 신조이자 소망이기도 했다. 우드스톡(국내외적으로 혼란스러웠던 1969년에 미국 우드스톡에서 열린 록페스티벌—옮긴이)은 그만 보고, 백악관의 비열한 속임수는 잊어버리고, 서른 살이 넘은 사람은 누구도 신뢰하지 말라. 나는 마음속에 있는 꿈과 욕망으로 내 삶을 만들어갈 수 있으리라 굳게 믿었다.

아주 잠깐씩 나를 멈칫하게 했던 고민이라면 내가 사업에 지나치게 매달리고 쫓기는 게 아닌가 하는 우려였다. 사업에 과도하게 집중하다 보면 내 삶의 다른 부분이 희생될지도 모른다는 생각이 들었다. 사업체를 운영하고 흥분된 마음으로 성공의 수확을 거둬들이는 사이, 마음 한구석에서 의문 하나가 나를 잡아끌었다. '이런 것들을 얻느라 혹시 놓치는 건 없을까?' 내 인생에는 분명 사업보다 더 중요한 게 있었다.

사업을 물려받은 지 오래지 않아 나는 메모지를 들고 훌쩍 떠나 숨어버렸다. 그리고 그동안 공들였던 경력과 나 자신을 평가하기 시작했다. 이 작업을 통해 훗날 내 인생의 궤도는 크게 달라졌다.

나는 스스로 물었다. Chapter 1에서 독자들에게 던졌던 질문이다. "내게 더할 나위 없이 완벽한 삶이란 어떤 삶인가?"

그때 내 나이 서른넷이었고, 삶에서 무엇을 성취하고 무엇이 되고 싶은지 생전 처음 깊이 고민하기 시작했다. 앞의 물음에 답을 한다면, 앞으로 어떻게 살아야 할지 실마리를 얻을 수 있을 터였다. 나는 여섯 가지 목표를 적었다.

- 해마다 최소 10퍼센트씩 사업을 성장시키기.
- 죽음이 우리를 일시적으로 갈라놓을 때까지 아내 린다에게 활기를 줄 수 있는 결혼생활을 지속하기.
- 타인에게 봉사함으로써 하나님을 섬기기. 우리가 다니는 교회에서 또는 내 재능을 활용할 수 있고 그것이 환영받는 곳에서 여가를 활용해 누군가를 가르치거나 상담을 하면서 하늘나라에 재물을 쌓기.
- 아들 로스에게 든든한 자부심을 심어주기. 어떤 상황에 놓이든 자부심이 있다면 그 상황을 헤쳐나가는 데 큰 도움이 된다고 나는 확신했다. 그래서 아들의 학교 성적이나 테니스 경기 우승 여부에 관심을 두기보다는 아이에게 자부심을 심어주는 아버지가 되려고 했다. 이때 중요한 것은 초월적 존재를 향한 확고한 믿음을 심어주는 일이었다.
- 학창시절에 미처 경험하지 못한 문화적, 지적 성숙을 위해 노력하기.
- 내가 버는 돈으로 무엇을 할지, 얼마나 벌어야 충분할지 결정하기. 나는 쓰지 않은 돈이나 필요치 않은 돈을 내 생각이 미치는 가장 숭고한 명분에 투자하기로 결심했다. 그게 과연 무엇일까?

이 여섯 가지 목표는 내가 무슨 일을 하며 살아가고 있는지 이해하는 수단이었다. 나는 오로지 이 목표에 집중했고, 목표에 맞지 않는 일은 무엇이든 제거했다. 사업을 키우는 일에 온 신경을 쏟던 과거에 비해 가장 크게 바뀐 점이라면 삶 속에서 균형을 찾기 시작했다는 것이었다. 여섯 가지 목표 중에 뒤의 다섯 가지는 내게 정말 중요한 것이 무엇인가를 규정했다. 그리고 '이런 것들을 얻느라 혹시 놓치는 건 없을까?'라는 물음에 답을 주었다. 아내의 사랑, 아들의 자부심, 내 지평을 넓힐 학습, 신앙을 실천하는 삶과 같은 소중한 것들을 포기한 채 이미 충분한 돈, 권력, 성공 같은 것들을 더 추구하고 싶은 마음은 추호도 없었다.

이 여섯 가지 목표는 그때나 지금이나 삶의 목표로 완벽하다고는 볼 수 없다. 그러나 내가 헌신하고 열정을 쏟을 대상을 찾고, 나 자신을 이해하게 된 계기로는 부족함이 없었다.

나는 전반전을 뛰면서, 후반전이 다가오는 것을 느끼기 시작했다.

고민하고 토론할 문제

1 저자는 "회사도 사람처럼 건강하게 성장하려면 주기적으로 초점을 옮겨야 한다"라고 말한다. 지난 10년 동안 당신은 초점을 어떻게 이동했는가?

2 저자는 "이런 것들을 얻느라 혹시 놓치는 건 없을까?"라는 물음이 마음에 걸렸다고 했다. 당신은 현재의 직업과 관련해 그 물음에 어떻게 대답하겠는가? 일에서 성공을 얻느라 잃은 것은 무엇인가?

3 일주일 단위로 볼 때, 당신은 시간과 힘의 몇 퍼센트를 일에 쏟는가? 가족에게는? 교회나 신앙 공동체에게는? 지역사회를 위해서는?

4 앞으로 2년에서 5년 정도에 걸쳐 그 비율을 바꿀 수 있다면, 어떤 식으로 바꿀 것이며 그 이유는 무엇인가?

5 긴 안목을 가지고, 인생에서 가장 성취하고 싶은 것을 세 가지에서 다섯 가지만 꼽아보라. 본문에 있는, 저자의 "여섯 가지 목표"를 참조하라. 그것을 성취하려면 어떤 유형의 일을 해야 할지 상상해보라.

Chapter 4

성공하면, 그다음에는?

나는 행여 성공에 중독되지나 않을까 걱정스러웠다. 성공과 의미가 맞닿는 영역은 조심스럽고 위험한 지대다. 이곳에서 사람들은 성공에 사로잡혀 포로가 되는 상황을 피해가며 성공을 가능한 한 많이 거둬들인다. 성공을 주인이 아닌 종으로 유지하는 것이다. _**본문 중에서**

그것은 밤을 틈타 잠입하는 도둑처럼 살그머니 숨어들었다. 평화로운 어둠을 깨고 살금살금 돌아다니며, 넘쳐나고 있었던 삶의 장식품인 만족, 돈, 성취, 에너지를 야금야금 갉아먹는 조용하고 음흉한 침입자다.

'성공 공황'은 내 나이 마흔넷에 우리 집 문턱을 넘어왔다. 그것은 둔탁하게 나를 후려쳤다. 나는 거래 기술과 경쟁 상대를 제거하는 쾌감에 노예처럼 복종했다. 어느 정도라야 충분했을까?

당시 텔레비전 사업은 우리가 가장 낙관적으로 전망한 수준을 훨씬 웃돌아 성장했다. 그러다 보니 언제까지 얼마를 모으겠다는 목표를 아주 일찌감치, 그것도 목표 액수를 훨씬 넘겨 달성했다. 나는 큰 집을 샀다. 스포츠카 재규어도 샀다. 원하면 지구 어디라도 여행할 수 있었고 실제로 여행을 다녔다. 다른 목표도 거의 다 달성하거나 목표치를 훨씬 넘어섰다.

이런 상황에서 찾아온 공황 상태는 전혀 예상치 못한 일이었다. 나는 에베레스트산 서쪽 봉우리에서 일어난 사고에 관한 글을 읽고 있었다. 환경운동 단체인 '시에라클럽'에서 발행한 책에 실린 글이었다. 수백만 달러를 지출하고 동료 등반가가 목숨을 잃는 사고까지 겪은 뒤에 두 남자가 마침내 에베레스트산 정상에 올랐다는 이야기였다. 정상에 선 두 사람은 세상에서 가장 높은 곳에서 아래를 내려다보았다. 그들은 혹독한 시련을 극복하고 궁극적 목표인 목적지에 도달했지만, 그들이 느낀 감정은 순수한 환희와 희열이 아니었다. 한 사람은 산 정상이 바람에 휩쓸리기 전에 반대편으로 내려갈 일을 생각하니 이내 걱정이 앞섰다.

정상에 막상 도달했을 때보다 정상에 오르는 과정에서 훨씬 더 흥분과 보람을 느끼는 법이다.

성공 공황이 들이닥치자 나는 뒤늦게 갈림길에 섰고, 다음 발을 내딛기 전에 대단히 중대한 몇 가지 결단을 내려야만 했다.

계속 달릴 수 있도록 그리고 완주에 걸린 시간을 매번 다시 측정할 수 있도록, 결승선을 앞으로 옮겨놓아야 할까?

새로운 가능성에 나를 맡겨볼까?

중년의 위기를 건설적으로 넘길 수 있을까?

성공하면, 그다음에는?

나로서는 쉽게 대답하기 힘든 질문이었다. 사업에 대한 애착 때문이었고, 전문직에 종사하면서 개발해온 내 기업가 기질과 지도력을 잘 알기 때문이었다. 사업은 날마다 나를, 내 가치와 지혜를 증명하는 장소였고, 내 재능과 재치를 보여줄 수 있는 무대였다. 사업은 내게 편안한 세계였다. 단지 익숙하기 때문만이 아니라 내게 사랑이 아닌 혹독함을 요구하는 세계였기 때문이다. 그것은 측정 가능한 세계였다.

다시 교회 일이나 봉사활동으로 돌아간다고 생각하면 솔직히 겁이 났다. 그것들은 오래전 일이지만 어린 시절 나를 사로잡아 목회의 비전을 품게 했던, 아직도 기억에 생생한 일들이다. 내가 이해하기로 목회 사역은 사랑이지 혹독함이 아니며, 더없이 활기차게 살아왔던 사반세기에 가까운 내 삶과는 정반대의 세계였다. 지나치게 물렁하고, 지나치게 자상하고, 지나치게 딴 세상 같고, 측정하기도 지나치게 어렵다.

게다가 친구들은 하나같이 내게 성공한 회사의 최고경영자 자리를 지키는 게 옳다는 확신을 심어주었다. 그러나 엘리야에게 그랬듯이, 간신히 들릴 정도로 늘 세미한 음성이 계속 나를 불렀고, 그 와중에도 나는 여전히 사납게 활활 타오르는 성공의 불길에 휩싸여 중년의 식은땀을 흘리며 앉아 있었다. 여린 목소리가 끊임없이 나를 부추겼다. 성인이 되고 난 후 줄곧 내가 회피하고 억눌러왔던 질문을 생각해보라고. 부르심을 받는 것과 쫓기는 것의 차이를 이해하는가?

또 한 차례 근본적인 결단을 내릴 때가 왔다는 게 명확해졌다. 이 결단은 실제 삶에서 거의 모든 결단이 그렇듯이 흑과 백 중에서, 방종과 자기부정 중에서, 인솔과 추종 중에서 하나를 고르는 것처럼 간단한 선택이 아니었다. 그것은 극과 극 사이에 존재하는 광범위한 회색 지대 중 한 부분을 선택해야 하는 문제였다. 그러나 그 물음을 가만히 생각하다 보면 나의 가장 핵심적인 믿음과 검증된 재능을 내 삶에서 헌신적으로 실천하는 일이 가치 있고 영광스럽다는 사실만을 확인할 뿐이었다.

이 일은 의미를 찾는 과정에서 내게 도움이 된 또 하나의 일화였다. 나는 내 마음을 추스르며 재빨리 내면을 탐색해 들어갔고, 마침내 내 만족과 갈망의 근원 및 정체를 밝힐 수 있었다. 앞서의 물음은 내가 그 모든 것을 얻느라 잃어버린 것은 없는지 의심해보게 만드는 질문이었기 때문이다.

나는 행여 성공에 중독되지나 않을까 걱정스러웠다. 성공과 의미가 맞닿는 영역은 조심스럽고 위험한 지대다. 이곳에서 사람들은 성공에 사로잡혀 포로가 되는 상황을 피해가며 성공을 가능한 한 많이 거둬들인다. 성공을 주인이 아닌 종으로 유지하는 것이다.

이때의 긴장은 1980년대에 인기를 끌었던 영화 〈위험한 정사〉에 나오는 장면과 아주 비슷하다. 애인 글렌 클로즈의 맞은편에 앉은 마이클 더글러스는 아내가 주말에 집을 비운다는 사실을 알고는 욕정에 사로잡혀 어쩔 줄 모른다. 욕정의 주인이 되는 것과 욕정의 포로가 되는 것의 경계선에 서 있는 셈이다. 더글러스는 포로가 되는 쪽을 택했다.

나도 이제는 선택을 해야 할 때가 됐다고 생각했다.

고민하고 토론할 문제

1 이 장 시작 부분에서 저자는 마흔넷의 나이에 그의 삶을 방해한 조용한 침입자를 묘사한다. 바로 성공 공황이다. "어느 정도면 충분할까?"라는 의문이 생겼을 때, 그 기준이 머릿속에 분명하게 떠오른 적이 있는가? 그때가 언제였으며, 그런 고민을 할 때면 어떤 생각이 떠오르는가?

2 하던 일을 그만두고 전혀 다른 일을 해야겠다는 생각을 한 적이 있는가? 있다면, 그런 생각을 하게 된 동기는 무엇인가?

3 어떤 점에서 지금 하고 있는 일에 가장 큰 희열을 느끼는가? 가장 짜증스럽거나 정신적 중압감을 느끼는 부분은 무엇인가? 그 양 극단 가운데 어느 쪽에 더 마음이 쓰이는가?

4 현재 하고 있는 일에 쫓긴다는 느낌이 드는가, 부르심을 받았다는 느낌이 드는가? 설명해보라.

5 종이에 가로로 길게 선을 하나 그어보라. 선의 한쪽 끝에는 '성공'을, 다른 쪽 끝에는 '의미'를 적는다. 이 선에서 현재의 내 위치를 표시하고, 그곳에 오늘 날짜를 적는다. 지금 그 위치가 마음에 드는가? 마음에 든다면, 또는 마음에 들지 않는다면, 그 이유는 무엇인가?

Chapter 5

구심점 찾기

나는 뒤범벅된 꿈과 욕망을, 내가 알고 있는 강점과 약점 목록을, 신앙고백을, 이제 시작한 일과 절반은 진행한 일을, 해야 할 일과 포기할 일을 펼쳐놓았다. 거기에는 서로 보완되기도 하고 상반되기도 하는 야심이 뒤엉켜 있었고, 그것은 마치 관현악단이 공연을 준비하면서 음을 조율할 때 내는 시끄럽고 떨리는 불협화음과도 같았다. _**본문 중에서**

내가 가장 절박했던 순간에 하나님은 나를 한 무신론자에게 인도하셨다.

마이클 카미는 전략적 기획 컨설턴트다. 그는 명석하고 엄격하며 직관적이다. 모든 가식과 허식을 잘라내고 핵심만을 파고든다. 미국경영협회에서 인력개발 수석 컨설턴트로 일하고 있으며 한창 고속성장을 하던 IBM에서 한때 전략적 기획을 지휘하기도 했다. 그 뒤 제록스에 스카우트되어 수백만 달러의 보너스를 받으며 같은 일을 했다. 그는 독창적이며, 인습을 타파하는 냉혹한 분석가다.

카미는 하나님을 믿지 않지만, 적어도 카미를 통해 하나님께서 내 삶에 나타나셨다는 것을 나는 증명해 보일 수 있다.

나는 사업을 하면서 주기적으로 전략적 계획을 세우곤 했다. 우리 회사 사람들이 공통의 꿈을 실현하면서 그 효율성을 측정하는 척도가 되는 계획이다. 그 계획은 살을 붙이기도 쉬웠고, 대개는 재미있게 실행할 수 있었다.

그러나 이제 전혀 다른 문제와 마주쳤다. 이제는 나를 위한 전략을 세워야 했다. 나는 뒤범벅된 꿈과 욕망을, 내가 알고 있는 강점과 약점 목록을, 신앙고백을, 이제 시작한 일과 절반은 진행한 일을, 해야 할 일과 포기할 일을 펼쳐놓았다. 거기에는 서로 보완되기도 하고 상반되기도 하는 야심이 뒤엉켜 있었고, 그것은 마치 관현악단이 공연을 준비하면서 음을 조율할 때 내는 시끄럽고 떨리는 불협화음과도 같았다.

나는 무엇을 해야 하는가? 어떻게 하면 가장 유용한 사람이 될 수 있을까? 내 재능과 시간과 재산을 어디에 투자해야 하는가? 내 삶에 목적을 부여하는 가치는 무엇인가? 나를 키우는 일차적인 이상은 무엇인가? 나는 누구인가? 내가 있는 곳은 어디인가? 나는 어디로 갈 것인가? 그곳에 어떻게 가야 하는가?

호기심이 쏟아지는 가운데 마이클 카미가 단순하면서도 당혹스러운 질문을 던졌다.

"상자에 무엇이 들었습니까?"

그 말이 무슨 뜻이냐고 묻자, 카미는 1980년대에 코카콜라

경영진과 일하면서 '새로운 콜라'를 출시하려는 회사 계획에 관여했던 경험을 말해주었다. 회사 지도자들은 카미에게 새 사업의 구심점과 추진력은 "뛰어난 맛"이라고 알려주었다. 그들은 수없이 맛을 실험한 결과 기존의 코카콜라보다 더 맛있는 콜라를 만드는 새로운 공식을 발견했고, 곧바로 '새로운 콜라'를 출시했다. 그렇지만 이내 마케팅에서 전에 없던 큰 장애물에 부딪혔다.

그들은 다음 기획 회의에 다시 카미를 불렀고, 카미가 그들에게 말했다.

"상자에 문구을 잘못 집어넣었을 겁니다. 다시 해봅시다."

몇 시간의 회의 끝에 그들은 상자에 넣을 다른 말을 찾았다.

"미국의 전통."

경영진은 시장에서 코카콜라를 거둬들이는 일은, 모성애나 애플파이 같은 미국적인 것에 함부로 손을 대는 것과 비슷한 행위라는 것을 깨달았다. 회사는 상자에 넣을 적절한 말을 찾음으로써, 즉 핵심이 되는 사명을 밝힘으로써, 곧바로 심각한 실수를 만회하고 다시 힘을 회복할 수 있었다.

내 상자에 넣을 적절한 말을 찾던 중, 나는 모든 새로운 시도와 가능성을 열어두었다고 카미에게 설명했다. 그리고 믿음을 실천한다고 해서 꼭 종교와 직접 관련되는 직업을 갖거나 목사가 될 필요는 없다고 생각하며, 사업에 쏟아붓는 힘의 일부만이라도 '봉사'하는 데 쓸 것을 진지하게 고민 중이라고 말했다. 그것은 아마도 나 자신을 향한 통보이기도 했을 것이다.

카미는 내 말을 믿어주었다. 그러면서 내가 스스로 구심점을 찾기 전까지는 우리가 함께 내 인생에 관한 정직한 계획을 세우기는 힘들다고 선언했다.

"선생 말씀을 두어 시간 들었는데, 이제 선생의 상자에 무엇이 들었는지 물어봐야겠네요. 선생의 경우, 돈 아니면 예수 그리스도예요. 둘 중에 어느 것인지 말씀해주실 수 있다면, 저도 그 선택이 의미하는 전략적 계획을 알려드릴 수 있어요. 말씀해줄 수 없다면, 선생은 두 가치 사이를 왔다 갔다 하면서 계속 혼란스러워하실 겁니다."

그때까지 누구도 내게 그런 의미 있는 질문을 직접적으로 던진 적이 없었다. 몇 분간의 침묵 뒤에 나는 입을 열었다. 그 몇 분이 내게는 몇 시간 같았다.

"글쎄요, 둘 중 하나만 골라야 한다면, 저는 상자에 예수 그리스도를 넣겠어요."

그것은 믿음의 실천이었고, 변화와 모험에 나를 맡기는 엄청난 도전이었다. 게다가 그것은 내가 이미 갖고 있는 신앙을 실천하겠다는 약속이었다. 그리스도를 내 등불로 인정하고 그리스도가 이끄는 곳이면 어디든 따르겠다는 약속이다.

우리는 캘리포니아의 멋진 장소에서 기획 회의를 열었다. 아내 린다도 토론과 기획에 참여하기 위해 우리와 동행했다. 우리 중 누구도 어떤 결론에 도달할지 알 수 없었고, 아내와 나는 내심 상당히 걱정스러웠다.

카미는 우리를 강하게 다그쳤고, 결과는 성공적이었다. 사실 그리스도를 상자에 넣는다는 것은 엄밀히 말해 모순이다. 그것은 상자 벽을 허물고 그리스도의 삶과 힘, 은혜를 내 삶 구석구석에 받아들인다는 뜻이기 때문이다. 그것은 예부터 전해 오는 훌륭한 역설과 일맥상통한다. 남에게 줌으로써 내가 받고, 약점으로 강해지고, 죽음으로 더 풍요롭게 태어난다는 논리다.

나는 그리스도에게 일차적으로 충실하되 오직 그리스도에게만 충실하지는 않기로 했다. 그것은 아주 중요한 조건이었다. 나는 여전히 아내에게, 일에, 친구들에게, 프로젝트에 충실하고 있었으니까. 그리스도는 그 모든 것의 중심이지만, 내 삶의 다른 요소들과 조화를 이룰 것이다.

나는 이 논리로 계속 충실하게 사업을 하되, 운영위원회 회장으로 후방에 머물면서 내 시간의 20퍼센트를 투자해 회사의 미래상과 가치를 정하고, 핵심 경영자를 뽑고, 기준을 세우고, 성과를 관찰한다. 나머지 80퍼센트의 시간은 다른 일에 쓰는데, 주로 교회나 비영리 단체에서 지도력을 훈련한다. 다시 말해, 타인에게 봉사하는 사람들을 위해 봉사하면서 그들이 좀 더 효과적으로 활동하도록 지원하는 일이다.

여기서 솔직히 밝혀둘 것이 있다. 나는 현재 도시에 펜트하우스 한 채, 이스트텍사스 농장에 저택이 한 채 있으며, 신형 자동차도 한 대 있다. 나는 평생 누려온 생활방식과 정반대의 삶을 살아야 내 '소명'을 이룰 수 있다고는 생각하지 않는다. 많은 사람이 더 나은 후반부를 추구하는 데 따르는 모험을 회피하는 이유가, 그렇게 살려면 획기적인 변화가 필요하다고 오해하기 때문이다. 그러나 하나님은 내게 부를 만들어낼 재능을 주셨고, 그 부를 타인을 위해 사용하면서 기쁨을 느끼며 부의 혜택을 누릴 재능 역시 주셨다고 나는 믿는다.

더불어 우리가 믿음을 실천하는 방법은 개개인의 역사에서 비롯되는데, 내 역사는 선교도, 수도생활도 아니었다. 하나님은 개인의 장점을 들어 쓰시지, 우리를 미숙하고 무능력한 영역으로 내몰지는 않으신다고 확신한다.

물론 누구나 고작 20퍼센트의 시간만 일에 투자하면서 살 수 있는 건 아니다. 그 점에서 나는 행운아다. 그러나 먹고살기 위해 일을 해야 한다고 해서, 하나님이 인생 후반부에 내려주시는 은혜를 제한해서는 안 된다. 인생 후반부를 쇠퇴의 시기니, 지루한 시기니, 하나님 나라로 가기에 점점 무능해지는 시기니 하는 식으로 규정하지 말라.

세미한 속삭임에 귀를 기울이라. 그런 다음 정직하게 자신을 성찰하라. 당신의 상자에는 무엇이 들었는가? 돈? 일? 가족? 자유? 상자에는 오직 하나밖에 들어갈 수 없다는 점을 명심하라. 삶에서 내 위치가 무엇이든 일단 내 상자에 무엇이 담겼는지 알아내면, 조용한 시간에 영적 훈련이나 독서, 묵상을 통해 그 '한 가지'를 활용하면서 자아를 꾸준히 성장시킬 다양한 활동을 찾을 수 있다.

그러나 조심하라. 성장이 항상 쉽지만은 않은 법이다.

고민하고 토론할 문제

1. 전반부의 '꿈'이자 지금도 계속 손짓하는 꿈은 무엇인가? 새로 생긴 꿈이 있는가?

2. 당신이 정말 잘하는 일 한두 가지를 적어보라(예: 통계 분석, 인력 관리, 시스템 구축 등). 당신만의 능력을 제대로 이해하려면 어떤 방법이 필요하겠는가?

3. 당신만의 재능을 하프타임 계획과 접목할 방법은 무엇이겠는가?

4. 현재의 직업을 당신의 꿈과, 나아가 당신의 유산과 연결 지을 방법은 무엇이겠는가? 반대로 어떤 식으로 현재의 직업이 그것들에 방해가 되겠는가?

5. 당신의 시간과 힘의 80퍼센트를 당신이 가장 열정을 느끼는 한 가지 일에 집중한다면 삶이 어떻게 달라지겠는가?

6. 저자는 말한다. "그것은 예부터 전해오는 훌륭한 역설과 일맥상통한다. 남에게 줌으로써 내가 받고, 약점으로 강해지고, 죽음으로 더 풍요롭게 태어난다는 논리다." 당신은 그리스도를 진심으로 받아들일 때 일어나는 이 역설을 경험해본 적이 있는가?

Chapter 6

"로스, 잘 있어. 당분간은…"

나는 두 세계에서 산다. 하나는 다른 곳에 주의를 기울일 틈도 없이 정신없이 바쁜 세계다. 거래를 하고 점수를 기록하는, 호황과 불황이 반복되는 주식시장 같은 곳이다. 이 세계는 구름 같아서 곧 사라지고 만다. 내가 사는 또 하나의 세계는 지금 로스가 있는 영원불변의 세계다. 나는 이 영원불변의 세계를 확신하기에, 로스에게 분명히 말할 수 있다. _ **본문 중에서**

그곳에서 나는 상자에 담긴 '한 가지'를 돛대 위에 높이 걸고, 훈풍에 삼각돛을 부풀리며 건설적인 중년의 위기를 기쁘게 헤쳐 나아가고 있었다. 그러다가 예고 없이 거친 파도가 몰아닥쳐 배를 뒤집어버렸다.

세상에는 내가 아는 것도 있고, 미심쩍은 것도 있고, 결코 이해하지 못하는 것도 있다는 생각으로 다소 편안하게 인생을 살아가던 중이었다. 다른 사람도 아닌 아리스토텔레스도 비슷한 이야기를 했다. 그의 말에 따르면 영혼은 두 영역에서 작동하는데, 하나는 볼 수 있고 측정할 수 있는 것을 받아들이는 이

성의 영역이며, 또 하나는 인간으로서는 이해할 수 없는, 신의 영역에 속하는 이성 너머의 영역이다.

그러나 새롭게 전개된 상황은 나를 또 다른 차원으로, 절망의 영역으로 떨어뜨리려 위협하고 있었다.

외아들 로스는 장래가 촉망되는 아이였다. 내 상속인이자 후계자이며, 다른 사람에게는 이상하게 들리겠지만 내 영웅 중 한 사람이었다.

로스는 포트워스에 있는 텍사스 기독교 대학을 졸업한 뒤에 투자은행에서 일하려고 덴버로 떠났다. 그곳에서 로스는 나중에 텍사스로 돌아와 가업을 이끌 준비를 하고 있었다. 그 아이는 거래를 성사시키는 일을 맡아 첫해에 15만 달러를 벌어들였고, 이듬해에는 겨우 시작 단계에서 무려 50만 달러가 넘는 수입을 올렸다. 로스가 하던 일은 1980년대 후반에 큰돈을 벌어들였다. 그러나 금전적 성공보다 훨씬 더 중요한 사실은 로스가 좋은 사람이었다는 점이다. 결단력 있고, 활기에 넘치고, 남을 배려할 줄 알고, 사교성도 그만이었다. 로스는 친구가 많았고, 즐거움과 모험이 가득한 삶을 사랑했다.

1987년 1월 3일 저녁, 동생 제프가 전화를 걸어왔다. 로스와 로스의 친구 둘이 사우스 텍사스와 멕시코를 가르는 리오그란데강에서 수영을 하려고 했다는 이야기였다.

"심각한 문제가 생긴 것 같아."

제프의 목소리는 심각했다.

"로스가 리오그란데에서 실종됐어."

세 젊은이는 장난삼아 리오그란데로 향했다. 불법 이민자의 신분으로 국경을 건너 약속의 땅으로 들어가는 기분이 어떨지 궁금했다. 그때 로스는 스물네 살이었고, 이 일은 로스가 지상에서 했던 마지막 모험이 되었다.

동생은 텍사스 기마 경관이 로스와 친구 한 명을 수색하는 중이라고 알려줬다. 나머지 친구 한 명은 살아남았지만 친구들의 운명에 망연자실한 상태였다. 나는 수색대원들과 합류하기 위해 비행기를 타고 리오그란데로 떠나 다음날 아침 동틀 무렵에 도착했다. 그곳에서 비행기, 헬리콥터, 배, 수색견을 동원한 수색대원 등 돈으로 살 수 있는 모든 수단을 동원했다.

오후 3시가 되어 나는 수색대원 한 사람의 눈을 보았고, 순간 내 살아생전에 로스를 다시 볼 수 없다는 걸 깨달았다.

나는 생전 처음 경험하는 극심한 두려움에 사로잡힌 채 탁하고 거센 강물 위로 50미터가량 솟아오른 석회암 절벽을 걸어 올라갔던 것으로 기억한다. 나는 혼잣말로 중얼거렸다.

'아, 꿈에서도 빠져나갈 수 없는 것이 있구나. 상상으로도, 돈으로도, 일을 해서도 빠져나갈 수 없는 것이 있구나.'

절벽 위에서 미칠 듯한 고독에 젖어 있는 동안 모든 게 선명해졌다. '여기서 빠져나갈 수 있는 길은 오직 믿음뿐이야.'

그리고 이해할 수 없는 일들이 내 주변에서 잇달아 일어났다. 영원불변의 관점이 아니고서는 도저히 이해할 수 없는 일이었다. 알베르트 아인슈타인은 "이해할 수 없는 일은 과학의 영역을 넘어선다. 그것은 신의 영역이다"라고 했다. 그것은 정말 하나님의 영역이었다.

나는 기도를 올렸고, 돌이켜보면 그때만큼 하늘에 이성적으로 간청했던 적이 없는 것 같다.

"하나님, 이 참담한 시간에 은혜로운 사람들이 제게 전해주는 것을 받아들이고 흡수할 능력을 내려주소서. 아멘."

로스와 그 친구를 찾는 수색은 계속되었고, 내 삶과 관계에 은총이 넘쳐났다.

4개월이 지난 후, 봄이 되자 사고 지점으로부터 15킬로미터 정도 떨어진 강 하류에서 로스의 시체가 발견되었다. 시체가 발견되기 전, 우리는 덴버에 있는 로스의 집 책상 위에서 로스가 직접 쓴 유서를 보았다. 1986년 2월 20일, 그러니까 강이 로스를 삼키기 약 1년 전에 쓴 유서였다. 두려움과 불확실함에 사로잡혀 지낸 긴 겨울 내내, 로스의 글은 내게 또 하나의 은총이었다. 유서는 이렇게 시작했다.

> 제 유서를 읽으실 때면 저는 분명 죽었겠지요. 내가 어떻게 죽었을까? 잘 모르겠어요. 아마도 갑자기 죽었겠지요. 그렇지 않았으면 이 글을 다시 쓸 시간이 있었을 테니까요. 제가 죽더라도 한 가지만은 기억해주셨으면 합니다. 저는 그동안 아주 멋진 시간을 보냈어요. 그리고 더 중요한 건, 제가 지금 더 좋

은 세상에 있다는 사실입니다.

로스는 유서에 세속의 재산을 어떻게 나누고 싶은지 적었고, 축복의 말로 유서를 마무리했다.

> 마지막으로, 저는 여러분을 모두 사랑했습니다. 고맙습니다. 여러분은 훌륭한 삶을 사셨습니다. 우리는 모두 저 아래가 아니라 저 위로 올라간다는 점을 명심하세요. 저는 천국의 문 앞에서 여러분을 기다리겠습니다. 낡은 카키색 옷, 카우보이모자, 빛바랜 셔츠 차림에 레이밴 안경을 쓰고 잭 니콜슨의 미소를 띤 남자를 찾아주세요. 떠나기 전에 이 글을 쓸 기회를 주신 하나님께 감사드립니다. 고맙습니다. 안녕히 계세요. 로스.

로스를 잃은 참담함과 슬픔은 지금도 이루 말할 수 없지만, 로스의 실종과 죽음을 계기로 나는 흔치 않은 안목을 갖게 되었고, 그토록 경험해보고 싶었던 장엄하고도 크나큰 은혜와 희열을 느꼈다. 절대적 공허감과 상심에 빠진 나는 침통함과 경이로움을 동시에 느꼈다. 가까이에서 조용히 나를 끌어안아준 친구들, 걱정과 공감을 담은 편지와 전화, 집으로 보내온 식사 등은 우리에게 절실히 필요한 사랑의 표시였다. 그중에는 로스의 삶이 주변 사람들에게 어떤 모습으로 비쳤는지 보여주는 편지도 있었다.

로스 아버님, 어머님께.

로스와 저는 아주 친한 친구였습니다. 로스는 가진 것을 모두 저와 나누었습니다. 생각과 아이디어를, 기쁨과 고통을 함께 나누었고, 웃음도 곧잘 함께 나누곤 했습니다. 그리고 무엇보다도 사랑을 나누었지요.

로스에게는 이제 좋은 친구가 새로 생겼습니다. 그리고 그는 지금 새로 사귄 친구와 함께 있습니다. 그런데 지금도 예전처럼 함께 나누고 있네요. 로스는 오늘, 새로 생긴 친구를 예전 친구인 저에게 나누고 있습니다.

저는 로스를 보내주신 주님께 감사하고, 주님을 보내준 로스에게 감사합니다.

로니.

이런 따뜻한 위로의 말을 들었지만, 나는 로스가 죽은 뒤 깜깜했던 여러 날들을 전적으로 하나님에게 의지해야 했다. 나는 성경에 나오는 "너는 마음을 다하여 여호와를 신뢰하고 네 명철을 의지하지 말라"(잠 3:5)라는 구절을 자주 떠올렸다. 나는 하나님이면 충분하다는 것을, 하나님의 권능은 약한 자 안에서 완벽해진다는 것을 배웠다. 이 땅에 산다는 것은 어느 순간 갑자기 끝날 수도 있는 모험을 한다는 뜻임을 배웠다. 내가 통제할 수 없는 모험을!

주고받는 것에 관한 퀘이커 교도의 짧은 기도가 있는데, 나는 로스를 잃은 날 밤에 그리고 요즘에도 자주 이 기도를 올린다. 퀘이커 교도들은 손을 종교적 물건이나 상징으로 사용하는데, 기도의 전반부에서는 손바닥을 위로 향하게 하여, 하나님에게서 받아야 할 것을 모두 받겠다는 뜻을 드러낸다. 그리고 후반부에서는 손바닥을 아래로 향하게 하여, 내 걱정과 근심을 자상하고 사랑이 넘치는 하나님의 무릎에 내려놓는다는 것을 표현한다.

로스를 땅에 묻고 2주 반이 지나 교회에서 연설을 할 때 나는 이 동작을 취하며 기도를 올렸다.

"하나님, 당신은 제 손에 삶을 부여하셨습니다. 이제 그것을 당신께 돌려드립니다. 제 시간, 제 재산, 제 삶 자체가 … 당신과 그리고 로스와 함께하는 영생과 비교할 때 일시적인 것에 불과하다는 사실을 잘 알기 때문입니다."

나는 손바닥을 아래로 향하게 하고 기도를 마무리했다.

"하나님 아버지, 당신께 이 세상의 근심과 걱정을 내려놓으렵니다. 당신은 저를 위해 당신의 하나뿐인 아들을 주셨을 정도로 저를 사랑하신다는 것을 잘 알기 때문입니다. 저는 구세주가 필요한 죄인이며, 당신께서 저를 위해 하신 일들은 부족함이 없었음을 다시 한 번 인정합니다. 주 예수 그리스도의 이름으로 기도합니다. 아멘."

사도 바울은 로마 교회에 보내는 편지에 격려의 말을 썼는데, 그 말은 수 세기 동안 고통 받고 낙담하고 상심한 수백만 성도들에게 용기를 주었다.

> 우리가 알거니와 하나님을 사랑하는 자 곧 그의 뜻대로 부르심을 입은 자들에게는 모든 것이 합력하여 선을 이루느니라 (롬 8:28).

실제로 모든 일은 서로 작용한다. 단, 영원불변의 관점을 갖고 있다는 것을 전제한다.

나는 두 세계에서 산다. 하나는 다른 곳에 주의를 기울일 틈도 없을 만큼 정신없이 바쁜 세계다. 거래를 하고 점수를 기록하는, 호황과 불황이 반복되는 주식시장 같은 곳이다. 이 세계는 구름 같아서 곧 사라지고 만다. 내가 사는 또 하나의 세계는 지금 로스가 있는 영원불변의 세계다. 나는 이 영원불변의 세계를 확신하기에, 로스에게 분명히 말할 수 있다.

"로스, 잘 있어. 당분간은…."

이 영원불변의 관점은 내게 돌연 큰 위안을 주었다. 동시에 조지 버나드 쇼가 말했던, 삶을 향한 인상적인 열정과 날마다 삶을 다 소모해야 한다는 책임감을 상기시켰다. 쇼는 1907년 어느 연설에서 말했다.

> 나는 삶 자체가 즐겁다. 내게 삶은 금방 꺼지는 촛불이 아니다. 삶은 지금 이 순간 내 손에 쥐고 있는 활활 타오르는 횃불

이며, 나는 그 횃불을 다음 세대에 넘겨주기 전까지 가능한 한 밝히 타오르게 하고 싶다.

내가 로스를 몇 안 되는 위대한 영웅 목록에 넣은 이유 하나는 로스가 비록 짧은 생을 살았지만 금방 꺼지지 않았기 때문이다. 로스는 활활 타오르는 횃불이었고, 활기차고 카리스마가 넘치는 데다 사람을 끄는 매력까지 갖춘, 우리 모두가 갖고 싶은 장점을 고루 갖춘 아이였다. 로스는 날마다 자신의 재능을 남김없이 다 썼다. 우리와 함께 머문 시간은 무척 짧았지만, 그동안 자신을 아끼지 않았다. 로스의 죽음은 비극이지만 또 한편으로는 나를 여한 없이 환히 타오르게 하는 자극제가 되었다.

유명한 영국 시인 존 던은 다음과 같은 말을 했다.

> 어느 누구도 하나의 동떨어진 섬이 아니다. 모든 사람은 대륙의 일부, 본토의 일부다. … 어떤 이의 죽음은 나 자신을 소모하는 것이니, 그건 나 또한 인류의 일부이기에. 그러니 묻지 말지어다. 누가 죽었기에 종이 울리느냐고. 종은 바로 그대를 위하여 울리는 것이다.[2]

종소리에 귀를 기울이라. 그리고 당신을 데려가는 종이 울리기 전까지 늘 깨어 있으라.

고민하고 토론할 문제

1 이제까지의 삶이나 경험에서, 그 결과를 전혀 통제할 수 없었던 영역이 있었는가? '당신을 뒤흔들어 안락한 삶에서 떨어져 나오게' 했던 사건은 무엇인가?

2 그 일을 경험하면서 자신에 대해 무엇을 배웠는가? 하나님에 대해서는 무엇을 배웠는가?

3 저자는 "절대적 공허감과 상심에 빠진 나는 침통함과 경이로움을 동시에 느꼈다"라고 말한다. 이 말의 의미가 무엇이라고 생각하는가? 당신도 삶에서 이런 느낌을 경험해본 적이 있는가?

4 저자는 위의 말을 한 뒤에 퀘이커 교도의 간단한 기도법을 소개한다. 기도를 시작할 때 손바닥을 위로 향하게 하여, 하나님께 받아야 할 것을 받겠다는 뜻을 나타낸다. 그다음에는 손바닥을 아래로 향하게 하여, 내 걱정을 하나님의 전지전능한 손에 내려놓는다는 뜻을 표현한다. 당신은 무엇을 하나님께 받고 싶고, 어떤 걱정을 하나님의 손에 내려놓고 싶은가?

5 당신의 '영원한 관점'(롬 8:28 참조)은 무엇이며, 그것은 당신의 일상에서 어떻게 나타나는가? 영생을 바라는 마음은 지금 바로 이곳에서 살아가는 당신에게 어떤 식으로 영향을 미치는가?

2부

하프타임

문제는 나를 이해하고,
하나님께서 내게 진정으로 바라시는 것을 찾아내고, …
내가 죽고 살 수 있는 신념을 발견하는 일이다.

_쇠렌 키르케고르

Chapter 7

상황 점검

인간이 불행한 단 하나의 원인은 방 안에 조용히 앉아 있을 줄 모르기 때문이라고 나는 자주 말하곤 했다. … 사람들은 평온한 삶을 쉽게 얻을 수 있음에도 그것이 우리의 불행한 처지를 상기시킨다는 이유로 그다지 좋아하지 않는다. 그렇다고 해서 전쟁의 위험이나 관직의 부담을 좋아하는 것도 아니다. 다만 그런 것에 신경을 끄고 주의를 돌리는 선동을 좋아할 뿐이다. 이런 이유로 우리는 포획보다 사냥을 좋아한다. 이런 이유로 인간은 북새통을 그토록 좋아하며, 이런 이유로 감금이 그토록 두려운 형벌이 되고, 이런 이유로 고독의 즐거움을 도무지 이해하지 못한다. _**파스칼, 《팡세》**

내 아버지는 사냥꾼이었다. 내 아들도 사냥꾼이었다. 원초적 옥외 스포츠 충동을 자극하는 유전자 꾸러미가 한 박자 쉬면서 한 세대를 건너뛴 게 분명하다. 나는 어쩌다 보니 게임을 즐기는 전술가가 되어, 결과를 측정하기 쉽고 시간기록계가 아군 아니면 적군이 되는 스포츠를 더 좋아하게 되었다. 나는 쿼터마다 통계를 내는 미식축구나 분기 말에 결산을 점검하는 비즈니스 스포츠에 마음이 끌린다. 두 가지 모두 경기 끝에 최종 점수를 확인할 수 있기 때문이다.

나는 점수를 기록하는 게 좋다.

그러나 파스칼이 옳았다. 우리 중 다수가 포획보다 사냥을 좋아한다. 정복을 성공적으로 마무리하는 것보다 추격하는 쾌감을 더 즐긴다. 우리는 날마다 북새통에 파묻혀 사는 탓에, 고독의 경이로움과 고요함을 경험하는 일이 드물다. 그러나 그곳이야말로 하나님의 세미한 음성이 가장 잘 들리는 곳이다.

"내가 의사라면, 그리고 나더러 조언을 해달라면, 나는 이렇게 대답하겠다. 침묵을 만들라."

쇠렌 키르케고르의 말이다. 하프타임은 시끄러운 곳일 수 없다.

전반전은 시끄럽고 정신없고 거의 광적인 시간이다. 사람들이 세미한 음성을 듣기 싫어해서가 아니라, 그럴 시간이 없다고 생각하기 때문이다. 지난 2주 동안의 일정을 다시 짜보라. 지난 2주는 고사하고 어제 무엇을 했는지도 기억나지 않을 확률이 높다. 달력을 꺼내보면 그 이유를 알 것이다. 달력에 워낙 많은 일정이 적혀 있어서 그걸 다 기억하기란 불가능하다.

그 많은 일정이 다 중요한 일이었는가? 그것 아니면 죽고 못 살 일이었는가? 앞으로도 그런 식으로 살고 싶은가? 그동안 많은 미국 노동자들은 일터에서 월급 이상의 것과 삶의 의미를 발견할 수 있을 것이라고 기대했지만, 그 기대는 결국 뒤틀리고 실망스러운 중년의 위기로 바뀌어갔다. 수많은 사람들이 40대에 접어들면서 자신의 힘이 최고조에 이르렀다거나 자신의 일이 절정에 달했다고 느끼기보다는 꼼짝없이 갇혔다고 느낀다. 도전할 만한 구석이 거의 없는 일에 갇히고, 아주 끝장나지는 않더라도 정체된 인간관계에 갇히고, 앞 세대의 선택이 가져온 결과에 갇힌다.

몇 년 전, 하버드 경영대학원은 하프타임에 도착한 사람들을 대상으로 '선택의 시대'라는 제목의 흥미로운 공동연수회를 열었다. 연수회의 목적은 참가자들에게 "앞으로 선택하는 일은 성취감을 느낄 수 있고 목적이 확실한 일"이어야 한다는 점을 강조하는 것이었다. 연수회는 참가자들이 "경력 개발 방법을 재평가하고, 개인적 필요와 취향을 바탕으로 선택을 내리도록" 도왔다.[3] 내가 이 말을 하는 이유는 이러한 선택의 필요성이 우리 사회 곳곳에서 얼마나 널리 퍼졌는지 강조하기 위해서다. 40대에 접어드는 사람들이 점점 늘어나면서 하프타임에 들어서는 사람들도 갈수록 많아질 것이다.

변화해야 할 필요성을 느낀다는 것은 부자연스러운 현상도 아니며, 지나치게 우려할 일도 아니다. 그러나 이 시기에 사람들 다수가 저지르는 실수는 하던 일을 멈추고 귀를 기울이라는 음성을 무시하는 것이다. 어떤 이는 자신을 더 채찍질하고 하던 일에 더 집중해야 한다고 판단하며 그 음성을 쉽게 눌러버린다. 그런가 하면 건전하지만 무모하게 방향을 전환하는 사람도 있다. 그리고 확신하건대, 다수는 몽유병 상태로 들어가 은퇴할 때까지 하던 일을 놓아서는 안 된다며 자신의 등을 떠밀

것이다. 어떤 부류든 이런 식으로는 후반전이 전반전보다 나아지기는커녕 더 안 좋아질 뿐이다.

부드럽게 속삭이는 음성이 들리는 것은, 라커룸으로 들어가 숨을 고르며 전반전보다 나은 후반전을 준비할 때가 되었다는 뜻이다. 미식축구라면 코치와 선수들이 상황을 점검하면서 앞서 성취한 것들을 되돌아보는 시간이다. 어떤 전술이 통했는가? 어떤 전술이 통하지 않았는가? 통하지 않은 전술은 후반전에서 조정하거나 빼버리고, 대신 새로운 전술을 구상해 투입할 수도 있다. 후반전이 잘되고 못되고는 하프타임을 어떻게 보내느냐에 달려 있는 경우가 많다.

상황을 점검하면서 자신에게도 이와 비슷한 질문을 던져보라. 나는 어떤 일에 열정을 느끼는가? 나는 어떤 일을 하도록 창조되었는가? 내 소속은 어디인가? 나는 무엇을 믿는가? 믿음을 어떻게 실천할 것인가?

아니면, 인생을 걸어볼 만한 일을 찾는 사람들에게 피터 드러커가 조언 삼아 던진 질문도 있다. 내 가치, 내 열정, 내 방향이 무엇이며, 스스로에게 바라는 바와 삶에 대한 기대치를 충족하며 살려면 무엇을 해야 하고 무엇을 배워야 하며 어떤 변화를 이끌어내야 하는가?

이 질문에 어떻게 답해야 하는지 정확히 말해주기는 힘들지만, 다시 경기장으로 나갈 준비를 하면서 내 나름대로 효과를 봤던 방법을 일반적인 수준에서 공유해보고자 한다.

1. 마음을 편하게 먹으라. 너무나 많은 사람들이 전반전에 대한 후회를 짊어지고 후반전으로 들어간다. "가족과 시간을 더 많이 보냈어야 했어." "인간관계에 신경을 써야 했어." "…해야 했어." 후회는 쉽게 씻어내기 힘든 감정이다. 그것은 두고두고 나를 따라다니면서 더 나은 삶을 추구하려는 힘과 의지를 빨아먹을 것이다. 하프타임에서 맨 먼저 해야 할 일은 전반부에서 겪은 여러 문제를 훌훌 털어버리는 것이다.

그렇다고 해서 과거에 했던 모든 일을, 또는 삶을 바꿀 수 있는데도 아무것도 하지 않았던 일을 자랑스러워하라는 이야기가 아니다. 과거를 정직하게 돌아보면, '다르게 살았더라면 좋았을걸' 하는 생각이 드는 여러 일들을 발견하게 된다. 중요한 점은 이런 것들을 넓은 시야로 바라보면서 성장에 따른 불가피한 부분으로 인정하는 것이다.

내 친구 한 명은 아들을 교육한 방식을 후회했다. 친구는 집안의 지인에게 그 사실을 말했고, 상대방의 대답에서 큰 위안을 얻었다.

"예전에 했던 일이나 하지 않았던 일에 집착하는 건 그다지 도움이 되지 않아. 그때로서는 자네의 지식과 경험으로 최선을 다했잖아. 지금이야 여러 해 경험이 쌓였으니 다른 방식으로 했더라면 더 좋았겠다고 생각할 수 있지만, 그때는 아들을 실망시키려고 고의로 그런 게 아니잖아. 좋은 의도로 한 일은 설령 결과가 안 좋았더라도 자책하지 말게."

과거로 돌아가 실수를 만회할 수 없는 상황에서 우리가 할 수 있는 선택은 두 가지뿐이다. 실수에 집착하면서 그것이 가족과 내 일에 끼친 결과에 사로잡혀 살든가, 아니면 너그럽게 실수와 화해하고 그것을 계기 삼아 후반전에서 뭔가 가치 있는 것을 배우든가. 하프타임은 과거에 한 일을 두고 자책하는 시기가 아니라 실패와 화해하고 자신이 은총 속에서 산다는 사실을 인정하는 시기다.

2. 시간을 가지라. 전반전에서 많이 저지르는 가장 큰 실수는 정말로 중요한 일에 시간을 많이 쓰지 않는 것이다. 이제 하프타임에 들어섰다면, 그런 실수를 되풀이하지 않도록 주의해야 한다. 여기에는 당연히 어느 정도의 훈련과 시간 관리가 필요하다. 이렇게 말하면 가뜩이나 일정이 빡빡한데 별도의 일정을 또 잡으라는 이야기냐고 반문하는 사람도 있을지 모르겠다. 하지만 삶을 바꾸려고 진지하게 고민하지 않는다면, 그 사람은 하프타임으로 들어간다고 말할 수 없다.

예전에 나는 자신의 이름을 딴 전자 회사를 세워 거대 기업으로 성장시킨 마쓰시타 고노스케 회장을 만나는 기회를 갖게 되었다. 마쓰시타는 이따금씩 뜰에 칩거하면서 사색과 명상에 잠기곤 했다. 아시아에서는 그리 드물지 않은 습관이었다. 그가 방으로 들어오는 순간, 방 안에는 경외감이 감돌았다. 말 한마디 하지 않았는데도 그에게서는 강력한 기운과 기품 있는 절제가 넘쳐났다.

나는 북적대는 사람들 틈을 빠져나와 시간을 갖고 하프타임을 생각해보아야 한다고 굳게 믿는 사람이다. 내 후반전의 특징 하나는 거의 매주 주말만 되면 따로 시간을 내어 내면을 들여다본다는 점이다. 아무런 방해도 받지 않고 몇 시간씩 책을 읽고 사색하는 일은 내 삶의 우물과 같아서, 나는 그곳에서 생명수를 길어 한 주를 활동할 양분을 얻는다. 어떤 사람은 아침에 한 시간 일찍 일어나 조용히 묵상을 하면서, 다른 도시 호텔에서 긴 주말을 보내는 상상을 할 수도 있을 것이다.

사람에 따라 하프타임에 이르기까지 20년 또는 그 이상의 세월이 걸리기도 한다. 단 몇 시간 만에 전반전의 문제를 모두 해결하고 후반전을 계획할 수 있으리라고는 기대하지 말라. 하프타임은 대개 몇 달, 때로는 몇 년씩 지속된다. 그러나 따로 시간을 내지 않는 한, 하프타임은 영영 오지 않을 것이다.

3. 신중하라. 하프타임은 단순히 발을 편히 올려놓고 앉아 가만히 생각만 하는 시간이 아니다. 단지 시간을 내어 생각하고 기도하고 노는 것이 아니다. 하프타임을 잘 보내려면 체계가 필요하다. 중요한 문제들을 헤쳐나가는 데 필요한 목록을 작성하라. 목록에는 기도하고 경청하는 시간, 성경 읽는 시간, 사색하는 시간이 포함될 것이다. 그러나 신중히 질문을 던져보는 것도 잊지 말아야 한다. 어떤 질문부터 던져야 할지 모르겠다면 다음 목록을 참고하라.

- 내게 중요한 것을 바로 지금 내 인생에서 놓치고 있지는 않은가?
- 나는 어떤 일에 열정을 느끼는가?
- 나는 누구인가?
- 나는 무엇에 가치를 두는가?
- 앞으로 10년 안에 어떤 사람이 되고 싶은가? 20년 안에는?
- 하나님이 내게 주신 재능 중 지난 세월 동안 완벽해진 것은 무엇인가?
- 하나님이 내게 주셨지만 사용할 수 없는 재능은 무엇인가?
- 나는 무엇에 목숨을 바칠 준비가 되었는가?
- 내 직업 중 어떤 면 때문에 내가 갇혔다는 느낌이 드는가?
- 지금 하는 일에서 어떤 실질적인 변화를 이끌어낼 수 있는가?
- 더 행복해지고 진정한 자아에 더 가까워지기 위해, 정신적 압박을 덜 받지만 보수가 적은 일을 택할 준비가 되었는가?
- 전반부보다 나은 후반부를 맞이하기 위해 내일 당장 어떤 조치를 취해야 하겠는가?

노트북이나 일기장에 위 질문의 답을 적어볼 수도 있을 것이다. 나는 날마다 일종의 영적 자서전을 쓴다. 인간으로서 내 존재에 관한 거룩한 이야기이며, 내 안에서 가장 숭고하고 고상한 부분을 찾아내려는 끈질긴 탐색이다. 만약 이 과정이 약간은 방종이나 자만으로 보인다면, 그 사람은 아직도 한 발을 전반부에 딛고 서 있기 때문이다. 당신만의 '한 가지'는 아직도 마음속 가장 거룩한 방에 갇혀 있다. 마음을 열어, 질문의 답이 당신의 이야기가 적힌 페이지에 흘러넘치게 하라.

4. 여행을 함께하라. 내 경우, 만약 아내가 나와 함께 여행을 떠나지 않았다면 전반부에서 후반부로 옮겨가는 것은 꿈도 꾸지 못했을 것이다. 삶에서 가장 중요한 것 하나를 골라 상자 안에 그려 넣어야 했을 때 나는 달러 표시와 십자가를 놓고 고민했고, 그때 아내 린다가 곁에 있었다. 내가 십자가를 그려 넣자 린다는 동요하지 않았지만 침묵으로 일관하지도 않았다. 린다는 내게 질문도 하고 제안도 하면서 솔직한 선택을 하도록 유도했다. 결혼이 진정한 동반자 관계라면(나는 그래야 한다고 믿는다) 배우자와 먼저 상의하지 않고 혼자서 생활방식을 통째로 바꾸는 것은 옳지 않다.

5. 솔직하라. 어떤 사람은 하프타임을 이용해서 공상에 사로잡히는 실수를 범한다. 자신의 다양한 모습을 결코 일어나지 않을 비현실적 상황에 투영하는 헛된 공상이다. 직장에서 집으로 돌아가는 길에 백일몽을 꾼다면 나쁠 것도 없다. 그러나 더 나은 후반전을 준비하는 시기에 백일몽에 빠져 있어서는 안 된다. 돈 문제, 가족과 관련된 문제, 장기적 목표 따위의 냉혹하고 근본적인 문제들을 솔직히 마주해야 한다. 그리고 진지한 질문을 던질 때 대답을 꾸며내어서는 안 된다. 전반전보다 나은 후반전이 되려면, 내 참모습을 발견해야 한다. 전반전에서는 나 아닌 다른 사람이 되어야 하는 때가 많았다. 이중인격자라서가 아니라 사다리를 올라가야 하는 우리 모두의 현실 탓이다. 그

러나 후반전의 나는 순수한 내 모습이며, 그러한 나를 발견하려면 솔직해야 한다.

6. 인내심을 가지라. 여기까지 오는 데 20년은 족히 걸렸다. 그러니 모든 것을 하루아침에 되돌리기란 불가능하다. 내일도 일을 하러 나가야 한다. 편지함에는 여전히 청구서가 도착하고 있다. 고객들이 내 전화를 기다린다. 여생을 어떻게 보내야 할지 명확한 그림이 쉽게 떠오르지 않는다. 어쩌면 아주 떠오르지 않을지도 모른다.

7. 믿음을 가지라. 그리스도인들에게 하프타임은 기본적으로 "믿음을 어떻게 실천할 것인가?"라는 질문에 답을 하는 시간이다. 나를 인도하는 하나님을 신뢰하면서 믿음을 실천하는 것으로 그 물음에 대한 답을 시작하라. 성경을 읽으며 하나님의 음성에 귀를 기울이고, 하나님과 이야기할 때 하나님께서 내 마음에 심어놓으신 생각에 귀를 기울이라. 컨설턴트, 상사, 아랫사람, 시장조사 결과에 귀 기울이는 데 익숙한 사람에게는 쉬운 일이 아니다. 귀 기울이고 믿으라.

하프타임 연습

아래는 더 나은 후반부를 준비하면서 전반부를 점검하는 데 유용한 물음이다. 각 물음에 솔직하게 답을 적어보자.

1. 어떤 사람으로 기억되고 싶은가?
   내가 원하던 대로 살았다면 그 삶은 어떤 모습일지 적어 보자.
2. 돈 문제는 어떠한가?
   돈이 얼마나 있으면 충분하겠는가?
   돈이 쓰고도 남을 정도로 있다면 남는 돈을 어떤 목적에 쓰겠는가?
   돈이 충분치 않다면 그 상황을 해결하기 위해 기꺼이 어떤 일을 할 수 있는가?
3. 현재의 직업을 어떻게 생각하는가?
   10년 뒤에도 지금의 일을 계속하고 싶은가?
4. 균형 잡힌 삶을 살고 있는가?
   삶에서 더 많은 시간을 쏟을 만큼 가치 있고 중요한 일은 무엇인가?
5. 삶에서 일차적으로 충실할 대상은 무엇인가?
6. 인생 후반부에 관한 자극과 조언, 본보기를 어디에서 찾겠는가?
7. 피터 드러커는 우리에게 필요한 두 가지 중요한 요소로 자아실현과 지역사회를 꼽았다. 나는 이 두 영역에 어느 정도나 투자하고 있는가? 10점 만점으로, 1에서 10까지 점수를 매겨보자.
8. 삶의 기복을 하나의 선으로 그려보자. 또는 개인의 삶, 가족과의 삶, 일과 관련된 삶을 각각 하나의 선으로 표시하여, 모두 세 개의 선을 그려보자. 세 개의 선이 각각 어

디에서 만나고, 어디에서 갈라지는가?

9. 아래에 나열된 전반전에서 후반전으로 넘어가는 방법 중 어느 것이 내 기질과 재능에 가장 잘 맞는가? (각 항목마다 1에서 10까지 점수를 매겨보자.)
   - a. 내가 이미 잘하고 있는 일을 계속하면서 환경만 바꾼다.
   - b. 일을 바꾸고 환경은 그대로 유지한다.
   - c. 취미를 새로운 직업으로 만든다.
   - d. 두 가지(심지어는 세 가지) 직업을 동시에 갖는 (취미가 아닌) 병행경력을 추구한다.
   - e. 지금 하는 일을 은퇴할 나이가 지난 뒤에도 계속한다.
10. 자녀들에게 바라는 것은 무엇인가?

하프타임의 목적은 상황을 점검하고, 귀를 기울이고, 배우는 것이다. 시편 기자의 외침은 전반부를 걱정하는 모든 사람의 가슴을 울린다.

> 하나님이여 나를 살피사 내 마음을 아시며 나를 시험하사 내 뜻을 아옵소서 내게 무슨 악한 행위가 있나 보시고 나를 영원한 길로 인도하소서(시 139:23-24).

고민하고 토론할 문제

1 후반부의 이러한 중요한 문제들을 헤쳐나가는 동안, 얼마나 많은 시간을 따로 떼어내어 인생의 '더 큰 그림'을 생각해보았는가? 그런 시간이 일주일에 몇 시간이나 되었는지 생각해보라. 좀 더 많은 시간을 가지고 그 문제를 고민하고 싶었던 적이 있었는가? 있었다면, 또는 없었다면, 그 이유는 무엇인가?

2 여기 과감한 방법을 하나 소개하겠다. 달력을 꺼내, 다음 두 주 동안 매일 30분의 시간을 따로 비워두고, 당신의 삶이 향하는 방향과 당신이 원하는 변화를 곰곰이 생각해보는 시간으로 삼으라. 마지막 30분은 그동안 '사색의 시간'에서 얻은 가장 중요한 두세 가지가 무엇이었는지 질문하는 시간으로 할당해둔다.

3 저자는 과거의 후회스러운 일이 있으면, 괴로워하기보다는 귀중한 배움의 기회로 삼아야 한다고 말한다. 당신은 어떤 일을 후회하고, 그 일을 통해 미래에 적용할 만한 어떤 교훈을 얻었는가?

당신의 강점을 파악하라

상황 점검에서 중요한 부분은 당신의 무기고에 있는 여러 재능을 파악하는 일이다. 묵상하는 시간을 마련하여 아래의 내용을 채우고, 가까운 친구 몇 명에게 당신의 강점에 대한 조언과 견해를 부탁하라.

- 현재의 직업/지위/역할:

- 주요 책임:

- 요구되는 능력(다음 쪽 목록 참조):

- 내가 가진 능력:

이제 '주요 책임'으로 돌아가, 그곳에 적어놓은 책임들이 다음 네 부류 중 어디에 속하는지 생각해보라. '요구되는 능력'도 마찬가지 방법으로 생각해본다.

높은 수준의 능력/높은 만족도	낮은 수준의 능력/높은 만족도
• 새로운 능력 개발 • 전문 상담 • 인생 상담	• 장기 계획 수립 • 처방 • 상상
높은 수준의 능력/낮은 만족도	**낮은 수준의 능력/낮은 만족도**
• 1억 달러 예산 집행 감독 • 분석 • 체계화	• 부하 직원 관리 • 지시하기

이 작업의 목적은 신체적, 정신적 노동에 대한 대가가 가장 큰 분야를 찾아내어 그곳에 집중하기 위한 것이다. 위 표에서 상위 왼쪽 부류에 속하는 일에 시간을 많이 쓸수록 후반부의 삶은 이상적이라 할 수 있다.

Chapter 8

가장 소중한 것에 집중하기

전반부에서는 너무나 많은 것에 주의를 빼앗기는 통에 삶에서 가장 중요한 것에 집중하지 못한다. 하프타임에 들어선 이유는 삶의 답을 찾지 못한 채 더 이상 무작정 달리고 싶지 않기 때문이다. 세미한 속삭임이 마침내 내 주의를 사로잡고, 그 목소리에 대답하지 않으면 다시는 경기장으로 돌아갈 수 없음을 깨닫는다. _**본문 중에서**

내 기억에 나는 하나님을 믿지 않았던 순간이 없었으며, 많은 여론조사 결과를 보면 미국인 다수가 나와 같을 거라는 예감이 든다. 그러나 어떤 이유에서인지, 우리는 대개 하나님을 알면서 생기는 조용한 확신과 불신 사이에 갇힌 듯하다. 왜 그럴까? 왜 나는 전반부에서 그토록 많은 시간을 들여 하나님의 실제 모습을 분명하게 규정하려 했을까?

믿음에 대한 이런 고민은 어느 면에서는 바람직하다. 어쨌거나 하나님은 단순하면서 동시에 복잡하다. 모든 것을 다 알고 모든 힘을 손에 쥔 전지전능한 존재라는 개념은 팔을 벌려

감싸기에 꽤나 벅차다. 믿음에 대한 고민은 전반부에서 우리가 어떤 사람이며 어떤 일을 하는가에 따라 달라지기도 한다. 큰 것을 추구하고 수입이 얼마인지로 성공을 측정하면서 '정복'을 최고로 여기는 분위기에서는 우리도 모르는 사이에 하나님을 성취 목록에 넣거나 계량화하려 든다. 우리는 하나님을 획득했다는 분명한 확신과 자부심이 들 때까지 연구하고 분석하고 해부하고 파헤친다.

이 점에서는 그동안 교회도 별다른 도움이 되지 못했다는 게 내 생각이다. 교회조차 설교를 듣고 헌금을 하는 사람들이라고 해서 진실한 믿음을 가진 사람으로는 생각하지 않는 눈치다. 그러나 수백만 명이 주일마다 교회에 나가는 이유는 대부분 하나님을 진짜로 믿기 때문이다. 이들은 무신론자나 버림받은 이교도가 아니다. 이들은 하나님을 두려워하거나 아니면 하나님을 찾는 사람들이며, 비종교인과 달리 휴일 아침에 일어나 옷을 차려입고 교회에 나온 사람들이다. 그리고 일단 교회에 오면 대개는 한 시간 또는 그 이상씩 의자에 앉아 자신이 이미 믿는 것에 대해 목회자가 하는 이야기를 경청한다.

이런 식은 영원히 지속되지 못한다. 단지 설교를 수없이 듣고, 성경공부반에 빠짐없이 참석하며, 오랜 시간 자신의 내면을 들여다볼 뿐이다. 하프타임은 하나님을 이해하려는 노력에서 더 나아가 하나님을 알아가는 법을 배울 수 있는 완벽한 기회다. 하나님을 완벽하게 이해하기란 불가능할 수도 있지만, 하나님께서 나를 알고 계시며 사랑하신다는 것을 믿음으로 겸허하게 받아들여야 하는 시기다.

작고한 짐 러셀은 맨땅에서 사업을 일으켜 크게 성공한 미시간의 사업가였다. 그는 인생 후반부에서 자신의 금쪽같은 시간과 힘을 진정한 하나님 나라를 건설하는 일에 투자하기 시작했다. 짐은 하나님을 향한 믿음을 실천하는 일에 더 많은 그리스도인을 끌어들이기 위해, 에이미상을 만들어 글쓰기 대회를 열었다. 대회는 단순하다. 종교와 무관한 신문이나 잡지에 성경을 인용하고 그리스도의 가르침을 지지하는 기사를 쓴 사람에게 상금(1등은 1만 달러)을 수여한다.

짐의 목표는 숨은 그리스도인들을 밖으로 끌어내 이 다양한 사회에서 제자리를 찾게 하는 것이었다. 그의 이론에 따르면 하나님의 말씀을 선포하는 일은 실패한 적이 없지만, 다시 말해 미국인의 절대다수가 복음을 듣고 긍정적으로 반응했지만, 믿음을 실천하는 방법을 몰랐다. 짐은 그리스도인들이 일단 믿음을 실천하는 법을 알면 나라를 바꿀 수도 있다고 믿었다. 보수적 사업가치고는 꽤 급진적인 발상이지만 분명 주목할 만한 생각이다.

가끔 우리가 성경에 나오는 아주 단순한 진리를 무척 복잡하게 만든다는 생각이 든다. "주 예수 그리스도를 믿으라. 그리하면 구원을 얻으리라." 이 크나큰 위안의 말은 교회에 나가고, 기독교 교리에 정통하고, 교회를 둘러싼 논쟁에서 '옳은' 견해를 지지하고, 온당한 자선을 베풀어야만 예수님과 제대로 관계를 맺을 수 있다는 뜻이 아니다. 그런 것들도 물론 중요하지만, 거기에 지나치게 신경을 쓰는 건 아닌지 자문해야 할 때가 되지 않았을까. 스스로에게 물어보라. '이것이 내가 남은 인생에서 하고 싶은 일인가? 그리스도를 믿는다는 것은 원래 이런 것인가?'

하나님 말씀대로라면 그리스도인이 된다는 것은 '받아들이고 믿는' 행위다. 예수님을 하나님의 아들로 인정하고, 예수님만이 우리를 죄에서 구원할 수 있다고 믿으라. 그러면 1루까지 온 셈이다. 믿음을 두고 고민할 필요가 없다. 그것은 이미 정해졌으니까.

이제는 믿는가? 아이 같은 믿음으로 두말없이 하나님을 상자에 넣을 정도로 믿는가? 인생 후반부에서 믿음을 넘어 실천으로 옮겨갈 준비가 되었는가?

마이클 카미를 찾아갔을 때 나는 내가 당연히 그리스도인이라고 생각했다. 어쨌거나 나는 어린 나이에 신앙이라는 선물을 받았으니까. 그러나 전반부의 다른 많은 사람들처럼 내 신앙은 지극히 개인적인, 그러니까 나눌 준비가 안 된 신앙이었다. 통찰력이 뛰어난 무신론자 카미는 내게 가장 중요한 것이 무엇인지 찾아내라는 과제를 던졌고, 믿음이라는 문제를 극적으로 해결하여 내 삶을 뒤바꿔놓았다.

내가 아는 사람 중에 똑똑한 사업가가 한 명 있다. 흔히 말하는, '안 되는 일이 없는' 친구였다. 그는 단순한 발상으로 출판 제국을 세웠고, 그 과정에서 성공이 주는 온갖 화려한 혜택을 손에 넣었다. 게다가 아름다운 아내 그리고 잡지에 나올 법한 가족과 함께 살며, 교회 활동에도 열성적이다. 날씬하고 건장한 체격에 이제 겨우 마흔에 접어든 그는 내일 당장 일을 그만두고 성공의 열매를 즐기며 남은 인생을 보낼 수도 있었다. 그런데 어찌된 일인지 아내가 그의 곁을 떠나려 한다. 아내에게 다른 남자가 생긴 것도 아니고, 내 친구도 아내에게 충실했다는 건 내가 보장할 수 있다. 그리고 두 사람은 서로를 무척 사랑한다는 것도 내가 잘 안다. 그런데도 두 사람은 미국 가정이 흔히 겪는 비극에 빠져들기 직전이다. 상자에는 오직 하나만 담아야 하는데, 이 친구는 그게 안 되기 때문이다. 인생의 전반부에 흔히들 그렇게 하듯이 그도 모든 걸 다 갖고 싶었고, 여러 개의 공을 전부 공중에 띄우려는 욕심에 자신과 가족을 파멸시키고 있다.

상자는 한동안 비워둘 수도 있다. 만약 그곳에 들어갈 딱 하나를 직접 고르지 않는다면 삶의 관성이 대신 골라줄 것이다. 그 친구도 자기 손으로 하나를 고르지 않는다면 사업이 상자 안으로 비집고 들어갈 것이다. 추측컨대, 교회 안에서 일어나는 분열도 거의 다 뭔가 다른 것이 상자에 들어가도록 내버려둔 탓일 게다. 내 믿음이 내가 헌신하는 일에 어떤 식으로 영향을 미치게 될지, 주변 상황이 결정하도록 내버려둔 탓이다.

그 문제를 결정하는 것이 왜 중요한지 알겠는가? 전반부에서는 너무나 많은 것에 주의를 빼앗긴 터라 삶에서 가장 중요한 것에 집중하지 못한다. 하프타임에 들어선 이유는 삶의 답을 찾지 못한 채 더 이상 무작정 달리고 싶지 않기 때문이다. 세미한 속삭임이 마침내 내 주의를 사로잡고, 그 목소리에 대답하지 않으면 다시는 경기장으로 돌아갈 수 없음을 깨닫는다.

전반부와는 다른 그리고 더 나은 후반부를 살고 싶다면 반드시 대답해야 하는 질문이다.

당신의 상자에는 무엇이 들었는가?

고민하고 토론할 문제

1 저자는 하나님을 이해하는 것과 하나님을 아는 것에 대해 말한다. 그 차이가 무엇인가? 둘 중 무엇이 더 중요하다고 생각하며, 그 이유는 무엇인가?

2 하나님과 당신의 관계를 되도록 솔직하게 묘사해보라. 하나님을 어떤 식으로 이해하고 있는가? 하나님을 얼마나 알고 있는가? 하나님에 대해 의심이 가는 점은 무엇인가? 하나님을 제대로 알기 위해 무엇을 할 예정인가?

3 신앙이 남은 인생에 어떤 식으로 통합된다면 좋겠는가? 둘의 완전한 통합을 방해하는 요소는 무엇인가?

4 신앙과 일을 연결하는 가장 분명한 방법은 무엇인가? 신앙과 결혼생활은? 신앙과 가족은? 신앙과 지역사회는? 신앙과 봉사활동은?

5 하프타임이 기독교와 관련된 것은 아니지만, 의미라는 문제를 생각하다 보면 영적 질문이 떠오르게 마련이다. 이 세상에 두고두고 영향을 미치는 일을 한다고 할 때, 어떤 영적 질문이 떠오르는가?

Chapter 9

단 하나에 매달리기

그러나 사람들 대부분이 자신만의 '한 가지'를 끝내 찾지 못한다. 삶의 전반부가 끝나갈 때면 마음이 그토록 불안해지는 이유가 그것이 어딘가에는 있을 것이라는 사실을 알기 때문이다. 우리는 그것을 간절히 찾고 싶어 하지만 어디서 찾아야 할지 난감해한다. 그러다 보니 돈을 벌고 쓴다든지, 프로젝트나 경쟁에 참여한다든지, 관계를 형성하는 등의 일시적 위안으로 그 빈 공간을 채우려는 때가 허다하다. _**본문 중에서**

서부를 배경으로 펼쳐지는 할리우드 영화 한 장면을 소개하겠다. 빌리 크리스털과 작고한 잭 팰런스가 주연을 맡은 영화 〈굿바이 뉴욕 굿모닝 내 사랑〉City Slickers에 나오는 장면인데, 내 생각에 그 장면이 영화의 핵심이 아닐까 싶다.

배경은 이렇다. 팰런스와 크리스털이 말을 타고 천천히 목장을 가로지르면서 삶과 사랑을 이야기한다. 팰런스는 약삭빠른 카우보이다. 크리스털은 돈을 내고 로스앤젤레스에서 관광 목장으로 2주 동안 휴가를 온 풋내기 카우보이다. 물론 그는 예상보다 많은 것을 얻고, 그 과정에서 자신에 관한 중요한 것을 배운다.

두 사람의 대화를 가만히 들어보자. 대화는 약간 편집했다.

크리스털: … 그리고 두 번째는 아주 끝이에요. 여자는 우주선으로 돌아가 영영 날아가버려요. 그래도 하시겠어요?

팰런스: 그 여자, 빨간 머린가?

크리스털: 어쩌면요.

팰런스: 난 빨간 머리가 좋단 말이야.

크리스털: 결혼한 적 있어요?

팰런스: 없지.

크리스털: 사랑해본 적은요?

팰런스: 딱 한 번. 소 떼를 몰고 텍사스 팬핸들을 가로질러 갈 때. 해질 녘에 여기 작은 농장을 지나가는데, 저쪽 들판에서 어떤 젊은 여자가 먼지 속에서 일을 하지 않겠어? 때마침 막 일어서서 허리를 쭉 펴더라고. 작은 무명 드레스를 입고 있었는데, 그 뒤로 해가 지면서 하나님이 주신 여자의 곡선이 드러나지 뭐야.

크리스털: 그래서요?

팰런스: 그냥 돌아서서 와버렸지.

크리스털: 왜요?

팰런스: 그때보다 더 좋을 수는 없다는 걸 알았으니까.

크리스털: 그렇긴 해도 그 여자하고, 그러니까, 같이 있을 수는 있잖아요.

팰런스: 같이 있어 본 여자야 수두룩하지.

크리스털: 그래도 그 여자가 평생의 연인일 수도 있었을 텐데.

팰런스: 연인 맞아.

크리스털: 반가운 소리네요. 아니지…, 안 반가워요. 그건 잘못된 거예요. 굴러온 복을 차버린 거라고요.

팰런스: 내 마음이지.

크리스털: 나라면 절대 그런 짓은 안 해요.

팰런스: 그거야 자네 마음이고. 카우보이는 사는 방식이 달라. 카우보이가 있던 옛날에는 말이야. 지금이야 멸종하는 품종이 되어버렸지만. 그래도 나한테는 여전히 소중하지. 한 이틀 뒤면 이 양 떼를 몰고 강을 가로질러 골짜기로 들어갈 거야. 아, (킬킬 웃는다) 세상에 양 떼를 몰아오는 것만큼 끝내주는 일도 없다니까.

크리스털: 듣던 중 반가운 소리군요. 삶이 이해되시는가 봐요.

팰런스: (소리 내어 웃는다)

크리스털: 뭐가 그렇게 우스워요?

팰런스: 당신네 도시 인간들은 제기랄, 걱정을 사서 한다니까. 안 그래?

크리스털: 제기랄? 집사람은 제가 근처에 얼씬도 하지 않았으면 좋겠대요.

팰런스: 아내가 빨간 머린가?

크리스털: 이보세요, 제 말은…….

팰런스: 자네 지금 몇인가? 서른여덟?

크리스털: 서른아홉이에요.

팰런스: 그럼 그렇지. 당신들은 죄다 그만그만한 나이에 여길 온단 말이야. 다들 문제가 똑같아. 일 년에 50주 동안 실컷 매듭을 묶어놓고는 여기 와서 두 주만 지내면 매듭이 풀릴 거라고 생각하지. 어림없는 소리. (오래 뜸을 들인 뒤에) 삶의 비밀이 뭔지 아나?

크리스털: 몰라요. 뭔데요?

팰런스: 이거(집게손가락을 들어 보인다).

크리스털: 손가락?

팰런스: 하나. 딱 하나. 그 하나에 매달리면 그만이지. 나머지는 다 쓰레기야.

크리스털: 그 말 한번 멋지군요. 그런데 그 하나가 뭡니까?

팰런스: 그거야 자네가 찾아야지.[4]

이 장면을 처음 보는 순간, 나는 이 이야기가 대단한 진리를 말한다는 생각이 들었다. 전반부를 살아가는 사람에게 특별한 반향을 일으키고 진실과 지혜의 여운을 남기는 말이다. 풍상에 시달린 쪼글쪼글한 늙은 철학자 잭 팰런스는 카우보이모자를 이마 아래까지 눌러쓰고 입술 끝에 궐련을 매달고는 자신이 아껴둔 지혜의 말을 꺼낸다. 그것은 우리 모두에게 들려주는 말이다. 특별히 우아한 말은 아니지만 강렬한 의미를 전달하는 힘 있는 말이었다.

팰런스의 감성은 미국의 부두 노동자이자 철학자인 에릭 호퍼의 목소리가 전하는 감성을 빼닮았다. 호퍼는 날카로운 관찰력으로 이렇게 말했다.

> 쫓기는 기분이 드는 까닭은 대개 시간 여유 없이 빡빡하게 살기 때문이 아니다. 오히려 정반대로 삶을 낭비하고 있다는 막연한 불안감 때문이다. 꼭 해야 하는 한 가지를 하지 않는다면 다른 일은 그 어느 것도 할 시간이 없게 마련이다. 우리는 세상에서 가장 바쁜 사람들이다.[5]

인생 전반부에서, 내가 세상에서 제일 바쁜 사람 같다고 느낀 적도 많았을 것이다. 후반부를 성공적으로 살려면 나만의 '한 가지'를 찾고, 그 과정에서 성경이 축복이라고 말한 희열을 찾는 게 핵심이다.

그러나 사람들 대부분이 자신만의 '한 가지'를 끝내 찾지 못한다. 삶의 전반부가 끝나갈 때면 마음이 그토록 불안해지는 이유가 그것이 어딘가에는 있을 것이라는 사실을 알기 때문이다. 빌리 크리스털이 연기한 인물처럼 우리는 그것을 간절히 찾고 싶어 하지만 어디서 찾아야 할지 난감해한다. 그러다 보니 돈을 벌고 쓴다든지, 프로젝트나 경쟁에 참여한다든지, 관계를 형성하는 등의 일시적 위안으로 그 빈 공간을 채우려는 때가 허다하다.

《영적 가면을 벗어라》복있는사람 역간의 저자 래리 크랩은 이런 간절한 욕구를 "우리 내부 중심에 자리 잡은 빈 공간인 … 우리 영혼의 핵심적 욕구"[6]를 채우려는 갈망이라고 말한다. 17세기 프랑스 철학자 블레이즈 파스칼은 그것을 "하나님 형상의 빈 공간"이라 불렀다. 사회생활을 하면서 처음으로 성공을 맛보기 시작한 사람들은 이 핵심 욕구를 축적과 성취로 채운다. 인생 전반부는 수렵과 채집에 몰두하는 시기임을 기억하라. 다락방에서, 창고에서, 옷장에서 그 증거를 확인해보라! 그리고 오락과 여가와 사교활동에 시간을 얼마나 쓰는지도 한번 점검해보라.

이 모든 것이 다 나쁘다는 이야기인가? 물론 그렇지는 않다. 그러나 이것들은 나에게만 해당되는 '한 가지', 일단 찾아내면 내 삶을 바꿀 수 있는 그 한 가지를 찾으려는 욕구를 결코 충족시키지 못한다.

하나님은 마치 컴퓨터 소프트웨어처럼 내 '한 가지'를 내 삶에 딱 맞게 짜놓으셨다. 사도 바울도 에베소 교회에 편지를 띄우며 이 사실을 언급했다.

> 우리는 그가 만드신 바라 그리스도 예수 안에서 선한 일을 위하여 지으심을 받은 자니 이 일은 하나님이 전에 예비하사 우리로 그 가운데서 행하게 하려 하심이니라(엡 2:10).

나만의 한 가지는 나의 가장 핵심적인 부분이며 나의 초월적 차원이다. 그것은 내 위에 다른 사람의 진실을 겹치거나 내게 다른 사람의 목표를 투영하는 것이 아니라 내가 진정 어떤 사람인가를 발견하는 일이다.

상자에 무엇이 들었는지 알아낸다면 누가 또는 무엇이 내 삶의 기초가 될 것인지를 결정할 수 있다. 더불어 믿음의 문제도 해결할 수 있다. 그러나 상자에 들어 있는 것을 알아내는 것만으로는 충분치 않다. 누가 그것을 쥐고 있으며, 하나님이 부여한 목적을 실현하기 위해 개별적으로 창조된 유일한 존재인 나는 과연 어떤 인간인가를 알아야만 한다. 그리고 내 목적은 무엇인가? 무엇이 나를 움직이게 하는가? 돈을 받지 않고도 즐겁게 잘할 수 있는 일은 무엇인가? 내 열정은, 산들바람에도 활활 타오를 내 불씨는 무엇인가?

인생 전반부에서는 이런 질문을 던지지 않는다. 우리가 옳다고 생각하는 일을 하느라 정신이 없기 때문이다. 그러나 그 '옳은 일'이 내 '한 가지'가 아닌 것 같다는 생각이 들기 시작한다면 전반전 종료가 몇 초 안 남았다는 뜻이 된다. 피터 드러커가 설명한 효율과 효과의 차이가 바로 이것이다. 피터의 말처럼 '효율'efficiency은 일을 올바르게 하는 것이고, '효과'effectiveness는 올바른 일을 하는 것이다.

마음 같아서는 잭 팰런스가 빌리 크리스털에게 도움을 주었던 것보다 더 큰 도움을 여러분에게 주고 싶지만, 여러분의 한 가지를 발견하는 일은 여러분 몫이다. 다만 내가 분명하게 말해줄 수 있는 것은 사업상의 약속을 당장 교회 모임으로, 아이들의 축구 경기로, 친구들과의 저녁식사로 그리고 잠자리에 드는 것으로 바꾼다고 해서 영원한 목적과 방향을 찾았다는 느낌을 받기는 힘들다는 것이다. 내 '한 가지'를 찾으려면 따로 시간을 내어 홀로 하나님과 마주해야 한다. 그럴 시간이 없다면 그것을 찾을 준비가 안 된 사람이다.

고민하고 토론할 문제

1 저자는 전반부를 사는 사람 대다수가 삶의 빈자리를 물질주의(돈을 벌고 소비하며, 물건을 손에 넣음)나 경쟁(큰 것을 성취하고 획득함) 또는 관계로 채우려 한다고 말한다. 당신이 후반부에서 몰두할 한 가지를 찾으려 할 때, 이 가운데 가장 방해가 되는 요소는 무엇이겠는가?

2 무척 좋아하고 큰 만족을 느끼기 때문에 보수가 없어도 할 수 있는 일이 있다면, 어떤 일이겠는가? 그 일의 어떤 점이 그토록 충족감을 주는가?

3 인생에서 내 꿈과 욕망이 아니라 타인의 꿈과 욕망을 추구한 적이 있는가? 당신의 과거에서 그 예를 두세 가지 찾아 적어보라.

4 삶에서 일차적으로 충실할 대상이자 당신의 '상자'에 들어가야 할 대상은 무엇이라고 생각하는가?

5 지난주 달력을 살펴보라. 그곳에 적힌 약속 가운데 몇 퍼센트가 당신의 깊은 열정이나 핵심 가치와 관련이 있었는가? 그 수치는 당신의 인생에서 무엇을 말해주는가? 당신의 삶을 당신의 깊은 열정이나 핵심 가치에 좀 더 집중시킬 수 있다고 생각하는가? 그렇다면, 또는 그렇지 않다면, 그 이유는 무엇인가?

당신의 상자에 무엇이 들었는가?

아래에 적힌 각 항목을 위해 당신은 무엇을 희생했는가? 빈 공간에 적어도 한 가지씩 적어보라.

배우자	자동차
자녀	스포츠/운동
직업	사회봉사
건강	정치
취미나 개인적 관심사	교회
집	종교적 신념
휴가	탐닉하는 것
교육	기타

이제 다시 목록으로 돌아가 당신에게 가장 중요한 항목이자 쉽게 포기하고 싶지 않은 항목 두세 개를 따로 떼어내라.

당신은 아마도 가족, 종교적 신념, 직업, 이 세 가지를 골랐을 것이다. 그러나 당신의 충실도를 정확히 파악하기 위해, 특히 직업이라는 항목을 자세히 살펴볼 것을 권한다. 현재의 직업에서 특히 어떤 점이 당신을 의욕적으로 만드는가? 내 경우를 보자면, 케이블 텔레비전 회사를 이끌면서 회사 운영이 즐거웠다기보다는 회사가 번창하도록 이것저것 관리하는 일이 즐거웠고, 관리를 얼마나 잘했는지는 결산에서 드러났다. 그러다 보니 내 상자에 무엇을 넣을지 고민할 때 그 대상 하나는 달러 표시로 상징되는 돈이었다.

당신은 앞으로 충실할 대상을 두세 가지로 압축함으로써 당신의 우선순위를 확인할 수 있었다. 그러나 후반전의 작전을 짜려면 그것만으로는 충분치 않다. 결국에는 그 가운데 딱 하나만 골라야 한다. 그렇지 않으면 후반부가 전반부의 반복에 지나지 않을 공산이 크다. 당신만의 '한 가지'를 정하지 않았다면 다른 요소들에 영향을 받기 쉽다. 앞서 당신이 고른 항목 세 개를 각각 기호로 표시해 아래 원에 하나씩 집어넣으라.

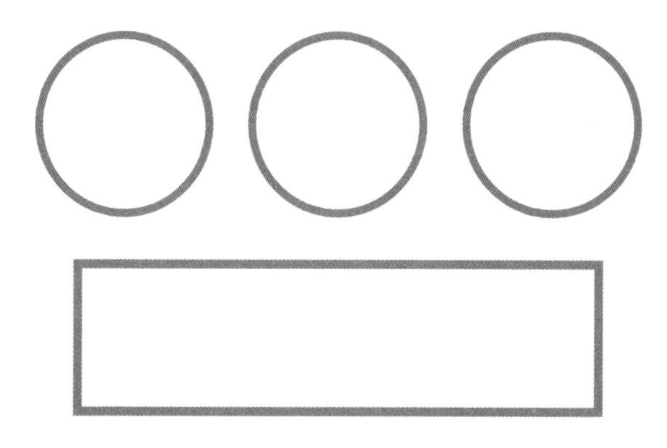

당신의 목표는 그 기호 중 하나를 골라 상자에 넣는 것이다. 그러나 지금 당장 하지는 말라. 시간을 가지라. 배우자와 신뢰하는 친구 한둘을 참여시키라. 그리고 혼자 시간을 보내면서 기도하고, 묵상하면서 세미한 속삭임에 귀 기울이려고 노력하라.

Chapter 10

성공한 삶에서 의미 있는 삶으로

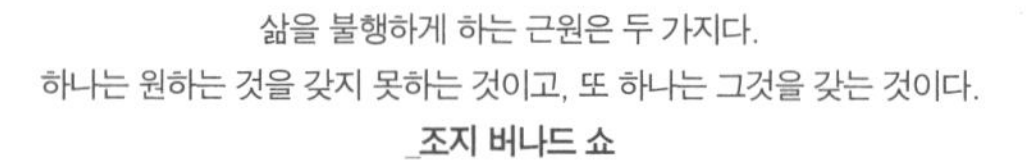

삶을 불행하게 하는 근원은 두 가지다.
하나는 원하는 것을 갖지 못하는 것이고, 또 하나는 그것을 갖는 것이다.
_조지 버나드 쇼

윌슨 구드가 필라델피아 시장직에서 물러난 뒤로, 위험한 상황에 처한 아이들과 교도소 수감자의 자녀들에게 인생 조언자가 되어줄 사람들을 찾아 교회들을 전전한 까닭이 무엇일까? 세계 최고의 팀에서 최고의 농구 선수로 활약하던 마이클 조던이 선수생활을 접고, 경기 종목을 바꿔 마이너리그 이류 팀에 입단한 이유가 무엇일까?

톰 티어니가 세계적 기업인 베인앤드컴퍼니에서 수백만 달러 수입을 올리는 최고경영자 자리를 버리고 브리지스팬을 세워 그만그만한 비영리 단체들에 관심을 집중한 까닭이 무엇일까? 그리고 당신이 인터넷 구직 사이트를 돌아다니며, 직업을 바꿀 기회를 엿보거나 아담한 식당을 경영할 꿈을 키우거나 단기 선교 사역을 생각해보는 이유가 무엇인가?

인생 전반부가 끝나가는 사람들의 공통적인 특징 하나는 성공에서 의미로 인생의 초점을 옮겨가고 싶은 욕구가 억누를 수 없이 커져간다는 점이다. 전반부에서 경력을 쌓고 금전적 안정을 추구하다 보면 후반부에서는 좀 더 의미 있는 일을, 각종 특혜와 높은 보수를 뛰어넘어 의미라는 성층권에 존재하는 무언가를 하고 싶은 마음이 생기게 마련이다.

성공이 무조건 나쁘다는 이야기는 아니다. 현대는 성공에 열광하는 시대이며, 그럴듯한 이유도 있다. 우리는 어려서부터 학교 운동장에서 얼음땡 놀이를 하든 교실에서 철자 맞추기를 하든 경쟁에서는 무조건 1등이 되라는 이야기를 듣고 자랐다. 오클라호마 오크멀지에서 열린 철자 맞추기 대회에서 내가 1등을 했던 기억은 지금도 생생하다. 고등학생은 졸업반이 되면 가능한 높은 등수를 차지하려고 공부한다. 그래야 일류 대학 입학 허가를 받고, 좋은 직장에서 높은 자리에 오를 수 있는 길이 열린다. 그리고 이런 선두주자들을 충분히 확보한 고용주는 회사 이름이 주요 신문의 '취업 희망 기업' 최고 순위에 오르기를 기대한다.

나는 평생 사업을 해왔지만 회사를 일부러 2등으로 만들려고 애쓴 적은 없다. 그래야 할 필요도 없다. 최고가 되려는 추진력은 강력하고 긍정적인 동인이 된다. 그것은 경제에 활기를 불어넣을 뿐 아니라 삶에서도 노력하면 훌륭한 결과를 얻을 수 있다는 인식을 일으킨다.

좋은 삶이란, 성공하려는 건전한 욕구의 결과다. '성공'이라는 단어를 가장 긍정적으로 사용하면 말이다. 그러나 성공을 추구하다 보면 그것만으로는 충분치 않다는 신호를 감지하기 시작한다. 다음과 같은 것들이 그 신호가 될 수 있다.

- 큰 거래를 성사시켰을 때의 짜릿함은 10년 전에 느낀 그 짜릿함이 아니다.
- 젊은 친구들이 내 발목을 잡기 시작하고, 그러면 나는 그들보다 앞서려고 애쓰기보다 그들에게 인생 조언자가 되어주는 식으로 대응한다.
- 책임이 가벼운 직책을 새로 시작하거나 그런 자리로 '내려가' 삶을 주도적으로 관리한다면 어떨지 오랜 시간 생각해본다.
- 안정된 자리에 있지만 수시로 인터넷을 검색하며 다른 직업이나 일을 찾아본다.
- 고객이 새로운 제안을 받아들이도록 설득할 방법을 고민하기보다는 고객을 움직이는 것이 무엇인지를 더 고민한다.
- 직장을 나와서 가족과 더 많은 시간을 보내고 그동안 꿈꿔온 교회 사역에 시간을 보내는 사람들이 부럽다.
- 기본 휴가도 다 쓰고 '보상 휴가'까지 챙기기 시작한다.
- "어느 정도면 충분할까?"라고 자문하기 시작한다.
- 상사가 승진 가능성을 내비쳐도 예전만큼 흥분되지 않는다.
- 내 사업을 시작할지 매우 심각하게 고민해왔다.
- 어느 날 아이에게 "왜 그렇게 사세요?"라는 말을 듣는다.

심리학자 도널드 조는 사람들이 흔히 마흔 살이 되면 큰일에 도전하려는 성향을 보인다고 했다. 감당하기가 약간은 버거운 일이다. 농부라면 대출을 받아 농장을 넓혀 전국에서 가장 큰 농장을 만들려고 한다. 안정된 회사의 중간 관리직 사원이라면 회사를 떠나 자기 사업을 시작하려 한다. 아니면 취미나 부업에서 큰 족적을 남길 수도 있다. 예를 들어 암벽등반이 취미인 사람은 높은 봉우리에 도전할 수도 있고, 주말에 배를 탔던 사람은 단독으로 대양을 항해할 수도 있다.

이런 야심 찬 추진력이 있으면 다른 일에서도 계속 성공할 것이라고 생각하는 사람도 있겠지만, 현실은 그리 간단치 않다. 우리는 인생의 하프타임에 가까워지면서, 할 줄 아는 것이라고는 고작 사고, 팔고, 관리하고, 달성하는 것뿐임을 깨닫는다. 그리고 딱 그 수준만큼 살게 될 것이라고 이해하기 시작한다. 결국 성공은 그에 합당한 의미를 포함하지 않으면 껍데기일 뿐이다. 그리고 전반부에서 우리가 하는 일은 대개 영원성이 결여된 일들이다. 하버드 출신의 어느 성공한 사업가는 사업을 하면서 경험한 많은 성공 사례를 이렇게 말했다.

“무지개 끝에 있는 황금단지 너머에서 발견한 것은 언제나 일종의 공허였다.”

내가 아는 하워드란 친구를 보자. 몇 년 전에 이 친구는 40대 중반이었고 다른 사람과 공동으로 설립한 회사의 회장이자 사장이며 최고경영자였다. 그가 사는 도시에서는 업계 최대 회사였다. 활동적이고 야심 찬 사람들이 모인, 나도 속했던 '젊은 경영자들의 모임'YPO에서도 일에 쫓기고 매달리기로 손꼽히는 친구였다.

해당 업계 신문은 하워드를 '백상아리'라 부르기도 하고, 그를 '열 추적 미사일'에 비유하기도 했다. 칭찬으로 하는 말이었고 듣는 사람도 그렇게 이해했다. 하워드가 감독하는 사업부는 거대한 용역 지주회사 중에서도 황금알을 낳는 부서였고, 언젠가는 그가 뉴욕으로 불려가 기업의 최고 자리를 맡게 되리라는 추측이 무성했다.

하워드는 성공 중에서도 대성공을 거둔 사람이었다. 몇 해 전에 YPO에서 그와 함께 저녁을 먹었는데, 그가 내게 성공 비결을 말해주었다.

"일은 제게 아주 중요합니다. 일주일에 네 번 고객과 저녁식사를 합니다. 집에 들어가는 때가 많지 않지만 식구들은 일이 먼저라는 걸 알아줘야 해요. 우리는 휴가 때 함께 시간을 보내지만 그건 연중행사예요. 사는 게 다 그렇죠."

그러다가 하워드에게 거센 파도가 밀어닥쳤다. 사고로 외아들이 세상을 떠났다.

하워드는 아들의 죽음 앞에 속수무책이었다. 아무것도 준비된 게 없었다. 그는 슬픔에서 헤어나지 못했고 대답할 수 없는 온갖 물음에 고통스러워했다. 그 사고 후 YPO 회의에서 그를 만났을 때, 그는 조용히 내게 말했다.

"어떻게 손을 써야 할지 모르겠어요. 당신과 이야기를 나누고 싶어요."

그러나 그에게서 연락이 오지 않았다. 그는 오히려 전보다 더 일에 매달렸다. 하지만 나는 뭔가가 툭 끊어졌다는 걸 그의 눈빛에서 확인할 수 있었다. 일은 더 이상 그에게 도움이 되지 않았다.

몇 달 뒤 YPO 모임에서 나는 다시 하워드의 옆자리에 앉았다. 그는 내 쪽으로 몸을 기울이더니 그해 말까지만 일할 거라고 했다. 그러나 바로 다음 날, 신문에 그의 사퇴 소식이 실리고 그가 지목한 후계자가 발표되었다. 앞으로 어떤 일을 할지 그도 확신이 서지 않았지만, 사업에서 느끼던 도전의 짜릿함은 그에게 더 이상 매력적이지 않았다. 더구나 그의 인생을 24시간 관리할 원칙이 될 수도 없었다.

그 뒤 하워드는 입이 귀에 걸릴 듯한 미소를 띠고 나타나서는 지난주 내내 주요 고객들에게 전화를 걸어 회사를 떠난다는 소식을 알렸다고 했다.

"전화를 하는 동안 아주 이상한 일들이 일어나더군요. 이 사람들도 저하고 똑같은 사람들이거든요. 나이도 비슷하고, 밀어붙이기 좋아하고, 거칠고, 야심 찬 사람들이에요. 그런데 그들이 거의 똑같은 반응을 보이지 뭡니까. 우선 20초 정도 쥐 죽은 듯이 아무 소리도 안 하다가 축하 인사를 건네요. 그러고는 '못된 인간 같으니라고. 선수를 치다니. 아내하고 딱 그 얘기를 하던 중이었는데'라고 말하죠."

내가 마지막으로 하워드 사무실에 전화를 걸었을 때 그는 자리에 없었다. 평일 오전 10시였다. 일을 땡땡이친 채 도심 빈민 지역 아이들과 농구를 하려고 나간 것이다. 비서는 그가 돌아오면 연락을 할 거라고 했지만 나는 급하지 않다고 했다.

하워드는 내가 지켜보는 앞에서 전반부를 지나 하프타임으로 옮겨갔다. 그는 상자에 무엇이 들었는지 찾아냈다. 비극을 겪고 나서야 찾아낸 건 안타까운 일이지만….

성공을 추구하다 보면, 상자를 옆에 낀 채 정상을 향해 달리면서도 정작 상자에 무엇이 들었는지 모르는 경우가 허다하다. 여행을 하던 중에 어디서든 멈춰 서서 상자에 무엇이 들었는지 살펴보고 그 내용물에 따라 삶을 다시 정리하는 순간부터 의미 있는 삶은 시작된다. 그리스도인이라면 하나님을 상자에 넣고 그 결정이 인도하는 곳으로 어디든 따라간다는 뜻일 수도 있다. 그러나 안타깝게도 대부분의 사람들은 사업에서 성공한 그리스도인을 교회에 큰돈을 기부하는 부자 정도로만 생각한다. 의미는 그 사업가들이 그들 상자에 하나님이 들었다면 자기 자신을 하나님께 헌신하는 방법을 찾을 때 생겨난다. 이때 직업을 바꿔야 할 수도, 그렇지 않을 수도 있지만, 태도 변화는 필수다. 데니스 오코너와 도널드 M. 울프는 〈조직 행동 저널〉*Journal of Organizational Behavior*이라는 잡지에서 이러한 태도 변화를 "개인적 패러다임 이동"(지각, 믿음, 가치, 느낌 체계에 일어나는 주요 변화[7])이라고 불렀다. 나는 때로 그것을 '우리 개인의 신화 재정리하기'라고 말한다.

내게는 그것이 사업의 일상적 운영을 다른 사람에게 맡기고 나는 자유롭게 교회 지도자들과 직접 접촉하며 일하는 것을 의미했다. 그것이 내 소명이었으며, 또한 내가 하나님께 헌신하도록 인도하신 그분의 방식이었다. 예전에는 적잖은 내 수입에서 십일조 헌금을 내고 거기에 가끔씩 내 재능을 보태는 정도였다면, 지금은 하나님께서 설계하신 내 모습대로 살아간다는 생각으로 나 자신의 약 75퍼센트를 내놓는다.

하나님이 우리를 만드실 때 특별한 재능과 기질을 부여해놓고는 우리더러 그 재능이나 기질과는 전혀 상관없는 일을 하며 그분을 섬기게 하셨을까? 나는 그렇게 생각하지 않는다. 자연계를 그토록 효율적이고 합리적으로 만들어놓은 창조주가 인간을 만들 때 애초의 설계 틀을 무시했겠는가?

내가 아는 사람 중에 시스템 분석가로 이름을 날린 이가 있다. 그는 하프타임에 다가가면서 좀 더 많은 시간과 재능을 하나님께 바칠 방법이 없는지 고민했다. 그러던 중 그가 다니는 교회의 마음씨 좋은 목사가 그에게 주일학교 중학생반 교사에 자원해보라고 도전하는 것이 아닌가! 주일학교 교사를 마다할 이유는 없었다. 나도 그 일을 수년간 해오고 있으니까. 그러나 이 남자는 컴퓨터 기술과 사업 능력을 활용해 교회의 귀중한 자원이 될 수도 있었다. 그는 성공에서 의미로 옮겨가고 싶었지만, 실패할 게 빤한 일을 제안받은 셈이었다. 여러분이라면 어떤 선택을 하겠는가?

의미를 찾는다고 해서 진로를 180도 바꿀 필요는 없다. 그보다는 오히려 내 상자에 들어 있는 것에 더 많은 시간을 쓰며 내 재능을 활용할 수 있도록 기존에 하던 일을 새롭게 손질해 보라. 그리고 그 일을 하면서 첫 거래에서 느꼈던 짜릿함을 되살려보라. 하나님께서는 우리의 인생 후반부를 위해 멋진 계획을 짜놓으셨다. 내가 하고 싶은 일, 내가 잘하는 일을 하면서 하나님을 섬기도록 하는 계획이다.

고민하고 토론할 문제

1. 지금 하는 일에서 이제까지 어느 정도나 성공을 거두었다고 생각하는가? 10점을 가장 성공적인 상태라고 할 때, 1에서 10까지 점수를 매긴다면 몇 점이나 되겠는가?

2. 당신 삶에서, 성공만으로는 충분치 않음을 보여주는 요소를 발견한 적이 있는가?

3. 성공과 의미의 차이를 어떻게 정의하겠는가?

4. 저자는 '우리 개인의 신화 재정리하기'에 관해 말한다. 당신의 개인적 신화는 무엇이며, 가능하다면 그것을 어떻게 재정리하겠는가?

5. 당신이 의미라고 느끼는 것을 좀 더 분명하게 드러내기 위해 당신에게 딱 맞는 일을(비즈니스도 좋고 교회의 사역이나 비영리 단체도 좋다), 다시 말해 당신의 재능을 한껏 활용해 타인에게 이로움을 줄 만한 일을 세심하게 설계해보라.

Chapter 11

중심을 찾아 그곳에 머물기

돌아가는 세계의 정지된 지점. … 그곳에 춤이 있다. 과거와 미래가 합쳐지는 곳. … 현실적 욕망에서 풀려난 내적 자유, 행동과 고통에서 풀려난 해방. 내적 그리고 외적 강요에서 풀려난 해방.
_T. S. 엘리엇의 '네 개의 사중주'(Four Quartets)에서 인용,
스틸포인트팜(Still Point Farm) 벽에 새겨진 글에서

나는 늘 중심에 끌렸다. 전반부에서는 우리 대부분이 초조하게 무언가를 맹렬히 추구하다가도 이런저런 거래 속에서 권태를 느끼면서, 초조와 권태라는 두 상반된 감정 사이를 정신없이 오가기 마련이지만, 나는 운 좋게도 늘 중심으로 돌아올 수 있었다. 나는 애초부터 그렇게 타고난 게 아닌가 싶다.

내 전반부의 '중심 잡기'가 운이었다면, 후반부에서는 의식적으로 중심을 잡아야 했다. 운이란 오래 지속되지 못하는 법이다. 전반부가 끝나간다는 신호 하나는 양 극단에서 너무 오래 지체해서는 안 된다는 자각이다. 알맞은 균형점에서 삶의

현실이자 창조적인 긴장을 찾아 그것을 유지하려고 의도적으로 노력하는 것이 중요하다. 잠시 하던 일을 멈추고 우리가 어떤 극단 사이에 갇혔는지 알아낸 다음 후반부에서 그것들과 평화롭게 공존할 수 있는 방법을 찾는 시간이 바로 하프타임이다.

얼마든지 가능한 일이다.

하버드 대학의 윤리학자 로라 내시가 쓴《경영계의 신앙인들》*Believers in Business*에는 비즈니스라는 현실 세계에 발을 디딘 그리스도인의 이야기가 가득하다. 내시는 이 책을 쓰기 위해, 복음주의자인 최고경영자 60명을 대상으로 이들이 업무와 관련한 여러 가지 긴장에서 어떻게 균형점을 찾는지 연구했다.

우선 내가 발견한, 경영계의 그리스도인에게 흔히 나타나는 일곱 가지 긴장을 살펴보자.

- 하나님 섬기기 vs. 재물 축적하기
- 사랑 vs. 경쟁
- 인간적 욕구 vs. 이익 창출의 의무
- 가족 vs. 일
- 성공과 마주했을 때 개인적 견해 유지하기
- 자선 vs. 부
- 다양한 사람이 모인 직장에서 진리의 증인 되기[8]

귀에 익은 이야기인가? 위에 열거한 극단에 갇혔다고 느낀 적이 있는가? 이런 긴장을 부정적으로 생각하는 사람은 아마 지금도 전반부에 있는 사람일 것이다. 그러나 이런 긴장이 필요할 뿐 아니라 어느 정도 유익할 수도 있다는 생각이 들기 시작한다면 하프타임에 들어온 것이다. 후반부로 들어가는 여정에서, 모순을 다루는 법을 터득한다면 긴장을 줄이는 법도 찾을 수 있다. 다시 말해, 그 긴장은 결코 없어지지 않는다는 사실을 깨닫는다면 그리고 늘 거기 존재하며 그 자체로 나쁠 것이 전혀 없다는 사실을 깨닫는다면, 그때부터 평온을 찾을 수 있다.

내시 박사는 그리스도인 최고경영자 60명이 이 긴장을 긍정적으로 다루는 방식을 핵심적 두 단어로 아주 간단하게 요약한다. 바로 균형과 믿음이다. 이 말이 친숙하게 느껴진다면 아마도 삶은 좀처럼 '이것 아니면 저것' 하는 식의 명제가 아니라는, 곧 모순은 나쁜 게 아니라는 성경의 분명한 가르침 때문일 것이다. 우리는 전도서 3장에서 비슷한 이야기를 배운다.

> 범사에 기한이 있고 천하만사가 다 때가 있나니 날 때가 있고 죽을 때가 있으며 심을 때가 있고 심은 것을 뽑을 때가 있으며 죽일 때가 있고 치료할 때가 있으며 헐 때가 있고 세울 때가 있으며 울 때가 있고 웃을 때가 있으며 슬퍼할 때가 있고 춤출 때가 있으며(전 3:1-4).

하나님이 인생들에게 노고를 주사 애쓰게 하신 것을 내가 보았노라 하나님이 모든 것을 지으시되 때를 따라 아름답게 하셨고(전 3:10-11).

바울 역시 '이것 그리고 저것'이라는 삶의 본성을 이야기한다.

오직 모든 일에 하나님의 일꾼으로 자천하여 많이 견디는 것과 환난과 궁핍과 고난과 매 맞음과 갇힘과 난동과 수고로움과 자지 못함과 먹지 못함 가운데서도 깨끗함과 지식과 오래 참음과 자비함과 성령의 감화와 거짓이 없는 사랑과 진리의 말씀과 하나님의 능력으로 의의 무기를 좌우에 가지고 영광과 욕됨으로 그러했으며 악한 이름과 아름다운 이름으로 그러했느니라 우리는 속이는 자 같으나 참되고 무명한 자 같으나 유명한 자요 죽은 자 같으나 보라 우리가 살아 있고 징계를 받는 자 같으나 죽임을 당하지 아니하고 근심하는 자 같으나 항상 기뻐하고 가난한 자 같으나 많은 사람을 부요하게 하고 아무것도 없는 자 같으나 모든 것을 가진 자로다(고후 6:4-10).

이 정도면 논의는 충분하지 않은가? 아브라함, 요셉, 모세, 다윗, 예수님의 제자들을 비롯해 성경에 나오는 다른 영웅들도 다르지 않았다. 그렇다면 편안하고 예측 가능한 삶을 기대하는 우리는 과연 누구인가? 우리는 긴장과 모순의 중간 어딘가에 살라는 부르심을 받는다. 그리고 하나님의 관용 덕에 우리는 단순히 존재할 뿐 아니라 번성하라는 부르심까지 받는다. 운동 경기에서는 이것을 '구역'zone이라고 부른다. 한 번의 경기, 한 번의 출장, 한 번의 타격이 진행되는 사이에 승리와 패배, 자연과 초자연, 인간과 영혼 사이의 긴장이 사라지는 시간적, 공간적 한순간을 가리키는 말이다.

안타깝게도 조직화된 종교에서는 무질서와 혼란에서 멀어지라고 강조한다. (내가 아는 어떤 목사는 설교단을 "모순에서 3미터 위로 확실하게 떨어져 있는 곳"이라고 말한다.) 중세로 거슬러 올라가보면, 수도사들이나 수도회에서는 종교적 삶을 거리의 죄악이나 난장판과 분리된 하늘나라로 보았다. 그리고 오늘날에도 진지한 종교적 삶을 다른 세계와는 동떨어진 삶으로 본다. 자격을 부여받은 사람만을 위한 전문 분야인 셈이다.

현실에서, 세상 사람들이 주목해야 하는 현실에서, 낯익은 기준이나 표지가 사라졌을 때 예수 그리스도는 혼란 속에서, 음산한 죽음의 골짜기에서, 혼돈의 터널에서 우리와 만나고 우리와 함께하신다. 그리고 내가 리오그란데 절벽 위에서, 아들을 잃은 슬픔으로 차의 운전대에 머리를 찧어가며 스웨터에 눈물과 콧물을 비처럼 쏟으면서 울부짖고 상실감으로 인한 공포에 고통스러워하며 비명을 지를 때, 예수 그리스도가 나와 함께

계셨다.

인생 전반부를 사는 사람들은 거의 다 삶이 질서정연하고 깔끔하기를, 종교가 이성적이기를 바란다. 그러나 현실에서 우리는 질서와 혼돈, 세상에 알려진 것과 알려지지 않은 것이라는 양 극단 사이에 어중간히 놓여 있다. 따라서 전반부의 문제들을 해결하기 시작하고 우리 삶에 질서를 부여하겠다는 욕구를 억누를 때 비로소 이러한 긴장 속에서 편안하게 살아갈 수 있다.

나만의 순례 길에서, 나는 이 균형점을 'J구역'(Jesus의 머리글자에서 따옴—옮긴이)이라 부르게 되었다. 구역 양끝에는 초조와 권태가 놓여 있다. 둘 다 불편하기는 마찬가지이며, 한 곳을 빠져나와 다른 곳으로 옮겨갔다가 다시 거꾸로 옮겨가는 식을 무한히 되풀이할 수 있는 것도 아니다. 그런데도 전반부에서는 우리 대부분이 그런 식으로 살아간다.

나는 내 상자에 담긴 것을 명명한 뒤에야 비로소 초조함 그리고 권태로움과 더불어 편안하게 살아가는 법을 터득하기 시작했다. 내 중심, 즉 예수님께 가까이 머물수록 나는 이 모순을 더 쉽게 받아들였다. 초조와 권태는 여전히 그곳에 있었지만, 이제 나는 그것들과 거리를 유지할 수 있었다. 어느 날에는 큰 거래를 따내느라 여념이 없다가도 다음 날에는 초서Chaucer의 시를 읽을 수 있었고, 그 중심이 어떻게 양 극단을 초월하는지도 볼 수 있었다. J구역에서 나는 일과 가족이 이것 또는 저것의 문제가 아니며, 신앙과 비즈니스가 서로를 배제하지 않으며, 승리하든 패배하든 괜찮다는 것을 알게 되었다.

균형을, 즉 J구역을 성공으로 오해하지는 말라. 예수 그리스도를 내 삶의 중심에 놓았더니 엄청난 성공을 거두었다는 식으로 말한다면, 그것은 진실을 흐리는 정직하지 못한 행위다. 사실대로 말하면, 예수 그리스도를 중심에 놓자 컵은 더욱 만족스러운 의미로 가득 찼고 그것으로 성공을 향한 갈증을 해소할 수 있었다. 여러분도 그러할 것이다.

예를 하나 들어보겠다. 내가 마이클 카미를 만나 "상자에 무엇이 들었습니까?"라는 질문에 답을 하자마자 내 앞에 사업상 엄청난 기회가 떨어졌다. 눈이 휘둥그레질 수익을 약속하는 군침 도는 거래였다. 뛰어들어야 할지 말아야 할지 고민하면서 워싱턴 D. C.로 가는 비행기에 올랐는데, 복도를 사이에 두고 내 옆에 어느 연방 기관의 국장이 앉아 있는 게 아닌가. 내가 고민 중인 바로 그 투자사와 밀접한 관계가 있을 법한 기관이었다. 그는 워싱턴으로 떠나기 전 내 변호사였기 때문에 나는 그와 개인적으로 아는 사이였다.

나는 그에게 이번 기회를 설명했고, 내 시간의 상당 부분을 봉사하는 삶에 쓰면서 기업가로서의 재능을 활용해 그리스도를 섬기고 싶은 또 다른 욕구도 이야기했다. 그리고 그가 나라면 어떻게 하겠느냐고 물었다. 그가 주저 없이 말했다.

"제가 보기에 선생님은 산꼭대기에 서 계시고, 그 기회는 선생님을 시험하는 유혹 같은데요."

나는 이 남자에게 성경을 공부한 적이 있는지 물었다.

"공부는요, 무슨."

하지만 나는 이 남자가 어디선가 어떤 식으로든 성경에 나오는 진리를 인용한다는 걸 알 수 있었다. 나는 호텔 방에 도착하자마자 곧바로 침대 옆에 있는 기드온 성경부터 뒤졌다. 그럼 그렇지. 그 친구가 말한 것은 마태복음에서 사탄이 그리스도에게 던진 세 가지 유혹 중 두 번째 유혹이었다. 화려한 볼거리를 제공하라는, 즉 중력의 법칙을 거슬러보라는 유혹이자, 자연 법칙을 거슬러서 하나님께서 예수 그리스도에게 특별한 관심이 있다는 것을 증명해 보이라는 유혹이다. 유혹하는 목소리가 말한다.

"한번 해봐! 네 앞에 놓인 기회잖아! 괜한 자제니 신중함 따위는 집어치우라고! 이런 기회가 또 올 줄 알아?"

내 앞에 놓인 거래는 여러 면에서 비즈니스 세계의 중력의 법칙을 거스르는 거래였다. 거래를 한다면 수익은 엄청나겠지만, 내가 전혀 아는 바가 없는 세금 관련 사업이었다. 내 안의 목소리가 말했다.

"삶은 그리 호락호락하지 않아. 네가 아는 것에나 매달리라고. 경험으로 확실하게 터득한 지식을 써먹으란 말이야."

이번에도 역시 그다지 열성적인 그리스도인이 아닌 사람이 내게, 우리 모두에게 해당하는 심오한 성경의 진리를 깨우쳐준 것이다. 나는 그 어느 때보다도 분명한 확신을 갖게 되었다. 하나님은 온갖 종류의 사람을 다 이용하여 우리에게 필요한 도움을 주시고, 눈치가 있고 예민한 사람이라면 얼마든지 그것을 알아볼 수 있다는 것을. 내가 희미하게 느끼던 것을 그 남자는 분명하게 직시했다. 나는 유혹에 빠져 하마터면 길을 잃을 뻔했지만, 그와 대화를 나누면서 내 중심 가치로 돌아올 수 있었다. 나는 워싱턴에서 돌아와 전화를 걸었다. 아무래도 나는 그 거래에서 빠져야겠다고.

인생 전반부에서라면 나는 그 거래를 놓쳤다고 생각했을 것이다. 그러나 내 인생의 후반부에서 그것은 승리나 패배가 아니라 일종의 초월적인 경험이었다. 그 경험을 통해 내가 어떤 사람이며 내가 왜 이곳에 있는지 분명히 인식하고 그 사실을 편안하게 받아들일 수 있었기 때문이다.

뭔가를 잃었을 때 이와 비슷한 반응을 보이고 싶다면, 그 사람은 자신만의 후반부에 들어갈 준비가 된 사람이다.

고민하고 토론할 문제

1 우리는 전반부의 시간을 대부분 초조와 권태 사이에서 보낸다는 저자의 이야기에 동의하는가? 동의한다면, 또는 동의하지 않는다면, 그 이유는 무엇인가? 당신은 어떠한가?

2 본문 내용 중 "경영계의 그리스도인에게 흔히 나타나는 일곱 가지 긴장"을 다시 보라. 거기에 언급된 양 극단 사이에서 이러지도 저러지도 못한 느낌을 받아본 적이 있는가? 그때의 상황이 어떠했는가? 예를 하나 들어보라.

3 저자는 '구역'(zone)을 이야기한다. 승리와 패배, 자연과 초자연, 인간과 영혼 사이의 긴장이 사라지는 시간적, 공간적 한순간을 가리키는 말이다. 당신은 구역에 들어가본 적이 있는가? 그곳이 어떠했는지, 그런 상황이 발생한 원인이 무엇이라고 생각하는지 이야기해보자. 그러한 긴장에 대응하는 그리고 긴장과 공존하는 방법은 무엇이라고 생각하는가?

4 당신에게 맞지는 않지만 잘 해낼 자신이 있는 중요한 과제나 기회를 받아들인 적이 있는가? 결과는 어떠했는가? 과제를 완수했을 때의 느낌은 어떠했는가?

5 예수님은 광야에서 세 가지 강렬한 유혹을 받았다.

- 세속적인 일과 욕구: 돌로 떡을 만들라.
- 명성: 성전 꼭대기에서 무사히 뛰어내리라.
- 권력: 세상의 모든 왕국을 소유하라.

어쩌면 우리 모두가 이러한 유혹을 받는지도 모른다. 당신은 이 세 가지 중에 어느 것에 끌리는가? 그 이유는 무엇인가? 그러한 유혹을 거부하는 데 가장 도움이 된 것은 무엇인가?

Chapter 12

경기를 바꾸지 말고 계획을 수정하라

"모든 걸 버리고 떠나자"라는 식의 충동을 조심하라. 후반부는 그런 삶이 아니다. 핵심은 마음의 변화, 세상을 바라보고 내 삶을 정돈하는 방식의 변화다. 이를 위해 전적으로 새로운 일을 해야 할 수도 있고, 하던 일을 계속해야 할 수도 있다. 그러나 대개는 그 둘의 중간쯤이다. **_본문 중에서**

내 후반부는 그동안 전적으로 매달려온 가업에서 손을 떼면서 시작되었다. 누구나 가능한 일은 아니다. 하지만 일을 그만둘 수 없는 사람이라도 후반부를 얼마든지 의미 있게 보낼 수 있다.

하프타임에 들어설 즈음이면 직업을 바라보는 태도가 "지금 하는 일이 무척 마음에 들어서 보수를 받지 않고도 일할 것 같다"에서 "보수를 아무리 많이 준다 해도 지금 하는 일은 더 못 해먹겠다"로 바뀌게 된다. 천만다행으로 내 반응은 첫 번째 태도에 꽤나 가까웠지만, 사실 두 번째 반응을 보이는 사람들이 대다수다. 내 생각으로는 적잖은 사람이 자신의 직업을 썩 내켜 하지 않으면서 그것을 다만 생계 수단으로 여기지 않을까 싶다.

내가 아는 사람 중에 집집마다 돌아다니며 물건을 팔고 성과급을 받는 젊은 영업사원이 있었다. 물건을 팔지 못하면 수입을 한 푼도 챙길 수 없었다. 기본급도 없다. 성과에 따른 별도의 보수도 없다. 단지 문을 두드려 물건을 팔았고, 그나마 파는 물건도 잡화점이나 철물점을 대상으로 한 자잘한 방물이나 장식물 같은 값싼 물건이었다.

그런데 이 젊은이가 어찌나 수단이 좋은지, 물건을 많이 팔아 수십만 달러를 벌어들였다. 장식물을 한 트럭이나 팔다니! 다른 영업사원들처럼 이 젊은이도 추진력과 열정이 대단했다. 나는 그에게 영업을 굉장히 좋아하는 것 같다고 말했다. 그러자 그가 대답했다.

"영업은 아주 싫어하지만 그 보상을 워낙 좋아하니까요."

나는 속으로 아들 로스가 가끔씩 하던 말을 중얼거렸다.

"살기 위해 일하는 게 아니라 일하기 위해 살고 싶어요."

나는 내 직업에서 요구하는 것들을 즐겁게 충족했고, 그 일을 하면서 커다란 만족과 적잖은 돈을 보상으로 받았다. 거래를 성사시키고 세부 사항을 협상한 뒤에 서로 축하의 악수를 나누는 것보다 더 유쾌한 일은 없었다. 거래가 성사되도록 전략을 개발하는 일은 더없이 즐거웠다. 나는 성공한 사람이었고 좋은 평가도 많이 받았던 터라 매일같이 하던 업무를 다른 사람에게 맡기기로 결정하기가 쉽지는 않았다. 어느 면에서는 일에서 느끼던 즐거움을 스스로 빼앗는 행위였다.

나처럼 하던 일에서 손을 뗄 수만 있다면 모든 문제가 해결되리라고 생각하는 사람도 있다. 솔직히 말하면, 기존의 직업을 아주 싫어해야 하프타임을 잘 보낼 수 있는 것은 아니다. 후반부로 옮겨가는 사람들을 지켜보고 도와주면서 내가 배운 것은, 하프타임은 회피도 아니고 좀 더 그럴듯한 중년의 위기도 아니라는 점이다. 하프타임은 내 삶에서 부정적인 것들에 대한 반발이라기보다는 내가 품은 긍정적 희망과 야심에 대한 반응이어야 한다. 그토록 많은 사람들이 전반부를 떠나지 못하는 이유 하나는 그들이 헌신, 재능, 부르심이 아닌 치열한 경쟁에 집중하기 때문이다. 그러다 보니 중년의 삶을 바꾸어 좋아하는 일을 하면서 살아갈 계획을 세우기보다는 일단 배에서 무작정 뛰어내리고 본다. 직업을 바꾼다든가, 사업을 시작한다든가, 자립을 한다든가.

그런 선택이 다 나쁘다는 것은 아니지만, 한 가지는 꼭 당부하고 싶다. "모든 걸 버리고 떠나자"라는 식의 충동을 조심하라. 후반부는 그런 삶이 아니다. 내가 아는 사람 중에는 후반부에 한참 들어서서도 원래 하던 일을 계속 하면서 나중에 금시계를 받으며 은퇴할 때까지 그 일을 놓지 않겠다는 사람들도 있다. 후반부를 훌륭하게 보내는 관건은 직업을 바꾸는 데 있지 않다. 핵심은 마음의 변화, 세상을 바라보고 내 삶을 정돈하는 방식의 변화다. 이를 위해 전적으로 새로운 일을 해야 할 수도 있고, 하던 일을 계속해야 할 수도 있다. 그러나 대개는 그 둘의 중간쯤이다.

지진 실험

내가 텍사스 출신이다 보니, 석유산업에 관하여 몇 가지 주워들은 바가 있다. 전문가라는 이야기는 절대 아니니, 오해는 말라. 내가 아는 것 하나는 석유라는 자원이 그저 바깥에 나가 자리를 골라 땅을 파면 나오는 게 아니라는 사실이다. 대개는 위험 부담을 최소화하려고 지진 실험을 하게 되는데, 지형을 살펴 석유가 나올 가능성을 탐색하는 정교한 실험이다. 이때 지표 밑에 있는 지층의 크기와 모양을 알아내기 위해 음파를 탐지하듯 전자 장비를 이용해 여러 각도에서 땅 밑으로 충격 전류를 쏘아 보낸다. 그러면 다양한 지점에서 바라본 모형이 만들어지기 시작한다.

지진 실험을 후반부의 삶에 비유하자면, '지표 밑에 있는 지층'은 내가 삶을 어떻게 재구성하느냐에 따라 달라지는 측정 불가능한 물질이다. 나만의 생각은 그 크기와 모양이 불분명할 뿐더러 지층을 바라보는 내 관점도 제한적이기 마련이라, 내가 신뢰하는 예닐곱 사람을 찾아가 그들 눈에는 그것이 어떻게 보이는지 물어본다. 그들의 '음파탐지기'는 내가 전에 볼 수 없었던 그림의 일부를 비춰줄 것이고, 그러다 보면 가장 미성숙하고 모호해 보이던 물질이 마침내 일정한 크기와 모양을 형성하기 시작할 것이다. 그러면 적어도 땅을 파야 할지 말아야 할지를 결정할 수 있다.

여러분은 어쩌면, 내가 상자에 무엇을 넣을지 결정한 뒤에 재빨리 아랫사람에게 사업 운영권을 넘기고 밖으로 나와 온순하지만 낯선 용을 처단하기 위해 나섰으리라고 생각할지 모르겠다. 솔직히 말하지만, 그건 당치 않은 오해다. 비록 내가 금전적으로 평생 문제가 없고, 새 사업이 실패했을 때 그것을 만회할 능력이 있다 해도, 어쨌든 그건 오해다. 실제로 내가 한 일은 지진 실험이었다. 내가 인간의 조직이라는 영역에 재능이 있고 그 영역에서 일하는 게 말할 수 없이 즐겁다는 걸 나도 잘 안다. 사실 내가 만든 조직에 더 머물 수도 있었다. 그곳에서는 계속 성공할 게 틀림없었으니까. 하지만 성공은 이미 맛보았고, 앞으로 추구할 것은 의미였다. 진정한 내 모습을 그리고 상자에 들어 있는 것에 가까운 의미를. 케이블 텔레비전 사업이 내 인생의 궁극적 의미가 될 수는 없었다.

내게 조언을 해 준 마이클 카미도 같은 생각이었다. 그의 충고는 단순했지만 나는 준비가 덜 된 상태였다.

"회사를 팔고 그 돈을 선생이 말씀하신 사역에 집중하여 투자하세요."

나는 그 결정이 무엇을 의미하는지 알기에, 정신이 멍해져

앉아 있었다. 아내 린다도 적잖이 놀란 눈치였다. 아내의 머릿속을 스쳐가는 목사니, 전도사니, 수도사니 하는 전형적인 이미지들이 내 눈에도 보이는 것 같았다. 주머니가 텅 빌 때까지 돈을 나눠 주는 자선사업가 부부가 되는 건가? 전임 사역자와 그 배우자처럼 우리도 남들과 다른 옷을 입어야 한단 말인가? 그동안 익숙하게 즐겨온 삶이 돌연 철저하게 낯선 궁핍한 종말로 끝나는 건가?

다행히 나는 지진 실험을 할 수 있었다. 나는 기독교 지도자 두 사람에게 조언을 부탁했다. 당시 캘리포니아 팰러앨토에 있는 교회의 목사였던 레이 스테드먼 그리고 인기 작가이자 포커스 온 더 패밀리Focus on the Family의 설립자 제임스 돕슨이다. 두 사람은 각자의 방식으로 내게 경고했다.

"회사를 팔면 선생의 기반을 잃을 것이고 선생이 불러도 아무도 대답하지 않을 겁니다."

중대한 계획을 세우기 전에, 내 삶이 어디로 가고 있는지부터 더욱 분명히 해야 했다.

나는 《크리스채너티 투데이》*Christianity Today*의 프레드 스미스, 폴 로빈스, 해롤드 미라를 비롯해 신뢰하는 사람들에게 단체로 전화를 걸어 조언을 부탁했다. 내가 준비하는 분야인 미국 기독교 조직에 대해 하나같이 넓은 안목과 해박한 지식을 갖고 있는 사람들이었다. 이들은 내가 조직에서 기획하는 일을 얼마나 좋아하는지 이해했고, 내 시간의 상당 부분을 하나님 나라의 사업에 쓰고 싶어 한다는 것도 이해했다. 내가 물었다.

"제가 갖고 있는 구체적인 계획을 실현할 기회가 있을까요?"

이들은 내게 새로운 종류의 교회를 알려주었다. 색다른 방식을 시도하는 대형 교회였다.

"선생이 도울 일이 있을 겁니다."

나는 여러 목사를 한꺼번에 초대했고, 폴에게는 간접적으로 중재자가 되어 그 목사들에게 몇 가지 질문을 해달라고 부탁했다. 그리고 가만히 앉아 그들의 이야기를 경청했다.

경청하기는 지진 실험의 중요한 부분으로, 석유가 나올 가능성이 있는 지역을 발견하는 데 도움이 된다. 나는 이 목사들이 감지한 것이 그들에게 유용할 것이라는 사실을 알게 됐고, 대형 교회 원로 목사들로 이루어진 이 실험조를 이용해 실험을 계속했다. 목사들은 토론을 좁혀가더니 마침내 자신의 교회에 유용하리라 생각되는 것을 세 가지로 압축했다. 그러는 사이에 내 인생 후반부의 소명도 모양을 갖춰갔다.

이 실험의 직접적 결과로, 나는 기독교계에서는 유일하게 인력 지원 체계를 개발하는 단체를 세울 수 있었다. 대형 교회 목사라고 해서 대단한 조화를 부리는 것은 아니다. 다만 하나님의 섭리에 따라, 인간 조직에 관한 내 관심이 교회에서 일어나는 역동성을 이해하고자 하는 그 목사들의 욕구와 딱 맞아떨어지다 보니 자연스럽게 생겨난 결과였다. 만약 내가 다른 재능을 타고났다면, 해외 선교 단체나 작은 시골 교회 조직의 관리자들과 쉽게 연결이 닿았을지도 모른다. 그러나 마이클 카미와의 면담을 마치고 뛰쳐나와 맨 처음 알게 된 교회 사역에 다짜고짜 뛰어들었다면, 내 참모습과 맞아떨어지는 일을 발견하지는 못했을 것이다.

지진 실험이 성공하려면 두 가지가 관건이다. 첫째는 내가 어떤 사람인가를 알아야 하고, 둘째는 믿을 만한 조언자를 찾아야 한다. 나는 두 명의 친구를 찾아가 조언을 청했다.

"어떤 일을 해야 내가 쓸모 있는 사람이 될까?"

그러자 그들이 말했다.

"그 '나'는 무엇으로 이루어졌지?"

다시 말하면, '나는 누구인가?'라는 물음이다. 후반부로 들어가려는 사람 누구에게나 아주 중요한 질문이다. 하나님께서 내게 주시지 않은 힘을 사용할 수는 없기 때문이다.

가령 복음을 전하는 일을 열심히 하지 않아 평소에 죄책감을 느꼈다고 가정해보자. 그래서 후반부가 내 앞에 굴러오면 하던 일을 그만두고 전도사나 선교사가 되리라 결심한다. 하지만 내가 누구인지 분명히 파악하고 그것을 받아들인 뒤에 이런 결정을 내린다면 훨씬 좋지 않겠는가. 내 재능과 능력을 정직하게 평가하라. 복음 전도가 내 재능인가? 그 일이 즐겁고 그 일을 잘할 수 있다고 생각되면, 신학교에 등록하거나 아프리카로 떠나기 전에 지진 실험부터 해보라. 목사를 도와서 예수님을 알고 싶어 하는 사람을 불러내거나, 단기 선교 사역에 자원해보라. 이 짧은 탐색에서 긍정적 느낌을 받았다면 앞으로 무엇을 할지 더 진지하게 고민하라. 부정적 느낌을 받았다면 거기서 끝내야 더 큰 고통을 줄일 수 있다.

하나님을 섬기는 최선의 방법은 하나님께서 내 안에 심어놓은 중심 가치에서 나온다. 달란트 비유를 기억하는가? 그 이야기에 담긴 훌륭한 메시지는 우리는 우리에게 주어진 것에만 책임을 질 뿐, 다른 사람이 가진 것이나 다른 사람이 우리에게 기대하는 것에는 책임을 지지 않는다는 것이다. 예수님께서 들려준 이야기에서, 돈을 고작 두 달란트 받아 그것을 두 배로 불린 사람은 애초에 다섯 달란트로 시작한 사람만큼이나 높은 평가를 받았다. 모든 사람에게 다 똑같은 재능이 부여되지는 않는다. 우리는 내가 받은 재능이 무엇인지 파악하고 나를 투자할 현명한 방법을 찾아야만 한다.

저비용 탐사

내 또래 친구 중에 나와 거의 같은 시기에 하프타임에 이른 친구가 있다. 그 친구는 하나님께서 자기 삶 속의 동기 유발의 중심이라는 결론을 내리고, 자신의 재능인 지도력을 하나님을 위해 사용할 방법을 찾고 있었다. 거의 같은 시기에 그는 20억 달러 규모 회사의 최고경영자 자리를 제안 받았다. 서쪽으로는 태국까지, 동쪽으로는 유럽까지 사업 영역을 넓히고 있었던 회사로, 채무 비율이 높았다. 험하고 힘들고 도전적이면서, 엄청난 특혜와 백만 달러에 가까운 연봉이 따라오는 자리였다. 업계 사람들에게는 목숨 걸고 차지하고 싶은 자리였고, 실제로 그런 사람도 많았다.

하지만 그 자리를 받아들이면 적어도 5년은 그 일에 매달려야 했다. 그는 그 시간을 하나님 나라를 건설하는 데 쓰고 싶었다.

게다가 예전부터 신학교 입학도 생각하던 참이었다. 그는 둘 중 하나를 골라야 했다. '포춘 500대 기업'이냐, '성경 해석학 입문 과정'이냐. 그는 늘 상자에 하나님을 넣었지만, 그것이 목회 사역에 전적으로 매달린다는 뜻인지 아니면 다른 뜻인지는 확신할 수 없었다.

나는 그에게 신학교는 잊고 최고경영자 자리를 받아들이라고, 저비용 탐사를 해보라고 말해주었다. 내가 볼 때는 그에게 선택의 여지가 없었다. 신학교에 간다면 3년 뒤에 쉰 살이 넘는 나이로 겨우 초보자 수준이 될 것이다. 그 상태로는 대형 교회에서 부교역자나 할 테고, 쉰다섯 즈음에야 고참 자리 하나 얻어 겨우 먹고살 형편이 될 것이다. 하나님께서 그에게 25년간 경영관리와 경영지도력을 훈련시킨 이유가 작은 교회에서 목사를 하라는 뜻이었을까?

그 친구가 하나님께 충실하지 말았어야 한다는 뜻이 아니다. 후반부 인생을 걸고 싶은 일이 있다면 저비용 탐사를 이용해 그 분야를 실용적으로 탐색해볼 수 있다. 예를 들어 그 친구는 국제적 사업을 계속하면서, 최고경영자들을 대상으로 비공식 성경공부 모임을 꾸려볼 수도 있을 것이다. 전화 몇 통, 전자우편 몇 통, 두어 차례의 시험만으로도 그 일이 정말 필요한 일인지, 내게 딱 맞는 일인지 알아볼 수 있다. 다시 말해, 하던 일을 그만두고 목회 사역에 전적으로 뛰어들어야겠다는 생각이 든다면 기독교 조직에서 상담 같은 일을, 경우에 따라서는 무료 상담을 해보는 것도 고려해봄 직하다.

내가 목사들을 초대했던 것도 저비용 탐사의 한 예가 된다. 나는 신뢰하는 사람들에게 조언을 부탁했고 그들은 내게 올바른 방향을 제시했다. 나는 그런 식으로 미리 지진 실험을 했지, 앞뒤 가리지 않고 덜컥 뛰어들지는 않았다. 만약 목사들과의 첫 만남이 완전히 실패였다 해도 거기에 그다지 많은 시간과 돈을 투자하지 않았으니, 쉽게 다른 일을 다시 시도할 수 있었을 것이다.

저비용 탐사의 핵심은 하나님을 섬기고 교회에 봉사하는 일에 내 재능을 직접 써보는 것이다. 사업에서는 시장조사, 제품 시험, 시험 프로젝트 따위의 형태로 늘 이루어지는 일이다. 그런데도 후반부에 들어서는 사람들이 개인적으로 이를 활용하지 않는 이유는 여전히 전반부를 살아가던 방식대로 다짜고짜 뛰어들기 때문이다. 명심하라. 후반부의 결정은 단지 또 한 번의 투자나 또 한 번의 매매가 아니다. 조급해하지 말자. 신중하

자. 미리 시험하자.

두 배 빠르게 일하기

현재의 직업이 정말 좋고, 솔직히 그 일이 내게 꼭 필요하다는 생각이 든다고 가정해보자. 또 일정하고 안정된 수입, 건강보험, 연금이 필요하고, 그것들을 누리고 싶기도 하다. '미드타운 어소시에이츠'의 영업 관리자 자리도 마음에 든다. 이런 사람들도 후반부를 보람 있게 살 수 있을까?

사실 많은 사람이 이런 부류에 속한다. 게다가 지금 하는 일을 꼭 좋아하지는 않더라도 그 일을 그만둘 생각은 없는 사람들까지 여기에 더한다면 그 수는 더 늘어난다. 반가운 점은 이 부류에 속하는 사람들도 전반부보다 나은 후반부를 살 수 있다는 것이다. 현실을 받아들이자. 어떤 일을 10년에서 20년 정도 하다 보면 그 일에 제법 도가 트이게 마련이다. 일을 다른 사람에게 배분하는 법을 알게 되고, 인맥이 생기고, 해당 분야의 사정에 훤해지고, 생산적인 고객 목록을 확보하고, 헐레벌떡 뛰어다니지 않아도 그날그날 일을 처리하는 법을 터득한다.

솔직히 말하면, 예전보다 시간은 절반만 들이고도 일은 더 잘할 수 있을 것이다. 변호사인 내 친구 스캇(가명)이 이 경우에 해당한다. 이 친구는 미국에서 내로라하는 권력가와 저명인들의 소송을 담당하는 아주 유명한 법률사무소에서 수석 파트너로 일한다. 그는 자신이 하는 일을 무척 좋아했고 그 분야에서는 세계 최고 수준이지만, 인생에는 대규모 거래를 성사시키는 것보다 더 중요한 게 있을 것 같다는 느낌이 들기 시작했고, 자신이 뭔가 빠뜨리며 산다는 생각이 들었다. 그가 인생 후반부에서 하고 싶은 일은 따로 있었지만, 그동안 열심히 경험을 쌓아온 일에서 손을 떼고 싶지는 않았다. 그러던 중 법률사무소 일을 계속하면서 그는 주의 공립학교 제도 개혁을 비롯해 매우 의미 있는 일에 시간을 투자할 수 있다는 사실을 깨달았다. 요즘 그에게 무슨 일로 먹고사느냐고 물으면 다소 익살맞은 대답이 돌아온다.

"고객들에게 내가 지금도 변호사로 일한다고 설득하느라 애를 먹는다네."

일에 쏟아붓던 시간의 절반을 떼어 인생 후반부의 새로운 일에 헌신하는 게 요즘 그가 진짜 하는 일이다.

내가 아는 어느 공립학교 교사도 또 한 사례가 되겠다. 그가 사는 주에서 최고의 과학 교사인 그는 '영향력 있는 자리'에 오를 수도 있지만, 그에게도 후반부에서 추구하고 싶은 목표가 있다. 그중 하나는 자신의 행정 기술을 활용해 지역 교회에서 사업 지도력을 발휘하는 것이다. 그도 내 변호사 친구와 시작은 비슷했다. 하루 열여섯 시간 일하는 강행군을 하면서, 한계를 뛰어넘어 그가 속한 분야에서 최고가 되었다. 두 사람 다 자신의 일을 무척 좋아했고 아직은 그 일을 놓을 때가 아니라는 생각에, 원래 하던 일을 두 배나 빠른 속도로 끝내고 남는 시간과 힘으로 후반부의 목표를 추구했다.

전반부보다 나은 후반부를 살기 위해서는 꼭 백만장자 최고경영자나 보수가 높은 변호사, 아니면 교사이어야 하는 것은 아니다. 무엇보다도 하나님께서 나를 창조하신 목적을 깨닫고, 나만의 재능을 활용해 하나님을 섬기는 것이 중요하다.

고민하고 토론할 문제

1 하프타임에 들어선 사람들 대다수가 하던 일을 쉽게 그만둘 수가 없다. 따라서 후반부의 여러 가능성을 고려하기 시작했다면, 그 일에 필요한 돈을 어떻게 마련할지 시간을 갖고 현실적으로 생각해봐야 한다. 일을 그만두고 그동안 모아놓은 돈으로 살아갈 수 있는가? 하던 일을 계속 해야만 하는가? 고용주와 재협상할 수 있는가? 비영리 단체에서 보수를 받고 일한다면 어떻겠는가? 어느 것이 당신의 상황에 가장 잘 맞는가?

2 당신은 현재의 직업을 어떻게 바라보는가? "지금 하는 일이 무척 마음에 들어서 보수를 받지 않고도 일할 것 같다"부터 "보수를 아무리 많이 준다 해도 지금 하는 일은 더 못해먹겠다"에 이르기까지, 직업을 바라보는 태도는 다양할 것이다. 종이에 선을 하나 긋고, 양 끝에 극단적인 태도를 하나씩 표시하라. 당신의 태도는 그 선에서 어디쯤인지, 해당 지점에 ×표시를 해보라.

3 저자가 하프타임과 관련해 언급한 '지진 실험'의 의미는 무엇이며, 당신은 지진 실험을 어떤 식으로 하겠는가? 구체적으로 설명해보라.

4 삶을 의미 있게 살기 위해, 회사를 팔거나 미국 기업계를 빠져나오지 않고도 당신의 직업 속에서 여유를 찾기 위한 방법은 무엇이겠는가?

5 하프타임에 들어선 사람 중에 다수가 자신의 직업을 약간만 조정하면 그것을 기반으로 의미를 찾을 수 있다. 숭고한 부르심 또는 소명이라고 여겨지는 일을 당신의 직업에서 실천할 방법은 무엇이 있겠는가?

6 현재의 수입을 20퍼센트 줄이는 대신 더 많은 시간과 자유를 확보해 후반부의 사명을 추구할 생각이 있는가? 있다면, 또는 없다면, 그 이유는 무엇인가? 현재의 직업을 그대로 유지하면서 사명을 실천할 방법은 무엇이 있겠는가? 직업을 바꾼다면 어떻겠는가?

Chapter 13

두 곡선이 겹치는 곳

성공의 역설 가운데 하나는 어떤 곳에 발을 들여놓게 된 계기와 방식이
그곳에 눌러앉게 되는 계기와 방식과는 으레 다르다는 점이다.
_찰스 핸디

세상 모든 것은 우리를 지금 우리가 있는 곳에 묶어두려고 작당한 것만 같다. 그렇지 않고서야 어떻게 그토록 많은 사람들이 전반부에 갇혀 있거나, 아니면 기껏해야 평생 하프타임에서 발버둥을 치겠는가. 이미 잘 아는 익숙한 영역에 머물 때 삶은 더 편안해지는 모양이다. 심지어는 우리 앞에 더 나은 미래가 있다는 확신이 들 때도 그렇다.

이스라엘 사람들을 예로 들어보자. 이들은 평생 약속의 땅을 이야기했지만, 애굽이라는 익숙한 땅을 떠날 수 없었다. 애굽이 대단히 멋진 곳이라서가 아니라 익숙한 곳이었기 때문이

다. 이런 이유로 오늘날에도 너무나 많은 사람들이 전반부에 정착해 산다.

흥미로운 사실은 현대의 많은 작가들이, 중년에 접어드는 사람들을 꼼짝 못하게 만드는 요소로 불확실성이라는 단계를 꼽는다는 점이다. 윌리엄 브리지스는 그것을 "중립지대"라 부르며 스캇 펙은 "혼돈의 터널"이라 부른다. 그런가 하면 자넷 헤그버그는 이 단계를 "제4단계: 성찰이 주는 힘"이라 부른다. 무엇이라 부르든 간에 그것은 후반부라는 약속의 땅에 도착하기 위해 반드시 거쳐야 하는 지대다.

이 지대에는 과거의 확실성이 사라지는 고통과 미래에 다가올 일들에 대한 혼란이 공존한다. 그래서 많은 사람이 이곳을 통과하지 못한다. 이 지대를 그림으로 그려보면 이렇다.

이 불확실성의 시기를 바라보면서 변화에 따르는 고통과 위험과 혼란을 생각하다 보면, 이미 아는 것에 매달리고픈 마음이 들게 마련이다. 미래는 다소 모호하고 막연하기 때문에 현재의 편안함이나 확실성에 안주하는 편이 나아 보인다.

이외에도 아주 현실적인 문제가 우리를 쫓아다닌다.

"앞으로 밥벌이는 어떻게 하지?"(재정적 안정)

"자네는 그 새로운 구상이 실현되리라고 어떻게 확신하지? 나는 어째 좀 미심쩍은데."(이성적인 친구들)

"대체 이게 무슨 일이죠? 이러려고 당신과 결혼한 게 아니에요!"(걱정하는 배우자)

"정확히 무슨 일을 하시는 거예요?"(걱정하는 아이들)

찰스 핸디는 그의 유익한 책《역설을 넘어서 미래를 이해하기》*The Age of Paradox*, CM비지니스 역간에서, 'S자 곡선'이라는 제목의 장章 아래 이 긴장을 포착했다. 그는 이 문제를 내가 이 장 맨 앞에 인용한 문장으로 시작한다.

성공의 역설 가운데 하나는 어떤 곳에 발을 들여놓게 된 계기와 방식이 그곳에 눌러앉게 되는 계기와 방식과는 으레 다르다는 점이다.

핸디는 해결책도 제시한다.

지속적으로 성장하는 비결은 하나의 S자 곡선이 끝나기 전에 새로운 S자 곡선을 시작하는 것이다. 두 번째 곡선을 시작할 적절한 곳은 바로 A지점이다. 이곳은 새로운 곡선을 시작할 자원과 힘 그리고 시간적 여유까지 있는 지점으로, 첫 번째 곡선이 아래로 내려가기 전, 다음 곡선이 탐색과 도약을 시작해야 한다.[9]

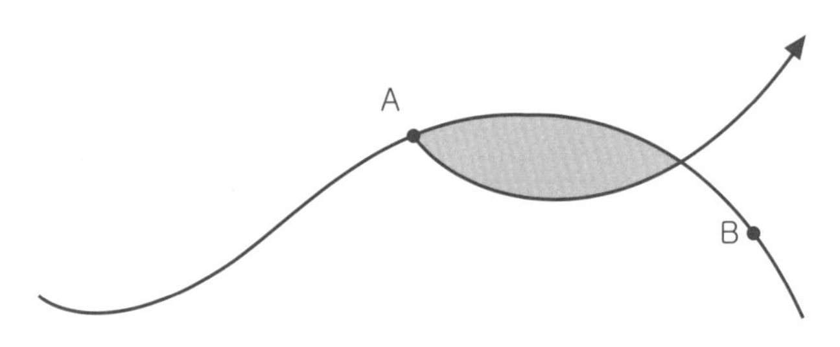

S자 곡선
찰스 핸디, 《역설을 넘어서 미래를 이해하기》에서

대부분의 사람들에게 해당하는 일반적 유형은 단일 곡선으로, 중년에 다가갈수록 위로 올라가다가 은퇴할 때가 되면 빠르게 아래로 내려간다. 핸디는 이 곡선이 아직 위로 올라갈 때, 그리고 아래로 내려가기 훨씬 전에, 곡선을 새로 시작하라고 권유한다.

이상적 삶이라면 곡선이 여러 개 겹쳐서 나타나야 한다. 사업을 하던 시기의 내 삶은 여러 개의 곡선이 다음 표에서 정리한 것과 같이 겹쳐서 나타났다.

첫 번째 곡선이 끝나기 전	두 번째 곡선이 시작할 때
학교생활	수습사원으로 일하기
수습사원으로 일하기	본격적으로 일하기
본격적으로 일하기	사업 주도하기
사업 주도하기	교회 사역에 참여하기
교회 사역에 참여하기	교회 사역 주도하기
교회 사역 주도하기	다양한 교회 사역을 직업으로 삼기

여러 영역 가운데 어느 하나에 갇혀버리는 수도 있다. 가령 나와 나이가 비슷한 사람들 중에 영원히 학생으로 사는 사람들도 있는데, 이들은 내가 예전에 텔레비전 방송국을 손에 넣듯이 학위를 손에 넣는다. 또 내가 아는 사람 중에는 '본격적으로 일하기' 곡선이 아래로 떨어지기 시작하면서 그곳에 갇히는 사람도 있었다. 그러다 보니 그들도 모르는 사이에, 새로 시작할 곡선이 사라져버렸다.

열심히 일해서 얻은 성공을 즐기고 그 혜택을 누리는 법을 터득하되, 성공에 중독되지 않는 것, 곡선이 내려갈 때 곡선의 변곡점을 지나치지 않는 것이 중요하다. 핸디의 S자 곡선은 변곡점을 넘어서면 아무리 좋은 일이라도 병적으로 변한다는 것을 보여준다. 그리고 전반부에서 '쳇바퀴 돌듯' 영원히 갇힐 수도 있다고 경고하며 그곳을 빠져나올 수 있도록 격려한다.

어느 신발 회사의 광고 문구는 후반부로 들어가는 데 필요한 핵심을 잘 드러낸다. "그냥 하는 거야!" 그러나 그것만으로는 부족하다. 첫 번째 곡선이 속도를 높여 내리막길로 접어들기 전, 그때를 놓치지 말고 새로 시작해야 한다. 많은 사람이 더 나은 곳으로 옮겨가라는 세미한 음성을 듣지만 그것을 외면하고 산다. 물론 그 음성이 진실이라고 생각하지만, 그것을 따라가면 낯선 미지의 영역으로 들어간다는 것을 알기 때문이다. 이들은 생각한다. '지금 하는 일을 그만둘 때까지 기다리는 편이 나아.' 하지만 막상 일을 그만두고 보면 너무 늦어버린다. 몸도 너무 피곤하다. 그 음성은 너무 희미해져서 더 이상 들리지 않는다.

기독교 단체를 상대로 전략적 조언을 해주던 유명 컨설턴트가 말했다. "아주 많은 사람들이 그럽디다. '언젠가' 교회 사역에 헌신하겠다고 말이죠. 그런데 그 언젠가는 절대 오지 않는 것 같더군요. 그러니까 그저 미루려는 핑계일 뿐이에요. '언젠가'는 절대 오지 않아요."

피터 드러커도 내게 말했다. 사람들이 은퇴를 하면 자원봉사 활동에 왕성하게 참여하겠거니 생각했는데 실제로는 그렇지가 않았다고. 이들은 시동을 끈 채 무뎌져간다. 피터는 마흔다섯이 될 때까지 봉사하는 일을 두 번째 경력이나 병행경력으로 삼지 않은 사람은 그리고 쉰다섯이 될 때까지 그 일에 적극 참여하지 않는 사람은 이후로도 절대 그런 일을 하지 않을 것이라고 했다.

세미한 음성이 지금 당신에게 말을 건다면, 그 음성을 무시할 구실을 찾지 말라. 지금 발붙인 곳에 눌러앉을 구실은 늘 있게 마련이다. 다른 곳으로 옮겨가라고 말해주는 것은 바로 믿음이다.

고민하고 토론할 문제

1 아래 S자 곡선에서, 당신의 현재 위치라고 생각되는 곳에 A자를 표시하라. 당신이 만약 곡선이 위로 향하는 부분에 있다면, 새로운 곡선을 시작하기 위해 어떤 일을 할 것인가? 곡선이 아래로 향하는 부분에 있다면, 힘과 통찰력과 추진력을 다시 얻기 위해 어떤 일을 할 수 있겠는가?

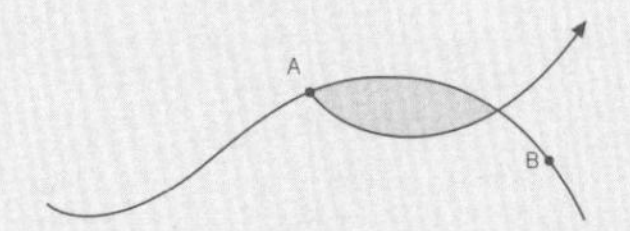

2 다음 곡선을 일찍 시작하는 게 현명하다는 것은 이미 증명되었지만, 쉬운 일은 아니다. 이때 가장 먼저 해야 할 중요한 일은 후반부의 사명을 구체적인 행동으로 옮기는 데 방해가 될 법한 요소 두세 가지를 찾아내는 일이다.

3 그 방해 요소 때문에 생기는 두려움을 어떻게 극복하겠는가?

4 저자는 새로운 일을 계획적으로 추진하기 전에 현재의 일이 끝나기만을 마냥 기다리는 사람이 너무나 많다고 말한다. 현실적으로 볼 때, 지금 당신이 하는 일이 언제 끝나겠는가? 새로운 일을 시작하기 전까지 그 긴 세월을 흔쾌히 기다릴 수 있겠는가? 기다림에서 얻는 이득이 새로운 일을 시작할 때의 불확실성이 갖는 위험을 어떻게 능가하겠는가?

5 요즘은 과거 어느 때보다 이른 은퇴(조기 퇴직)을 하는 사람들이 많아졌다. 은퇴가 당신의 후반부 경력에 어떤 영향을 미치겠는가? 피터 드러커는, 사람들이 은퇴를 하면 자원봉사 활동에 왕성하게 참여하겠거니 생각했는데 실제로는 그렇지가 않았으며 이들은 시동을 끈 채 무뎌져간다고 말했다. 당신은 이런 운명을 어떻게 피할 수 있는가? 앞으로 10년 안에 '병행경력'에 적극 뛰어들려면 당신 삶에 어떤 일이 일어나야 하는가? 병행경력에 관심이 있다면, 그것에 필요한 여러 단계와 각 단계를 완성할 날짜를 구체적으로 적어보라.

Chapter 14

때가 되었다

우리가 바라는 세상을 만들려면 행동에 나서야 한다.
_마하트마 간디

우리 집 책상에 놓인 판자에는 내게 아주 중요한 의미를 갖는 좌우명이 새겨져 있다. 진지하면서도 재미있는 글이다. 글자 그대로의 의미는 진지하지만, 고전 영화 〈블루스 브라더스〉에서 따왔다는 점에서는 재미있다.

"하나님을 위한 사명을 수행 중."

댄 애크로이드와 작고한 존 벨루시가 주연을 맡아 제이크와 엘우드라는 황당한 형제를 연기하는 이 영화에서 제이크는 형에게 자기는 하나님께 받은 사명을 수행하는 중이라고 말한다. 그들과 달리 나는 하나님을 위한 사명을 수행하는 중이다. 그러나 영화 속 그들처럼 도중에 차를 몇 대 부숴먹을 각오도 되어 있다. 여러분도 이 인생 여정에 동참해보라.

이제까지는 주로 더 나은 후반부를 계획하는 일이 왜 유익한지 그 이유에 초점을 맞춰 이야기했다. 사실 그것은 대단히 유익한 일이다. 그러나 인생 후반부에서 내 재능을 하나님 나라를 위해 사용할 방법을 찾는 일은 더더욱 중요하다. 그것은 영원한 가치를 지닌 일이다. 하나님은 그분의 자녀를 위해 늘 윈윈전략을 구사해오셨다. 하나님 나라에 유익한 일이라면 대개는 우리 개개인에게도 유익한 일이다.

사람들은 대개 전반부에서 하나님을 상자 한가운데 두고 싶어 하지만, 하나님은 상자 속에서 번번이 밀려 나가신다. 나는 그것을 잘못이라기보다는 불가피한 일이라고 생각한다. 삶의 고단함과 젊음의 속성 때문에 성경의 진리를 이해하기란 대단히 어려운 일이다. 그것은 한 개인으로서 내가 얼마나 큰 의미를 갖는지 알고자 한다면 내가 얼마나 작은 존재인가도 이해하고 받아들여야 한다는 사실이다.

인생 전반부가 온통 무언가를 손에 쥐는, 그래서 더러는 잃기도 하는 시기인 반면에 인생 후반부는 손에서 내려놓는, 그래서 대개는 더 강해지는 시기다. 스물여섯이 되기 전까지는 이런 사실을 명확히 인식하지 못한다.

나는 가끔씩 내 이야기를 꺼낼지 말지 망설이곤 했다. 내가 그동안 세상에 둘도 없는 축복을 받은 터라 사람들이 나를 보며 행여 부자들만 후반부를 잘 살 수 있으려니 생각하지나 않을까 하는 우려 때문이다. 부디 기억하기 바란다. 내가 후반부를 잘 살아가는 이유는 돈이 있어서가 아니라, 하나를 억지로 삼킨 뒤에 하나만 내 상자에 넣었기 때문이라는 것을. 내게는 결코 쉬운 일이 아니었으며, 여러분에게도 결코 쉬운 일이 아닐 것이다. 그러나 바로 그것이 내 인생을 변화시켰다.

내 강연을 듣는 사람들은 곧잘 이런 질문을 던진다. 더 나은 후반부를 살 수 없는 사람도 있냐고. 후반부로 들어가기에 너무 늦은 시기도 있느냐는 질문이다. 후반부는 중상류층 이상인 사람들에게나 해당되는 것은 아닌가? 남자들에게만 해당되는 것은 아닌가? 기독교적인 것은 아닌가?

나는 이 문제를 오랫동안 깊이 생각했고, 그 결과 삶이 따분해진 사람이라면 누구나 삶을 개선할 수 있다는 결론을 내리게 되었다. 누구나. 나는 솔직히 여성들이 마주치는 문제를 완벽하게 이해하지는 못하지만, 집에 있는 여성이나 밖에서 일하는 여성이나 어느 때가 되면 "지금이 최고의 삶인가?"라는 자문을 하리라고 생각한다. 남성에게든 여성에게든 내 대답은 한결같다. "아니, 더 좋은 삶이 당신을 기다린다."

그리스도인으로 신앙고백을 하지 않은 사람이라도 더 나은 후반부를 살 수 있을 것이라고 나는 확신한다. 사실 이 주제에 관해 내가 읽은 책의 상당수는 아마도 비그리스도인이 쓴 책이거나 아니면 적어도 기독교나 성경과는 무관한 말로 쓰인 책이다. 그러나 어느 경우든 대다수가 동의하는 사실은 궁극적으로 성공은 빛을 잃고 우리는 결국 의미를 추구하게 된다는 점이다. 비종교인들은 대개 이타주의라는 형태로 의미를 찾고, 그리스도인은 성경이라는 틀에서 이타주의를 정의할 뿐이다.

그렇다면 이제 나이 문제가 남는다. 전반부에서 후반부로 옮겨가기에는 너무 늦을 수도 있을까? 60대에 속한 사람들은 어떤가? 70대는? 80대는? 우리가 숨을 쉬는 한, 인생에서 더 나은 길을 발견하는 데 너무 늦은 때란 없다. 실존주의 작가 알베르 카뮈는 이런 진실을 발견했다. "한겨울에 나는 내 안에 물리칠 수 없는 여름이 있다는 것을 마침내 깨달았다." 우리는 내면에서 질서와 나침반을 발견한다. 다그 함마르셸드(1961년 노벨 평화상을 수상한 스웨덴의 정치가, 경제학자—옮긴이)는 이런 말을 남겼다.

> 내부의 목소리에 귀를 기울일수록 외부의 소리를 더 잘 듣게 된다. 나는 누가 또는 무엇이 그 질문을 던졌는지 알지 못한다. 언제 그 질문이 나왔는지도 모르겠다. 대답조차 기억하지 못한다. 그러나 내가 누군가에게 또는 무언가에 긍정적으로 대답하자 바로 그 순간부터 존재는 의미를 갖게 되었고, 따라서 내 삶은, 나를 내맡긴 상태에서, 목적을 갖게 된 게 분명하다.[10]

나는 우리 안에서 낮게 속삭이는 존재는 하나님이라고, 내부 깊숙한 곳에서 질문을 던지는 존재는 하나님이라고 믿기로 했다. 그리고 우리가 긍정적으로 화답할 때, 하나님은 우리 개개인을 위해 예비해두신 의미를 알려주시며 즐기라 하신다. 그러는 사이에 우리를 위해 간직해 두신 목표를 드러내신다. 나는 바울이 에베소서에서 이 점을 묘사한 대목을 무척 좋아한다.

> 우리는 그가 만드신 바라 그리스도 예수 안에서 선한 일을 위하여 지으심을 받은 자니 이 일은 하나님이 전에 예비하사 우리로 그 가운데서 행하게 하려 하심이니라(엡 2:10).

실제 경기에서는 하프타임을 지나 다시 전반전으로 돌아갈 수는 없다. 그러나 인생에서는 가능하다. 실제로 그런 사람도 있다. 어떤 사람은 하프타임에 눌러앉아 새로운 작전을 짜는 데만 골몰한다. 또 어떤 사람은 전반전을 떠나지 않으려고 애쓰면서도 후반전을 넘보는 모험을 되풀이한다. 영원한 지진 실험에 빠져 발판만 쳐다볼 뿐 결코 뛰어오르지 않는 사람들이다.

자, 이제는 뛰어넘을 시간이다.

앞에서 나는 여러분에게 인내심을 가지라고 조언했다. 인내심을 지나치게 많이 가지라는 말은 아니라는 것을 기억하기 바란다. 여기까지 와서 전반전 전략으로 되돌아간다면 부끄러운 일이다. 상자에 나만의 한 가지를 집어넣고 그것에 매진하다면 상당한 수확을 올릴 수 있다.

그렇다면 왜 망설이는가? 나는 번지점프를 해본 적이 없다. 하지만 까마득히 높은 곳에 올라가, 이제 저 아래로 뛰어내릴 시간이라는 번지점프 강사의 이야기를 듣는 기분이 어떨지는 충분히 상상이 간다. 실제로 내가 상자에 십자가를 그려 넣자 마이클 카미는 내게 앞으로 해야 할 일을 말해주었는데, 그때 나는 아래로 내려가는 가장 짜릿한 방법은 뛰어내리기라는 걸 알게 되었다. 그게 아니라면 사다리를 타고 내려가는, 더 안전하고 익숙한 방법도 있을 것이다. 뛰어내리기는 무섭고 낯설 뿐 아니라 당연히 더 위험하다. 그러나 거기에는 영영 잊지 못할 약속이 담겨 있었다.

나는 뛰어내리고 싶지 않았지만, 때가 되었다는 생각이 들었다.

짐작하건대, 여러분도 때가 되었다고 느낄 것이다. 그래서 짧은 이야기 두 편으로 이번 장을 마무리하려 한다. 때가 되었다는 걸 알았을 때 땅 아래로 도로 내려가기로 결정한 사람과 아래로 뛰어내린 사람의 이야기다.

짐은 대기업에서 최고 자리에 오르는 것이 유일한 희망이었다. 그는 승리에 익숙한 대단히 의욕적인 사람이었다. 그리고 불과 몇 년 만에 댈러스에 있는 대기업의 최고경영자 자리에 올랐다. 그러나 그 기쁨은 오래가지 않았다. 그가 최고 자리에 오른 지 얼마 지나지 않아 회사는 파산 신청을 하고 구조조정에 들어갈 수밖에 없었다. 나는 짐을 정기적으로 만나는데, 회사가 쓰러진 뒤로 그는 누군가를 가르치거나 사회봉사 같은 일을 해보면 어떨까 하는 이야기를 꺼내기 시작했다. 그는 한쪽 발을 이미 하프타임에 들여놓았으며 진심으로 삶에서 의미 있는 변화를 이끌어내려 한다는 걸 알 수 있었다. 그런 그가 어찌된 일인지 다른 대기업에 경영자로 들어가더니 요즘은 어느 때보다도 열심히 일에 몰두한다.

"때가 되었다"라는 세미한 속삭임이 들렸지만 짐은 귀를 기울이지 않았고, 결국 뛰어내리지 못했다.

잭은 성공한 기업가로서 평생 써도 다 못 쓸 많은 돈을 버는 재능을 타고난 사람이었다. 그는 일을 무척 좋아했지만 중년에 다가서면서 성공에서 의미로 옮겨가고픈 욕구가 생기기 시작했다. 지진 실험과 저비용 탐사를 해본 그는 기독교 사역으로 방향을 틀어보기로 하고 그 분야에서 자신의 재능과 능력을 활용할 방법을 찾기 시작했다. 어느 정도 시간이 지난 뒤 그와 거래를 하던 한 사람이 자신의 재산을 좀 더 고귀한 목적을 위해 쓰고 싶어 한다는 사실을 알게 됐다. 그러나 그는 그럴 기회를 찾을 수가 없어서, 그 일을 하지 못하고 있었다.

잭은 회사를 차려서, 가치 있는 일에 재원을 재투자하고 싶지만 시간이 없는 대기업과 부유층 개인을 상대로 일을 시작했다. 잭은 참신한 프로젝트를 기획하여 고객이 제공한 잉여자금을 그곳에 투자한다. 고객들은 익명으로 돈을 기부하지만 살아

생전에 그 돈이 유용하게 쓰이는 것을 보며 즐거워한다.

잭은 번지점프대에 올라서서 자신감을 가지고 뛰어내렸으며 지금은 인생에서 최고의 시간을 보내고 있다.

여러분은 무엇 때문에 망설이는가?

고민하고 토론할 문제

1 전반부가 대개는 획득의 시간이라면, 그래서 더러는 손실을 보기도 한다면, 후반부는 가진 것을 내놓고 포기하는 시간이며, 그러다 보면 대개는 방향을 바꾸게 된다. 후반부로 옮겨가기 위해 당신이 내놓거나 포기해야 하는 것을 셋에서 다섯 가지 나열해보라. 어떻게 하면 그것들이 결과적으로는 자신에게 이득이 될 수 있을까?

2 이제 후반부에 하고 싶은 것들이 몇 가지 머릿속에 떠올랐을 것이다. 생각나는 대로 가능한 많이, 뭉뚱그려서라도 나열해보라(예: 도심 빈민 지역 아동과 문맹 퇴치를 위해 활동하기, 내 운영 능력을 비영리 단체에 활용할 방법 찾기, 해외여행을 떠날 수 있는 활동 찾기, 다른 사람의 사역 활동을 지원하는 재단 설립 등).

3 이제 다시 목록으로 돌아가보라. 각 항목마다 한 가지씩 실험적으로 해볼 만한 일을 적고, 그 활동을 완수하고 싶은 날짜도 적어보라.

4 한가한 주말에 배우자와 함께 당신의 후반부를 이야기해보라. 우선 배우자의 꿈이 무엇인지 묻고, 배우자가 그 꿈을 실현하도록 당신이 도울 방법부터 이야기하라. 그런 다음 당신이 적은 목록을 배우자에게 보여주며 함께 검토할 수 있겠느냐고 물은 뒤, 그 가운데 어떤 일이 당신에게 가장 잘 맞을지 배우자의 견해를 구하라.

5 후반부의 꿈을 실현하기 시작했다면, 그것을 주변 사람들과 공유하면서 그들의 견해를 듣는 것이 매우 중요하다. 당신은 당신의 꿈을 누구(예: 친구, 고용주, 목사, 자녀, 기타 사람들)와, 언제 공유하겠는가?

3부

後반전

자기 꿈을 좇아 자신 있게 앞으로 나아가고 그동안 상상했던 삶을 살고자 노력한다면,
평소에는 기대하기 힘든 성공을 맛볼 것이다. 눈에 보이지 않는 경계를 통과하면서,
새롭고 보편적이고 더욱 자유로운 법이 자신의 내면과 주위에 생기기 시작하고,
최고의 존재로 살아갈 자유를 획득한다._**헨리 데이비드 소로**

Chapter 15

내 인생을 건 사명

내게 진정으로 부족한 것은 무엇을 알아야 하는가가 아니라 무엇을 해야 하는가를 머릿속에 분명하게 정의하는 일이다. … 중요한 것은 나를 이해하고, 하나님이 내게 진정으로 원하시는 바를 파악하고, … 목숨을 걸 만한 명분을 찾는 일이다. _**쇠렌 키르케고르**

나는 중년으로 접어들 무렵에, 일시적이기보다는 영원히 지속될 관심사와 질문을 마주할 때가 가까워온다는 느낌이 들기 시작했다. 그러다가 나만의 '한 가지'를 발견했을 때, 내 삶에 예정되어 있던 것을 만났다는 느낌이 다른 어느 때보다도 강렬히 느껴졌다. 나는 은총과 부지런함으로, 내가 정한 묘비명인 '100×'를 실천하며 살 수 있을 것 같았다.

하지만 의미 있는 일을 한다는 느낌만으로는 충분치가 않다. 상자에 나만의 한 가지를 넣었을 때 생기는 새로운 결심은 그와 관련된 목표가 따라주지 않으면 곧 시들어버린다. 인생 전반부는 대개 우리의 핵심적인 믿음에서 나오는 선한 의도로 가득 찬다. 더 좋은 부모, 좋은 배우자, 좋은 그리스도인, 좋은 사회 구성원이 되고 싶고, 세상에 긍정적인 흔적을 남기고도 싶다. 그리고 이런 기대 중에 적어도 몇 가지는 실천하며 살아 왔을 것이다. 하지만 여전히 뭔가 허전하다. 성공보다는 의미를 추구하는 삶을 살고 싶은 잠재적 욕구는 선한 의도만으로 채워지지 않는다. 올바른 본성을 타고났지만 그것을 발산할 체계가 마련되지 않은 탓이다.

최근에는 조직의 사명이나 미래상 또는 신조 등을 만들어 발표하면서 조직의 존재 이유와 목표를 설명하는 기업 혹은 단체가 많아졌다. 몇 가지 예를 들어보자.

- 마이크로소프트: 당신의 가능성. 우리의 열정.
- 제너럴 일렉트릭: 상상을 현실로.
- 월드비전: 아이들에게 더 좋은 세상을.

이런 표어는 잘 만들면 대개는 아주 간단하면서 머리에 쏙 들어온다. 어느 컨설턴트 팀이 〈하버드 비즈니스 리뷰〉에 실은 이야기처럼, 조직의 사명은 해당 사업에서 "자기력을 띤 북극, 즉 중심부"가 된다. 그리하여 회사의 모든 것이 그 방향을 가리킨다.

개인의 사명을 정하는 것도 의미가 크다. 인생 후반부를 살아가는 사람에게는 특히 그렇다. 전반부에서는 그러한 사명을 만들고 드러낼 시간이 없었거나, 사명이 있다 해도 내가 일하는 회사와 관련된 사명일 경우가 많다. 사명이 아예 없었거나, 적어도 후반부까지 적용할 수 있는 사명은 없었다는 뜻이다.

자신의 사명을 모르는 상태로는 후반부를 오래 지속하기는 어렵다. 나만의 사명을 한두 문장으로 말할 수 있는가? 사명을 담은 문장을 만드는 좋은 방법 하나는 몇 가지 질문을 던지는 그리고 꾸밈없이 솔직하게 대답하는 것이다. 나는 어떤 일에 열정을 느끼는가? 내가 성취한 것은 무엇인가? 내가 특별하게 잘한 일은 무엇인가? 나는 어떤 일을 하도록 타고났는가? 내 소속은 어디인가? 전반부 내내 내 발목을 잡았던 '의무사항'은 무엇인가? 이런 종류의 질문을 던지다 보면 내가 마음속으로 갈망하는 자아를 향해 다가가게 되고, 타고난 소질을 살릴 수 있는 일을 좀 더 쉽게 찾을 수 있다.

《성공하는 사람들의 7가지 습관》을 쓴 스티븐 R. 코비는 개인의 사명을 정할 때는 자신이 되고 싶고, 하고 싶은 것에 초점을 맞추되 자신의 신념과 행동의 바탕이 되는 가치와 원칙에 근거를 두어야 한다고 말했다. 그는 이렇게 썼다.

> 우리 삶의 한가운데 무엇이 있든 간에 그것은 우리에게 안전한 길잡이와 지혜와 힘을 제공하는 원천이 될 것이다.[11]

내 사명을 표현한 말은 아주 짧지만 여러분의 사명은 길 수도 있다. 내가 아는 최고의 그리고 가장 긴 사명은 앤드류 카네기가 서른세 살 때 쓴 것이다. 나로 치면, 인생의 여섯 번째 목표를 세우던 나이다. 앞으로 남은 시간을 어떻게 보낼지 기록한 일종의 나침반 같은 그의 일기를 여기 소개한다.

> 서른세 살에 연 수입 5만 달러. 앞으로 2년 안에 모든 사업을 정리해 재산 증식에 신경 쓸 필요 없이 해놓고, 잉여 수익은 해마다 자선 활동에 쓰도록 한다. 옥스퍼드에 정착해 제대로 교육을 받으면서 문인들을 사귀고(이를 위해서는 3년 동안 열심히 활동해야 할 것이다) 대중 연설에 특히 관심을 둔다. 그런 다음 런던에 정착해 신문사의 주식을 사들이든가 아니면 평론을 쓰거나 신문사의 일반적 운영에 관심을 두면서, 공적인 문제 중에서도 특히 교육과 빈곤층 개선을 위한 활동에 참여한다. 사람은 우상을 품게 마련인데, 그중에서도 재산 축적은 최악의 우상숭배에 속한다. 돈을 숭배하는 것만큼 사람을 타락하게 하는 것도 없다. 나는 어떤 일을 하든 있는 힘껏 밀어붙이는 성격이라, 신중하게 생각해 정신을 고양시키는 삶을 잘 선택해야 한다. 너무 오래 사업에 매달리다 보면, 그리고 단시간에 돈을 더 많이 벌어들일 궁리만 하다 보면 회복 불능 상태로 타락할 게 틀림없다. 나는 서른다섯에 사업에서 손을 뗄 생각이지만, 그때까지 남은 2년 동안에도 하루 중 오후만

큼은 교육을 받고 체계적으로 독서를 하며 시간을 보내고 싶다.[12]

봉사하는 삶을 살겠다는 카네기의 계획이 실현되기까지는 사실 2년이 아니라 30년이 걸렸다. 하지만 결과적으로 그는 애초 계획보다 적어도 100배는 많은 액수를 사회에 내놓았다. 첫 번째 사업에서 얻은 수익을 철강 사업에 투자하던 때부터 1920년에 생을 마감하기까지 카네기는 재산의 90퍼센트를 재투자했다.

그러나 사명을 선언한 글이 카네기의 경우처럼 반드시 길고 복잡할 필요는 없다는 점을 보여주기 위해 여기 내 사명도 소개할까 한다. 나는 스스로를 전략적 중개인으로 여긴다. 말하자면 문제를 발견한 사람과 문제를 해결하는 사람을 연결해주는 재능이 있다. 나는 그런 일을 하도록 태어났고 케이블 텔레비전 사업을 하면서 써먹은 재능도 바로 그것이라서, 내 일생의 사명도 그 역할과 관련되어야 했다. 따라서 내 인생을 걸 사명은 이렇다. '미국 기독교의 잠재 에너지를 활성 에너지로 탈바꿈시키기.'

이것이 내가 하는 일이며, 내 삶의 가치라고 여기고 싶은 일이다. 또한 진정한 내 모습에 다가서고, 이미 내 안에 존재하는 재능을 활용할 수 있는 일이다. 불편하거나 어색한 느낌이 드는 일을 할 필요는 없다. 사명이라고 선언한 것이 내게 잘 맞는다면, 그것은 내 사명이 맞다. 그렇지 않고 내게 맞지 않는 것을 강요하는 사명은 다른 사람의 사명일 가능성이 높다.

사명과 밀접하게 연관된 것이 일상 속의 헌신이다. 내가 후반부로 넘어오면서 달라진 것 하나는 더 이상 목표를 세워놓고 삶을 조율하지 않는다는 점이다. 그 대신 헌신한다. 그러다 보면 사명에도 계속 집중하게 된다. 내가 여기서 그것들을 공유하려는 까닭은 그것이 대단히 심오해서가 아니라 독자들도 자신의 사명에 맞는 헌신 목록을 직접 만들어보게 하기 위해서다. 내가 헌신하는 것들은 이렇다.

1. 내 인생에서 일차적으로 충실할 대상은 예수 그리스도다. 나는 재능을 모두 바쳐 예수 그리스도를 섬기는 일에 헌신한다.
2. 나는 죽음이 우리를 갈라놓을 때까지 활기찬 결혼생활에 헌신한다.
3. 나는 내가 가진 대부분의 시간과 돈을 이용해 미국 기독교의 잠재 에너지를 끄집어내는 일련의 다양한 모험을 시작하고 개발하는 일에 헌신한다.
4. 나는 내 수중에 맡겨진 자원을 효과적으로 관리하는 일에 헌신한다.
5. 나는 열 명의 사람들에게 좋은 친구가 되도록 헌신한다.
6. 나는 인생 후반부에 르네상스를 맞이하도록 헌신한다.
7. 나는 '이타적 이기주의'를 실천하는 데 헌신한다(이타적 이기주의란 다른 사람을 도우면서 개인적 만족을 얻는 것을 말한다. 그것은 내가 한 인간으로 설계될 때 그 중심에 이기심이 있었다는 사실을 인정하고, 이웃의 호의를 가장 큰 소득으로 간주한다).

여기 마지막 짧은 조언을 덧붙여 여러분이 인생 후반부의 사명을 결정하는 데 도움을 주고자 한다. 피터 드러커에 따르면, 하나님께서는 우리의 참여를 독려하시기 위해 개인마다 다른 역할을 미리 준비해두셨는데, 그중에서 내게 부여된 역할이 무엇인지를 찾아내려면 아래의 질문이 대단히 중요하다고 했다.

> 나는 이제까지 무엇을 성취했는가? (능력)
>
> 내가 무척 좋아하는 일은 무엇인가? (열정)

질문의 목적은 두 질문에 공통된 답을, 그러니까 내가 잘하면서 진정으로 흥미를 느낄 수 있는 일을 찾는 것이다. 가령 사람들과 함께 일하는 데 소질이 있으면서도 고독을 아주 좋아할 수도 있다. 첫 번째 질문에만 억지로 맞추다 보면 두 번째 질문에서 틀어질 수도 있다. 하지만 내면을 깊숙이 들여다보고 능력과 열정을 정직하게 결합한다면 나에게 꼭 맞는 사명을 찾게 될 것이다.

리처드 볼스가 쓴 《나를 명품으로 만들어라》*What Color Is Your Parachute?*, 북플래너 역간는 일생의 사명을 찾는 사람들에게 유익한 책이다. 미국 성공회 사제인 볼스는 샌프란시스코에 있는 교회에서 해고됐을 때 이 책과 더불어 긴 여정을 시작했다. 해고는 그에게 있어서 최고의 사건이었을 것이다. 물론 그 당시에는 그렇게 보이지 않았겠지만. 볼스는 책이 처음 출간된 이래로 여러 해 동안 새로운 내용을 추가하면서 개정판을 냈고, 최근 개정판에는 "내 인생의 사명을 찾는 법"이라는 부분을 추가했다.[13]

오늘, 내일, 아니면 다음 주말까지는 따로 시간을 내어 연필과 종이 한 장을 준비하라. 어쩌면 여러 장이 필요할 수도 있다. 그리고 다음과 같은 목록을 만들어보라. 후반부에서 할 일들, 헌신할 일들, 진정한 나를 나타내는 표어와 신조, 내 믿음과 남은 인생에서 하고 싶은 것들을 하나로 엮는 말.

목록을 만들었으면 기도하라. 목록을 읽으라. 가만히 생각하라. 귀를 기울이라. 목록을 배우자와 소그룹의 친구들과 공유하라. 그런 다음 그 종이를 서랍에 넣으라. 또 기도하라. 많이 들으라. 가장 하고 싶은 일들을 생각하고, 그 생각이 대양의 느릿한 물결처럼 당신의 영혼으로 부드럽게 흘러가도록 하라. 인생 전반부에서는 시간이 없어 하지 못했던 일들을 이제는 마음껏 즐기라!

한두 주 뒤에 종이 한 장을 꺼내라. 그리고 맨 위에 이렇게 쓰라. '내 인생을 건 사명.'

그다음에는 무엇을 해야 하는지 여러분도 잘 알 것이다.

고민하고 토론할 문제

1 당신이 일하는 조직이 선언한 사명은 무엇인가? 그 사명은 당신의 역할에 어떤 지침이 되는가? 조직의 지도자들은 전체 조직이 보는 앞에서 그 사명을 수행하기 위해 얼마나 많은 시간을 헌신하는가?

2 사명은 조직뿐만 아니라 개인에게도 중요한 구심점을 제공한다. 당신이 파악하고 있는 자신의 강점, 열정, 핵심적 믿음, 가치를 바탕으로 당신의 인생을 건 사명을 생각할 때면 머릿속에 어떤 단어나 개념이 떠오르는가?

3 본문에서 저자는 자신이 헌신하는 것들을 자세히 적었다. 당신은 삶에서 어떤 일에 헌신하는가? 저자의 목록을 참고하여 당신만의 목록을 만들어보라.

4 저자는 자신의 개인적 사명을 선언함으로써 진정한 자아에 다가갈 수 있었다고 말한다. 당신은 당신의 개성, 믿음, 가치, 꿈에서 어떤 면을 드러내고 싶은가?

5 피터 드러커는 하나님이 준비해놓으신 나만의 역할을 발견하는 데 도움이 될 기본적인 질문 두 가지를 제시했다. "나는 이제까지 무엇을 성취했는가?" "내가 무척 좋아하는 일은 무엇인가?" 당신은 두 질문에 어떻게 대답하겠는가?

당신만의 사명을 적으라

사명을 적기 전에, 아래 질문에 대답해본다면 도움이 될 것이다. 앞으로 돌아가 '고민하고 토론할 문제'에 대답한 내용을 다시 드문드문 훑어보는 것도 도움이 될 것이다.

1. 나는 무엇을 믿는가?
2. 내가 특별히 잘하는 일은 무엇인가?
3. 내가 열정을 느끼는 일은 무엇인가?
4. 내가 직면하게 될 세계에 필요한 것은 무엇인가? 다른 사람들에게 꼭 필요한 혜택을 줄 수 있는 것을 그곳에 가져가야 한다면 나는 무엇을 가지고 가겠는가?
5. 전반부 내내 내 마음을 끌었던, 내가 정말 관심을 두는 '꼭 소유해야 할 것들'은 무엇인가?
6. 내 이야기와 하나님의 위대한 이야기가 어떻게 연결될 수 있을까?
7. 내 노력으로 바꾸고 싶은 것은 무엇인가?

종이에 당신의 사명을 백 단어 정도의 분량으로 요약해보라. 다 쓴 뒤에는 아래의 질문으로 그것을 비평해보라.

1. 사명이 분명한가?

2. 상자에 들어 있는 것과 일맥상통하는가?
3. 원대한 사명인가? 원하는 결과를 얻을 수 있다면, 헌신할 가치가 있는 일인가?
4. 실천 지향형인가?
5. 내 삶 깊은 곳에 있는 열정을 표출하는가?
6. 나를 나눠 줄 수 있는 일인가?
7. 진정한 또는 진실한 내 모습에 맞는 일인가?

이제 시간을 갖고, 이 장황한 사명을 티셔츠에 새길 정도의 분량인 한두 문장으로 줄여보라.

Chapter 16

통제력 되찾기

일도 여가도 제대로 관리하지 않으면 둘 다 망치기 쉽다.
_미하이 칙센트미하이

대규모 출판사 사장이었던 내 친구가 세계적으로 유명한 선禪의 대가를 찾아간 적이 있다. 친구는 사업이라는 인생의 엄청난 짐을 그 대가 앞에 부려놓았지만 대가가 별다른 반응을 보이지 않자 한동안 잠자코 있었다. 선의 대가는 아름다운 동양식 찻잔에 차를 따르기 시작했고, 차는 찻잔을 넘쳐흘러 돗자리를 적시면서 친구 쪽으로 흘러왔다. 당황한 친구는 그 대가에게 지금 무엇을 하는 거냐고 물었다. 대가가 대답했다. "선생의 삶은 넘치는 찻잔과 같습니다. 새로운 것이 들어올 여유가 없습니다. 더 넣을 게 아니라 퍼내야 합니다."

우리 개개인이 소비해야 할 자본에는 두 종류가 있다. 경제 자본은 일을 해서 버는 돈과 시간을 가리킨다. 이 자본은 대개 생필품과 사치품 소비에 쓰인다. 사회 자본은 나를 키우는 사회에 재투자하거나 소비할 수 있는 시간, 돈, 지식을 가리킨다.

돈을 쓴다고 하면 사람들은 대개 '행복 추구'를 생각하지만, 사회 자본의 기본 개념은 이렇다. 즉, 주님은 우리 개개인에게 일정한 양의 시간, 재능, 재물을 나누어 주시고, 가장 크고 첫째가는 계명인 "네 마음을 다하고 목숨을 다하고 뜻을 다하여 주 너의 하나님을 사랑하라"와 둘째가는 계명인 "네 이웃을 네 자신같이 사랑하라"를 실천하는 데 그것들을 투자하게 하셨다는 것이다(마 22:37, 39).

사회 자본을 투자했을 때의 보상은 축복이다. 당연한 일이다. 가장 진실하고 가장 현실적인 예수님의 가르침은 어쩌면 "주는 것이 받는 것보다 복이 있다"(행 20:35)일 테니까. 토머스 제퍼슨이 미국 독립선언문을 낭독하면서 "삶, 자유, 행복 추구"를 "삶, 자유, 축복 추구"라고 바꿔 말했다면, 선언문이 얼마나 달라졌겠는가!

효과적인 하프타임과 후반전의 주요 목표 하나는 내 역량을 새로 만드는 것, 즉 내 잔의 용량을 늘리는 것이다. 앞의 이야기로 돌아가보자. 당시 내 잔 역시 넘치고 있었다. 나는 시간의 대부분을 되찾아옴으로써 그리고 내 순자산의 상당 부분을 유동성 자금으로 돌려 사회적 목적에 투자함으로써 내 역량을 만들어야 했다. 경제 자본을 사회 자본으로 전환해야 했던 셈이다.

뮤추얼펀드 시장을 경험해본 사람이라면 피터 린치라는 이름이 귀에 익을 것이다. 경제 자본을 사회 자본으로 전환한 훌륭한 본보기가 되는 사람이다. 그는 피델리티 인베스트먼츠의 마젤란펀드에서 자산 구성 책임자로 일하던 13년 동안 2천만 달러의 자본을 무려 140억 달러로 불렸다. 그는 모든 것을 가진 사람이었다. 훌륭한 직장, 훌륭한 가정, 자선사업을 하면서 얻는 큰 만족감. 그러나 마흔여섯이 되면서, 일에 쏟는 시간의 최대한도를 정해 자신의 삶을 확실하게 관리하기로 다짐했다. 린치는 우리 모두에게 닥쳐오고야 마는, '계속 이렇게 살 수는 없다'라는 깨달음을 얻은 것이다. 그에게 크게 문제가 있어서가 아니었다. 문제는커녕 그는 더없이 잘나갔다. 린치는 그 일을 이렇게 설명했다. "제게 그 일은 뜨거운 초콜릿을 얹은 화려한 아이스크림이었어요. 그걸 배가 아프지 않을 때까지 얼마나 많이 먹을 수 있겠어요?"

새로 짠 일정에 따르면 그는 아이들이 학교로 떠난 다음에 출근했다. 그리고 일주일에 나흘만(이틀은 회사 업무를, 이틀은 자선사업 관련 일들을) 일했으며, 월요일은 전적으로 아내의 뜻에 따라 움직였다.

대형 투자사의 최고경영자만이 일하는 방식을 바꿀 수 있는 것은 아니다. 오늘날 우리는 무선통신, 문자메시지, 음성녹음, 전자우편에 둘러싸여 산다. 더 이상 사무실이라는 물리적 공간에 얽매일 필요가 없다는 뜻이다. 밤이든 낮이든 언제 어디서나 어느 누구와도 이야기할 수 있다. 업무 일정을 조정하기가 그 어느 때보다도 쉬워져서 아이들이 원하는 시간에는 집에 있을 수도 있다.

인생 전반부를 살아가는 사람들은 원심력에 희생되기 일쑤다. 삶의 경계에는 우리가 관심을 두어야 하는 중요한 요소들이 있다. 가족, 일, 사회 참여봉사활동 모임, 지역학교 등, 교회, 전문 교육, 여가 생활, 취미 활동 등이 그것이다. 처음에는 그것들에 두루 관심을 쏟겠다고 다짐하지만, 그러려면 점점 더 힘을 내야 한다. 결국 오래지 않아 삶의 경계를 빠르게 회전하게 되고, 자신의 진정한 모습인 중심에서 점점 더 멀어지고 만다. 이때 삶을 통제하는 능력도 모두 상실한다.

후반부는 내 삶의 통제력을 되찾고 지휘권을 확보하는 시기다. 피터 린치가 피델리티 인베스트먼츠 동료들에게, 높은 수익이 빤히 보이는 자금 관리를 더 이상 하지 않겠노라고 말하는 일이 쉬웠겠는가? 그가 결단을 내릴 수 있었던 이유는 업무와 관련된 삶을 통제하지 못하면 조만간 삶의 다른 중요한 영역에서 더 큰 것을 잃게 되리라는 판단 때문이었다.

중심으로 돌아가려면 기어를 저속에 맞추고 천천히 가야 한다. 일단 중심으로 돌아가면, 다시 말해 나는 어떤 사람이며 내 상자에 무엇이 들었는가를 알고 나면, 삶의 주변 것들에는 예전만큼 관심을 두기 어렵다는 것을 인정할 수 있다. 개중에는 덜 중요한 것도 있을 것이다. 어떤 것은 아예 신경을 꺼버려야 할지도 모른다. 그러나 무엇을 남겨두고 무엇을 제쳐두든 간에 핵심은 그러한 결정을 더 이상 다른 사람에게 미루지 않는다는 점이다. 우리는 이제 역량을 만들어내어 중요한 일들을 직접 처리한다.

이 이야기가 과격하거나 정도를 벗어난 말로 들린다면, 우리 세대가 과거와 달리 후반부에서 할 일을 직접 선택하는 호사를 부리고 다음 세대를 위해 경기장을 비워주기 시작한 첫 세대이기 때문이다. 여러분의 부모들도 우리 장인과 크게 다르지 않으리라 생각되는데, 이분은 은퇴할 때까지 국제적인 석유 공급 업체에서 부사장으로 일하셨다. 지위 체계가 분명한 대기업에서 장기 근속자에게 지급하는 의료 혜택이나 퇴직 이후의 수당 등을 받기 위해서라도 끝까지 일을 놓지 않는 게 중요했기 때문이다. 우리 부모 세대의 상당수는 찰스 핸디가 '고용직'employment work이라 부른 일에 종사했다. 어느 정도 규모를 갖춘 회사에서 후한 복리후생 수당을 받으며 일하는 종일 근무직이다.

앞으로는 근무 형태가 사뭇 달라질 것이다. 신문에는 대기업 감원 소식이 끊이지 않는다. 생산직이든 사무직이든 마찬가지다. '기업 축소'니 '적정 규모'니 '기업 재설계'니 하는 말들은 오늘날의 기업 환경을 보여주는 유행어가 되었다. 이런 추세의 긍정적인 면이라면 직장을 떠난 많은 사람들이 이제는 독립적으로 계약을 하며 일하게 되었다는 점인데, 이때 다른 회사와 계약하는 것은 물론이고 전직 고용주와 재계약을 하기도 한다. 독자 중에도 이런 식으로 근무하는 사람이 있겠지만, 이런 조건으로 일하다 보면 후반부에는 상당한 융통성을 발휘할 수 있다. 오늘날 일자리가 늘어나는 곳은 대개 직원이 100명 이하인 기업이며, 특히 20명이 채 안 되는 기업에서 더욱 빠르게 늘고 있다. 피터 드러커는 이처럼 소규모 기업이 증가하는 주요 원인 중 하나가 팀장이 곧 사장이 되어 더 많은 지휘권을 행사할 수 있기 때문이라고 했다.

찰스 핸디는 《비이성의 시대》*The age of unreason*, 21세기북스 역간에서, 앞으로는 사람들이 고정된 직장에서 근무 시간의 절반만 쓰고 나머지 절반은 시간제 근무, 상담, 여러 고용주를 대상으로 하는 한시적 근무 등 그가 '중복직업'portfolio work이라고 부르는 일에 쓸 것이라고 주장했다.[14] 예를 들어 내가 운영하던 케이블 텔레비전 회사는 2년 동안 약 7,200킬로미터에 이르는 케이블을 설치하면서, 방송권을 따내고, 시스템을 설계하고, 케이블을 설치하고, 시청자를 모으고, 시스템을 설치하는 등 거의 모든 일을 소규모 하도급 업체에게 맡겼다.

이런 여러 추세 덕에, 후반부를 의미 있게 보내는 데 필요한 변화를 이끌어내는 일이 누구에게나 가능해지고 있다. 사람들은 다른 어느 때보다도 자유롭게 일을 선택하고, 항상 전속력으로 달려야 하는 업무에서는 손을 뗄 수도 있다.

그러나 후반부를 풍요롭게 보내려면 단지 속도를 늦추거나 달력의 일정을 조절하는 것만으로는 부족하다. 진정한 자아를 규정하는 것들에 집중하는 마음가짐과 내면의 나침반이 필요하다. 심리학자인 미하이 칙센트미하이는 사람들을 행복하게 하는 요소를 25년 동안 추적했다. 그 결과 행복은 거저 생기지 않는다는 것을 알게 됐다. 돈이나 권력 또는 물질적 소유와도 관련이 없었다. 부자와 가난한 자, 강자와 약자가 모두 행복을 누린다는 사실이 그 증거다. 미하이 칙센트미하이는 이렇게 말한다.

> 내적 경험을 다스리는 사람은 자신의 삶의 질을 결정할 수 있을 것이며, 이렇게 되면 누구든 행복에 바짝 다가갈 수 있다.[15]

칙센트미하이가 그리스도인인지 아닌지 나로서는 알 길이 없지만, 기독교의 믿음은 그의 연구 결과를 뒷받침한다. 주님은 우리에게 아이들처럼 살고(걱정 없이 살라), 지나치게 근심하지 말고(욕구와 재물의 지배를 받지 말라), 여러 주인에게 지배를 받지 말라고 가르쳤다. 바울은 로마 교회에 보낸 편지에서, 충만한 삶을 살려면 내적 자아를 다스리는 일이 얼마나 중요한지 설명한다.

> 육신을 따르는 자는 육신의 일을, 영을 따르는 자는 영의 일을

생각하나니 육신의 생각은 사망이요 영의 생각은 생명과 평안이니라(롬 8:5-6).

그런데 어이없게도 교회가 바로 그런 주인 행세를 하고, 전반부를 사는 많은 사람이 대책 없이 교회의 하인처럼 산다. 그리스도의 이름으로 남을 위해 봉사하면서 느껴야 하는 희열은 실종됐다. 우리가 교회에서 하는 많은 활동이 의무감에서 나오기 때문이며, 우리의 핵심 가치가 되는 능력과는 거리가 먼 일을 하기 때문이다. 그리고 전반부를 사는 사람들이 자신이 누구이며, 자신이 진정으로 즐기는 일이 무엇인지, 그리고 가장 달갑지 않은 일이라도 자신의 핵심 가치와 관련된 일이라면 그것이 얼마나 자유롭고 짜릿한 경험이 될 수 있는지 파악하지 못했기 때문이기도 하다. 대다수 사람들에게 교회 일은 뜨거운 초콜릿을 얹은 화려한 아이스크림이 아니라 어렸을 때 어머니가 만들어주시던, 먹어야 한다고 해서 먹던 브로콜리와 시금치가 들어간 요리와 같다.

일단 일생을 걸 만한 사명을 발견했다면 선의에서 우러난 교회 사역을 다시 조절할 수 있는 좋은 위치에 선 셈이다. 이를테면 "주말에 믿음을 증거하러" 교회에 마지못해 나가기보다는 차라리 골프장이나 체육관을 가거나 직장 동료들과 점심을 먹으면서 내 믿음이 자연스럽게 빛을 내며 드러나도록 할 수도 있을 것이다. 이런 식으로 통제력을 되찾는다면, 하나님을 섬기고, 좋아하는 카드놀이를 하고, 마음이 맞는 사람들과 밤을 즐기는 일을 한꺼번에 할 수 있다.

어떤 교회는 사람들의 열정과 재능을 조화롭게 엮어내는데, 이런 교회를 보면 무척이나 반갑다. 베스트셀러 《미국인의 사고와 관습》*Habits of the Heart*, 나남 역간의 공동 저자인 로버트 벨라는 이를 "중재 기관"[16]의 기능이라고 말한다. 많은 교회가 '자원봉사 인력개발 책임자'나 '중재 부서'를 두고, 사람들이 자신의 최대 장점을 살려 교회의 사역에 활력을 불어넣을 방법을 찾도록 도와준다. 예를 들어 캘리포니아 오렌지카운티에 있는 마리너스 교회는 5천 명이 넘는 성도를 교회 주변 지역에 꾸준히 내보내 봉사활동을 하도록 한다. 시카고 교외에 있는 윌로크릭 교회는 '네트워크'라는 프로그램을 개발해, 사람들이 자신만의 특성을 발견하고 그 특성에 맞는 자원봉사를 할 수 있도록 지원한다. 현재 전국적으로 많은 교회가 이 프로그램을 책자로 발간하거나 실제로 활용하고 있다. 캘리포니아 미션비에호에 있는 새들백 교회는 사람들이 자신의 '참모습'S.H.A.P.E.을 찾도록 지원하는데, 그 참모습이란 다음과 같다.

은사 **S**piritual gifts

마음, 열정 **H**eart, passions

능력 **A**bilities

개성 **P**ersonality

경험, '노하우'Experience, "know-how"

후반부에 들어선 그리스도인들이 인생을 걸고 자신의 사명을 실현하게 하려면, 점점 더 많은 교회가 이런 방법으로 성도들의 참여를 유도해야 할 것이다. 내가 사역하고 있는 조직 중 하나인 리더십 네트워크는 교회에서 활동하는 자원봉사 인력 개발 책임자들을 대상으로 5일짜리 훈련 프로그램인 '지도력 훈련 네트워크'를 개발했다. 우리는 나중에 이 프로그램을 처음 개발한 수 맬로리에게 넘겼다. 이 프로그램은 현재 교회자원봉사자협회Church Volunteer Association에서 사용하고 있다. 약 1만 개의 교회가 참여하여, 자원봉사 지도자 협회로는 가장 규모가 큰 곳이다.

현실적 문제들

통제력 되찾기를 말로만 이야기하는 것과 실제로 실천하는 것은 완전히 별개의 문제다. 삶을 새로운 시각으로 바라보게 되었다 해도 오래된 습관만큼은 좀처럼 사라지지 않는 탓이다. 내가 삶을 직접 관리하기 위해 했던 일을 몇 가지 적어보겠다.

직장에서도, 놀 때도, 가정에서도 일을 위임하라. 혼자서 모든 일을 할 수는 없으며, 하려고 해서도 안 된다. 후반부에서도 원래 하던 일을 계속하되 일하는 속도를 절반으로 줄이려는 사람들이 특히 유의할 점이다. 일을 더 열심히 하기보다 더 영리하게 하라.

가장 잘하는 일만 남기고 나머지는 손을 떼라. 나는 어떤 일을 머릿속으로 생각하기를 좋아하는 반면에 그 일을 직접 실행하는 데는 흥미를 덜 느끼는 편이다. 물론 실행할 수 있고, 실제로도 실행해왔다. 하지만 이제는 둘 다 하려 들지 않는다. 여러분도 강점을 살려서 거기에 집중하라.

"아니요"라고 말할 때를 분별하라. 성공한 사람일수록 도와달라는 요청을 많이 받는다. 하고 싶지 않거나 할 시간이 없는 일을 다른 사람의 설득에 끌려 억지로 하지 말라. 억지로 하면 그 일은 지겨운 일이 되고 만다. 내가 실현하고 싶은 것은 내 사명이지, 타인의 사명이 아니다.

한도를 정하라. 하루에 약속을 평균 네 개 정도 잡는다면, 두세 개로 줄이라. 일이 끝나고도 보통 한 시간 정도 사무실을 지키고 있다면, 정시에 퇴근하라. 일 년에 출장을 12차례 떠난다면, 6~8차례로 줄이라. 시간을 사명에, 핵심 가치에 재배치하라.

사적인 시간을 달력에 기록하여 지키라. 나는 하루를 천천히 시작하라는 켄 블랜차드의 조언을 좋아한다. 일정한 시간을 정해 그 시간을 조용히 보낸다면 삶의 통제력을 유지하기가 훨씬 쉬워진다. 그 시간에는 기도도 하고 성경도 읽어야 하지만 그것만으로는 부족하다. 온전한 침묵의 시간을 갖고, 삶이 균형을 이루고 있는지 의식적으로 점검하라. 내게는 이 과정이 삶을 직접 관리하는 데 있어서 가장 중요한 일이다.

좋아하는 사람들과 일하라. 데이튼 허드슨에서 회계를 담당하다 몇 년 전에 일을 그만둔 내 친구 캐럴 에머리치는 이렇게 말한다. "같이 있으면 좋은 사람들을 전부 찾아서 다 함께 할 수 있는 유익한 일을 찾고 싶네. 인생 후반부에는 삶에서 활력을 빼앗는 사람이 아니라 활력을 더하는 사람들과 함께 일했으면 좋겠군."

시간표를 만들라. 사명은 중요하며, 따라서 내 주의와 관심이 필요하다. 후반부의 꿈을 시간표에 적지 않으면, 이루지 못한 희망사항으로 끝나버릴 공산이 크다.

규모를 줄이라. 소로는 월든 호수 오두막으로 집을 옮기고부터 삶에서 비본질적인 것들에는 마음을 비우게 되었다. 배, 별장, 두 번째 또는 세 번째 차, 골프장 회원권을 손에 넣으려고 소비했던 그 모든 시간과 힘을 생각해보라. 이런 것들은 그 자체로 나쁘다고 할 수 없을 뿐 아니라 삶에 어느 정도 재미를 더하는 것들이지만, 어느새 삶을 지배하는 주인이 되어버린다. 내가 아는 사람 중에 배를 소유한 사람들은 대개 본전 생각에 배를 사용해야 한다는 강박관념에 사로잡힌다. 또 어떤 사람은 골프를 유별나게 좋아하지는 않으면서도 회원권을 샀다는 이유로 네 시간씩이나 골프장에서 시간을 보낸다. 이런 것들이 삶의 통제력을 되찾는 데 방해가 된다면 과감히 없애버리라.

놀 줄도 알라. 정도를 넘어서지 않는 한도에서, 삶의 주도권이 내 손에 있다는 점을 인식하며 놀라. 주중에 일을 빼먹고 야구 경기를 볼 수도 있고, 교회 모임에 참석하지 않고 배우자와 영화를 볼 수도 있다. 이런 행동은 삶의 주도권을 쥔 사람이 누구인가를 상기시켜준다. 놀이는 후반부의 중요한 활동이 되어야 한다. 소비하는 시간의 양보다는 중요도에서 그렇다.

수화기를 내려놓으라. 정말로 내려놓지는 않더라도(적어도 온종일 그렇게 할 수는 없더라도) 우아하게 숨는 법을 터득하라. 나도 누군가에게 전화를 걸었을 때 녹음된 음성을 듣는다면 그다지 반갑지는 않겠지만, 나부터도 자동응답 없이는 살 수 없을 것 같다. 자동응답의 녹음 기능은 내가 이야기하고 싶은 대상 그리고 시간을 내 스스로 통제하게 해준다. 휴대전화는 필요할 때 전화를 걸고는 다시 전화를 꺼둔 채 근사한 침묵에 빠질 수 있다는 점에서 대단히 훌륭한 장치다. 24시간 대기해야 하는 뇌수술 전문의가 아니고서야, 내가 어디 있는지를 사람들에게 늘 알릴 필요가 없지 않은가.

그 외에도 피터 드러커의 놀라운 조언 덕에 아래의 세 가지 기본 원칙을 배울 수 있었다. 리더십 네트워크를 이끄는 지침이자 내게는 삶의 통제력을 유지하는 힘이 되어주는 원칙이다.

건강함과 강인함을 갖추라. 힘없는 자들을 돕는 박애주의와는 언뜻 정반대의 느낌을 주는 개념이다. 그러나 의존하는 삶보다는 자립하는 삶을 추구하라.

내가 하고자 하는 일에 흔쾌히 동의하는 사람과만 함께 일하라. 내게 주어진 시간은 무한하지 않다. 마음이 없는 사람을 설득해 일을 하려면 그 반대의 사람을 설득하거나 아예 직접 일을 할 때보다 힘이 네 배나 많이 든다.

큰 변화가 일어날 일을 하라. 취미가 아니라 사명과 관련된 이야기다. 고작 약간의 변화만을 이끌어낼 일에 시간과 힘을 온통 쏟아부을 이유가 없지 않은가. 목표는 높게 잡을 것!

단지 바라기만 한다면 후반부에서 새로운 일을 할 수 없다. 그 일을 해낼 역량을 스스로 만들어야 한다. 시간과 힘을 지나치게 많이 소비하는 활동에 끌려 다닌다면, 이루지 못한 꿈과 욕구 때문에 두고두고 괴롭기 마련이다. 지금은 낯선 땅에 있으며, 익숙해지려면 어느 정도 연습이 필요하다는 사실도 알아야 한다. 그러다 보면 결국에는 내 삶의 통제력을 되찾을 방법도 발견할 것이다.

고민하고 토론할 문제

1. 해야 할 일이 너무 많다고 느낀 적은 없는가? 당신의 삶이 좋은 것들로 넘쳐나지만 그것들이 오히려 당신의 사명에 집중하는 데 방해가 되지는 않는가?

2. 심리학자 미하이 칙센트미하이는 이렇게 말한다. "내적 경험을 다스리는 사람은 자신의 삶의 질을 결정할 수 있을 것이다." 당신이 다스릴 수 있는 내적 경험은 무엇인가?

3. 신앙은 당신의 행동에 어떤 영향을 미치는가? 신앙 때문에 하지 않은 일이 많은가, 신앙 때문에 실천한 일이 많은가? 그것과 관련해 바꾸고 싶은 것이 있는가? 있다면 무엇인가?

4. '하프타임' 사역팀은 온라인 프로그램을 개발해, 사람들의 시간을 재정리해주고 여유와 능력을 찾아주어 후반부 사명을 추구하도록 돕는다. www.halftime.org를 방문해 '자원'(Resources) 카테고리를 자세히 살펴보라.

5. 삶에 재미를 부여하는 것은 삶을 잘 마무리하는 데 중요한 요소다. 재미를 위해 즐겨 하는 일 세 가지를 말해보라. 당신의 시간에서 약 몇 퍼센트를 그 일에 쏟는가? 그 정도면 넉넉한가, 너무 적은가, 딱 알맞은가?

Chapter 17

건전한 개인주의

그러므로 우리는 지음 받은 본연의 모습대로 살아가야 합니다.
시기심이나 교만한 마음을 품고서 다른 사람들과 자신을 비교해서는 안 됩니다.
자기가 아닌 다른 무엇이 되려고 애쓰지 마십시오. _롬 12:6(메시지성경)

삶을 예수 그리스도와 교회에 바치는 것은 개인주의의 이상과 특성에 상반된다고 굳게 믿는 사람이 꽤 많다는 것을 나도 잘 안다. 이들은 그리스도인과 교회에 다니는 사람들을 맹목적 순응자로, 나아가 생각이 없는 사람쯤으로 생각한다. Chapter 16에서 내가 자신의 삶을 관리하고 스스로 주인이 되라고 했을 때 독자 중에는 마음이 불편한 사람도 있었을 것이다. 그리스도인이라면 그리스도께 복종하는 행위는 곧 "자기를 버리는" 행위라고 배웠기 때문이다.

이런 생각은 잘못된 길로 빠질 수 있는 위험한 발상이다. 교회는 개인주의를 확대하고 격려하고 지지하고 보완한다. 개개인은 하나의 공동체를 형성하는데, 이 공동체는 우리의 강점이 필요하며 우리의 약점은 공동체의 다른 구성원이 지닌 재능으로 보완된다. 나약하고 무기력한 제자의 모습은 성경에서도 지지받지 못한다. 바울은 디모데에게 '강인하라'고 주문한다.

> 그러므로 내가 나의 안수함으로 네 속에 있는 하나님의 은사를 다시 불일 듯하게 하기 위하여 너로 생각하게 하노니 하나님이 우리에게 주신 것은 두려워하는 마음이 아니요 오직 능력과 사랑과 절제하는 마음이니(딤후 1:6-7).

바울이 디모데에게 제시하는 모습은 곤경을 참아내는 군인의 모습이며, 훈련하는 운동선수의 모습이고, 열심히 일하는 농부의 모습이다. 모두가 억세고 남성다운 개인의 모습이다.

개인주의에 눈살을 찌푸리는 사람은 성경에 나오는 이야기를 절반밖에 이해하지 못하는 사람이다. 기독교에서는 좋은 의도로, 인간은 타락한 존재라고 말하지만(그리고 성경에도 그렇게 나오지만) 그 이야기만 따로 떼어 받아들이면 곤란하다. 하나님을 받아들이기 전에는 '놀라운 은혜'가 절실히 필요하지만, 일단 하나님의 은혜를 받아 새사람이 되면 자신을 통제할 뿐 아니라 사랑할 줄도 아는, 새롭고 아름답고 가치 있는 생명체가 된다.

그토록 많은 그리스도인이 맹목적 순응자라는 딱지를 순순히 받아들이는 이유는 우리 사회에 건전하지 못한 개인주의가 만연한 탓이다. 이러한 개인주의는 베이비붐 세대의 병적인 개인주의와 오늘날 포스트모더니즘 세대의 자기중심적이고 모순적인 개인주의에서 특히 두드러진다. 이런 종류의 개인주의는 (비단 특정 세대에 국한되지는 않는다) 이기적 고립, 따돌림, 탐욕, 냉담, 범죄 등으로 이어진다. 나를 버리라는 예수님의 말씀은 이처럼 '나부터'를 내세우는 병적인 자기숭배를 버리라는 뜻이지, 하나님께서 우리에게 주신 유일한 창조물인 자아를 버리라는 뜻이 아니라고 나는 믿는다.

작은 자아와 큰 자아

인생 전반부가 불행한 이유는 대개 자아에 집착하기 때문이다. 그러나 후반부에서는 자신에게서 자유로워진다. 전반부의 자아가 작은 자아라면 후반부의 자아는 큰 자아다. 전반부의 자아는 안으로 휘감아 들어가면서 자아를 더욱 단단하게 감싼다. 후반부의 자아는 밖으로 휘돌아 나가면서 단단히 감겨 무력해진 용수철 상태에서 벗어난다.

작은 자아 안에는 오로지 자신뿐이다. 이 경우 대개는 타인에게서 멀어지면서 외롭고 병적인 개인주의로 빠져든다. 큰 자아는 초월적인 것들로 이루어지기 때문에 완전하다. 자신을 초월하는 큰 자아에는 다리가 달려서, 멀리 가기도 하고 경기에서 완주를 하기도 한다.

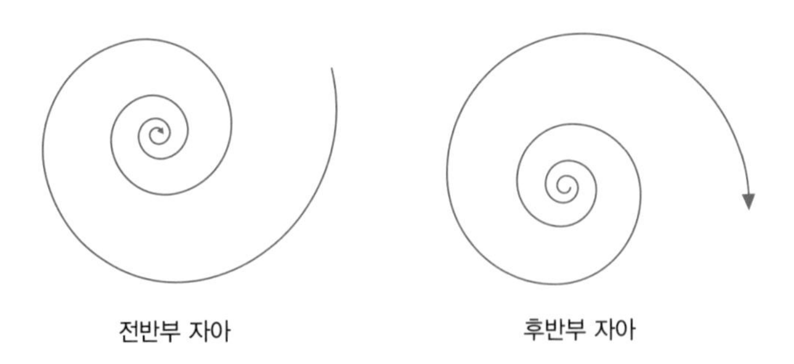

우리는 성경에서 작은 자아의 예를 많이 발견할 수 있다. 어리석은 부자 이야기도 그중 하나다. 크게 성공한 이 남자는 더 많은 재물을 쌓아둘 더 큰 창고를 지어야 했다(내가 보기에 이 남자는 전형적인 전반부 야심가로, 값비싼 분할 토지에 집을 짓고 살지만 집은 장난감을 죄다 집어넣기에도 비좁다). 그러나 예수님께서는 이 남자를 어리석은 자라고 부르며 이렇게 말씀하셨다. "오늘 밤에 네 영혼을 도로 찾으리니 그러면 네 준비한 것이 누구의 것이 되겠느냐"(눅 12:20). 그리고 이렇게 덧붙이셨다. "자기를 위하여 재물을 쌓아두고 하나님께 대하여 부요하지 못한 자가 이와 같으니라"(눅 12:21).

성경은 더 큰 자아의 모습으로 가득하다. 자신과 자신의 사명을 잘 알기에, 형제를 위해 자신의 삶을 내려놓는 사람이다. 선한 사마리아인을 보라. 유별나게 행동한다는 오명을 큰 자아로 극복했다. 세례 요한은 어떠한가? 이 사람이야말로 자신의 방식대로 행동한 사람이며, 신념을 굽히지 않다가 결국 그 대가를 치르지 않았는가? 그리고 가난한 과부를 기억하는가? 자신이 진정 누구인지 알고 자기 상자에 무엇이 들었는지를 알았기에 자신이 가진 전부를 내놓았다.

자신의 작은 자아와 큰 자아의 차이를 구별할 줄 아는 독자 역시 좋은 예가 될 수 있다. 예수님께서 자신을 따르면 대가를 치를 것이라고 말씀하셨을 때, 그 말에는 더 큰 것을 얻기 위해 지금 당장의 자아, 곧 작은 자아를 희생하라는 뜻이 담겨 있었다. 다시 말하면, 똘똘 뭉친 이기심을 버리고 더 크고 더 좋은 것을 얻는다는 뜻이다. 사람은 자신보다 더 큰 명분을 위해 희생할 때 가장 위대하고, 가장 숭고하고, 가장 가치 있는 존재가 된다.

크고 조화로운 전체를 위하여

우리 창조자는 인간 개개인을 불완전한 존재로 설계하셨다. 우리는 의존적 상태인 어린아이에서 독립적 개체인 청소년과 성인으로 자란다. 그러나 독립도 좋지만, 그것이 마지막 단계는 아니다. 우리는 독립을 넘어서 상호의존 단계에 도달해야 한다. 의미 있는 일은, 그 어떤 것도 혼자 힘으로는 해낼 수 없다는 사실을 이해하고 받아들이는 단계다.

사도 바울은 고린도 교회에 보내는 편지에서, 몸을 비유로 들어 이 사실을 훌륭하게 표현한다.

> 몸은 하나인데 많은 지체가 있고 몸의 지체가 많으나 한 몸임과 같이 그리스도도 그러하니라 … 만일 발이 이르되 나는 손이 아니니 몸에 붙지 아니하였다 할지라도 이로써 몸에 붙지 아니한 것이 아니요 또 귀가 이르되 나는 눈이 아니니 몸에 붙지 아니하였다 할지라도 이로써 몸에 붙지 아니한 것이 아니니 만일 온몸이 눈이면 듣는 곳은 어디며 온몸이 듣는 곳이면 냄새 맡는 곳은 어디냐 그러나 이제 하나님이 그 원하시는 대로 지체를 각각 몸에 두셨으니 만일 다 한 지체뿐이면 몸은 어디냐 이제 지체는 많으나 몸은 하나라 눈이 손더러 내가 너를 쓸 데가 없다 하거나 또는 머리가 발더러 내가 너를 쓸 데가 없다 하지 못하리라(고전 12:12, 15-21).

내가 그동안 혼자서 해낸 것들을 가만히 생각해보면 가치 있는 것은 단 하나도 없었다. 성경에 나오는 개인주의는 눈이나 발처럼, 더 크고 조화로운 전체의 일부로 움직이는 부분들의 상호작용을 말한다. 반면에 우리 사회에 팽배한 개인주의는 이기주의에 가까운 인생 전반부의 개인주의이며, 거의 대부분 개인적 이익에 초점을 맞춘다. 후반부의 개인주의는 비슷한 견해를 가진 다른 사람들과 협력한다는 장점을 가지고 있다. 나는 내 힘과 타고난 재능에다 다른 사람의 힘을 보태야 일을 완성할 수 있다는 사실을 오래전에 깨달았다.

이타적 이기주의

몇 년 전, 스트레스 분야의 세계적 권위자인 한스 셀리에의 이야기를 들을 특별한 기회가 있었다. 캐나다에서 온 미생물학자인 셀리에는 언뜻 정반대처럼 들리는 말을 합성해 '이타적 이기주의'라는 신조어를 만들었다. 그의 설명에 따르면, 그리고 그의 탁월한 저서 《일상의 스트레스》*The Stress of Life*에서 내가 배운 바에 따르면, 이타적 이기주의는 다른 사람을 돕는 것이 곧 나를 돕는 것이라는, 성경에서 따온 말에 지나지 않는다.[17] 셀리에는 이웃에게서 좋은 평가를 받는 사람은 이기적이고 탐욕스럽다는 평가를 받는 사람보다 심리적으로나 신체적으로나 훨씬 더 건강하다는 사실을 발견했다.

셀리에는 이웃에게 좋은 평가를 받는 최선의 방법은 "무엇을 도와드릴까요?"라고 직접적 또는 간접적으로 묻는 것이라고 했다. 그런 다음, 가능하면 그것을 실천한다. 나로서는 설명할 길이 없지만 어쨌거나 그 방법은 내게도 통했다. 내가 무엇을 도와주면 좋겠느냐고 물었을 때 사람들이 나를 이용했던 적은 한 번도 없었던 걸로 기억한다. 이용하기는커녕 사람들은 좀처럼 듣기 힘든 질문을 들었다는 사실에 그리고 경계심이라고는 찾아볼 수 없는 내 태도에 깜짝 놀랐다. 물음을 던진 뒤 나는 실제로 도움이 될 만한 일을 했고, 그 일에는 돈이나 많은 시간이 들지 않았다.

기독교계의 오랜 지도자이자 작가인 프레드 스미스는 여러 해 전에, 그리스도인이 되는 것은 반사작용을 배우는 것과 관련이 있다고 말한 적이 있다. 그리스도인들은 일단 의무감으로 행동부터 하고 그 뒤에 그 행동에 익숙해진다는 뜻이다. "제가 도와드릴 일이 있습니까?"라고 묻고 그것을 실행에 옮기는 것은 의무라고 나는 처음부터 그렇게 배웠다. 그 뒤 훈련을 거듭하면서 그것은 반사적 행동이 되어버렸다.

예전에 미식축구 팀인 캔자스시티치프스에서 최고의 라인백 선수로 활동하다가 사업가로 변신한 제리 메이스와 함께 소그룹 활동에 참여한 적이 있었다. 제리는 암으로 몸이 쇠약해지는 가운데서도 놀라운 용기와 위엄을 보여준 '온화한 거인'이었다. 하루는 그에게 내가 갖고 있던 양과 십자가 조각을 보낸 적이 있다. 바티칸 소장품을 복제한 작은 조각이었다. 그러자 그는 답례로 내가 이제까지 받은 편지 가운데 가장 감동적이고 힘이 나는 편지를 보내왔다. 편지에서 그는 내 행동에서 그리스도와 비슷한 점을 보았다고 했다. 그리고 하늘나라에 가면 내 아들 로스를 만나보겠노라고 약속했다. 그 조각이 제리의 삶에 약간의 기쁨을 준 것이 분명했지만, 내가 그의 편지를 읽으면서 느낀 내면의 기쁨은 말로 표현할 수 없을 정도였다. 주는 것은 받는 것보다 더 큰 축복이 분명했다.

갈수록 불어나게 마련인 이 같은 '이웃 사랑'은 눈에 보이는 현실적 이익을 가져다주기도 한다. 가톨릭 잡지인 〈리구오리안〉Liguorian에 실린 어느 연구 결과를 보자.

> 의료계는 "주는 것이 받는 것보다 복이 있다"(행 20:35)라는 예수의 오래전 가르침을 입증할 과학적 증거를 찾고 있다. 언뜻 모순처럼 보이는 이 말은 그리스도의 눈으로 볼 때만이 그 의미가 드러난다. 과학자들은 이 모순의 진실을 밝히는 데 그치지 않고, 남을 돕다 보면 자신의 건강도 좋아진다고 주장한다. … 미시간 대학이 실시한 연구에서, 정기적으로 자원봉사를 하는 사람은 삶에 대한 열정이 전반적으로 높아지고 평균 수명도 늘어나는 것으로 밝혀졌다. 노화에 관한 연구도 비슷한 결론에 도달했다. … 스트레스를 연구하는 일리노이 대학 연구팀은 타인과 유대감을 느끼는 사람은 더 침착하고 덜 긴장한다는 사실을 알아냈다. … 남에게 주는 행위는 이해나 공감으로 나타나기도 하고 연민이나 봉사활동으로 나타나기도 하는 등 다양한 형태를 띤다. 그러나 어떤 형태든 핵심은 똑같다. 곧, 나를 주는 것은 사랑을 주는 것이며, 타인에게 나눠 줄 때 몇 배로 커지는 선물로는 사랑이 유일하다는 사실이다.

심적 고통에 시달리는 사람들에게는 봉사활동이나 남에게 친절을 베푸는 행위가 일종의 '처방전'이 될 수 있다는 이야기를 읽은 적이 있다. 그런 행위가 자신의 문제를 딛고 일어서는 데 도움이 되기 때문이다.

그 처방의 효과는 내가 잘 안다. 로스를 잃고 몇 주 동안 내게 아스피린 포장지 뒷면에 적힌 약속처럼 "일시적 증상 호조"를 가져다준 유일한 것은 다른 사람을 정신적으로 돕는 일이었으니까. 다른 사람을 돕기 위해 내 일에서 벗어났더니 기분이 한결 좋아졌다. 인생 후반부에서 명분과 사명을 갖는 것이 왜 중요한지 보여주는 사례이기도 하다. 명분이나 사명은 내 감정 체계를 유인해 나를 늘 바쁘게 할 뿐 아니라, 더 큰 자아로 들어가는 문을 여는 열쇠가 되기도 한다.

더 나은 후반부를 살아가는 비결 하나는 자아 사랑을 제대로 이해하는 것이다. 전반부에서의 성공은 내부로 향한다는 점에서 외롭다. 그 성공은 후반부에서 나를, 내 재능을, 내 소질을, 내 자원을 '퍼낼 때' 비로소 진정한 의미를 가진다. 후반부의 본궤도에 올랐다면 자신에게 주목하라.

다음은 개인주의를 구별하는 데 도움이 될 몇 가지 기준이다.

건전한 개인주의	건전하지 못한 개인주의
팀의 일원이 된다.	거만하고 독단적이다.
하나님과 함께한다 (부를 하나님께 돌린다).	하나님과 함께하지 않는다.

강점을 살려 일한다.	약점을 벗어나지 않는다.
잘못을 고백할 줄 안다.	부끄러움과 죄의식에 빠져 있다.
자아실현과 지역사회를 고민한다.	거듭되는 성공=심화되는 고립=관심 밖으로 밀려나는 지역사회

고민하고 토론할 문제

1. 저자의 말에 따르면, 그리스도께 대한 복종을 "자기를 버리는" 행위라고 가르치는 것은 옳지 않으며, 교회는 개인주의를 확대하고 격려하고 지지하고 보완해야 한다. 그 말에 동의하는가, 동의하지 않는가? 개인주의가 어떤 면에서 긍정적인 사고방식인가? 또 어떤 면에서 문제가 될 수 있는가?

2. 작은 자아와 큰 자아의 차이가 무엇이라고 생각하는가? 당신의 전반부는 어떤 면에서 작은 자아에 초점이 맞춰져 있었는가? 당신은 큰 자아를 위해 어떻게 작은 자아를 희생할 수 있겠는가?

3. 당신은 후반부 사명을 실천하면서 큰 자아를 어떻게 드러낼 것인가?

4. 저자는 이타적 이기주의를 남을 위해 그리고 나 자신을 위해 남을 돕는 행위라고 정의한다. 타인의 이익을 위해 어렵고 도전적인 일을 했지만 그 덕분에 당신도 개인적으로 이익을 본 경험이 있는가?

5. 성공이 어떻게 고립과 고독으로 이어질 수 있는가?

6. 건전한 개인주의와 건전하지 못한 개인주의를 구별하는 기준을 생각해보라(앞의 표 참조). 그 기준 목록을 읽어보면 어느 쪽이 개선되어야 할 것 같은가? 당신의 삶을 그렇게 개선하려면 어떤 변화가 필요한가?

Chapter 18

평생학습

지혜가 제일이니 지혜를 얻으라.
_잠 4:7(《포브스》 뒷면에 여러 해째 매달 인용)

나는 학교를 졸업한 뒤에야 비로소 진정한 학생이 되었다. 아마도 우리 대부분이 그렇지 않을까 싶다. 고등학교와 대학교를 다닐 때는 학생이 아니라 고객이었다. 교육은 목적을 위한 수단이어서, 우리에게 조합원증을 나누어 주고 생산적 삶이라는 작업장에서 일하게 했다. 공공기관에서는 아이들에게 학교에 다녀야 대학을 가거나 좋은 직장을 얻을 수 있다고 선전한다. 삶의 의미를 배우거나 고전문학을 이해하는 깊은 안목을 얻기 위해 학교에 다녀야 한다는 선전은 들어본 적이 없다.

교육 체계를 비난하는 말은 아니다. 교육은 전반부를 준비하게 한다. 일하는 법, 직업을 갖는 법, 성공하는 법을 교육 기관이 가르쳐야 한다고 우리는 말한다. 실제로도 대개 그렇다. 교육은 우리를 생산적인 인간으로 만들어놓는다. 우리도 그 이상은 바라지 않다가 하프타임에 들어가서야 비로소 교육을 받을 때 삶이 더 풍요로워지고 학습을 멈추면 삶이 여유가 없어진다는 걸 깨닫기 시작한다.

내 친구는 비행기에서 만난 한 남자의 이야기를 들려주었다. 그는 14년 동안 대학을 다녔는데 그가 대학을 오래 다닌 이유는 '생애 마지막 교육'이라는 생각에 학위를 여러 개 따려는 목적도 아니고, 직업과 관련한 연수 프로그램에 참여할 목적도 아니었다. 다니던 회사에서 다른 공장으로 파견된 이 남자는 고등학교를 졸업한 뒤로 줄곧 용접공으로 일했다. 그는 여러 해 동안 다양한 크기의 강철 통을 용접하면서 자신의 일에 자부심을 느꼈다. 그러다가 지역 신문에 난 대학 광고를 보게 되었는데, 그곳에는 앞으로 몇 주 안에 곧 시작할 여러 과목이 적혀 있었다. 그는 야외에 나가는 것을 좋아해서 생물을 신청했고, 이내 생물에 매료되었다. 이후 그는 영어 외에 다른 언어를 두 가지나 더 할 줄 알게 되었고, 영어에서는 학사 학위에 준하는 학위를 땄다. 물리, 음악, 종교, 역사 수업도 들었다. 그러면서도 여전히 용접 일을 계속한다.

비실용적인 호사를 누리는 사람이라고 쉽게 깎아내릴 수도 있겠지만, 이 남자의 이야기는 내 흥미를 끌었다. 학습이 왜 꼭 실용적이어야 하는가? 학위 취득에 필요한 필수과목이라거나 독일에서 사업을 해야 한다는 이유가 아니라 단지 독일어나 프랑스어를 말하고 읽고 싶다는 이유로 그 언어들을 배우면 왜 안 되는가? 이 남자는 고등학교를 졸업한 뒤로 이제까지 발견하지 못한 배움의 즐거움을 뒤늦게 발견했다. 그리고 멋진 지식의 세계에 발을 들여놓으면서 후반부 인생을 시작했다.

후반부 학습의 힘

후반부에서도 학습을 멈추지 말아야 하는 분명한 이유가 있다. 그것은 변화에 긍정적이고 생산적으로 대응하게 하는 학습의 기능 때문인데, 그렇다면 후반부야말로 다른 어느 때보다도 학습이 필요한 때다. 가령 나는 짧은 인생 동안 큰 변화를 지켜보았는데, 소수 인종이 버스의 뒷자리에만 앉아야 하는 차별대우를 받다가 대학 입학 등에서 일정한 분량을 의무적으로 할당받는 다문화정책의 혜택을 받게 된 것도 그중 하나다. 학습하지 않는 사람이라면 적응하기 힘든 상황 변화다.

나는 전문 직종을 일곱 가지나 거쳤고, 현재 내가 활동하고 있는 전략적 중개인이라는 영역도 끊임없이 넓어지고 있다. 따라서 체계적이거나 지속적인 학습 없이는 사명을 수행하기가 불가능하다.

후반부에서도 계속 배워야 하는 또 다른 이유는 전문적인 지식을 '고쳐 배우기' 위해서다. 전반부를 사는 사람들은 대개 자기만의 특화된 영역에서 해당 언어와 기술을 훈련한다. 그러다 보니 회계사는 조세법에는 훤하지만 경영 이론에 대해서는 아는 바가 거의 없다. 신경외과 전문의는 수술용 메스에서 레이저나 핵 검사에 이르기까지 모르는 게 없겠지만, 총상을 치료하려면 쩔쩔맬지도 모른다. 후반부의 사명은 으레 좀 더 포괄적이게 마련이라서, 좀 더 넓은 영역에서 두루 훈련받을 필요가 있다.

늘 새로운 정보에 민감해야 하는 대단히 현실적인 이유도 있다. 노인성 치매(알츠하이머병과 혼동하지 않기 바란다)는 내가 듣기로 더 이상 노화에 따른 어쩔 수 없는 현상으로 간주되지 않는다. 대부분의 노인의학 전문가들은 정신적 이상 증세에 관해서 "사용하지 않으면 퇴화한다"는 이론에 손을 든다. 나는 60대에 가까워지면서 정신 활동을 거의 하지 않는 사람들을 많이 본다. 나는 그런 일이 일어나기를 원치 않을 뿐더러 일어날 일도 없을 것이다. 80대 중반이 된 피터 드러커와도 함께 일했고, 피터 드러커 비영리경영재단 설립 초기에 유쾌하고 발랄한 프랜시스 허셀바인과도 함께 일하다 보니, '은퇴 연령'이 지나고도 여러 해 동안 힘차고, 활기 넘치고, 생산적인 시기를 보낼 수 있다는 걸 직접 확인하게 되었다.

그러나 정신 활동을 활발하게 유지하는 가장 큰 이유는 아마도 신약에서 예수님이 귀신을 내쫓는 대목을 설명하는 누가복음 11장 24-26절을 멋대로 해석한 덕분일 것이다.

> 더러운 귀신이 사람에게서 나갔을 때에 물 없는 곳으로 다니며 쉬기를 구하되 얻지 못하고 이에 이르되 내가 나온 내 집으로 돌아가리라 하고 가서 보니 그 집이 청소되고 수리되었거늘 이에 가서 저보다 더 악한 귀신 일곱을 데리고 들어가서 거하니 그 사람의 나중 형편이 전보다 더 심하게 되느니라.

내 생각에 이 이야기의 핵심 주제는 '비어 있음'이며, 머릿속을 비워두면 후반부의 사명과는 동떨어진 것들이 들어찰 수 있다고 말한다 해도 결코 과장이 아니라고 생각한다. 어쨌거나 우리 머릿속은 어떤 식으로든 채워지기 마련이다. 내가 만약 토크쇼, 드라마, 스포츠연예신문 따위를 습관적으로 계속 보았다면 지금쯤 어떤 사람이 되었을까, 생각하면 진저리가 난다. 이런 이유만으로도 우리는 유익하고 건전한 것을 부지런히 배워, 품위를 해칠 수 있는 것에 빠지지 않도록 정신세계를 단속해야 한다. 내가 성경공부를 평생 학습의 좋은 예로 생각하는 이유 또한 그것이다. "쓰레기를 넣으면 쓰레기가 나온다"라는 말이 옳다면, 그 반대 역시 옳을 것이다.

후반부 사명과 밀접한 분야를 학습하라

모든 사람에게 적용되는 후반부 교육과정을 짜기란 불가능한 일이다. 그러나 이때 내가 통상적으로 적용하는 원칙이 하나 있다. 우리는 자기에게 꼭 필요하고 실천할 의지가 있는 것들만 진정으로 배울 뿐이며, 나머지는 오락거리이거나 시간 때우기용에 불과하다는 원칙이다. 다시 말하면, 우리가 공부하는 주제가 어떤 식으로든 내 후반부 사명에 중요한 기능을 할 때만이 배움의 효과가 극대화된다.

그렇다면 앞에서 이야기한 용접공은 그가 배운 지식을 어딘가에 활용했을 수도 있지만 어쨌거나 일단은 단지 재미로 공부를 한 셈이다. 그것이 잘못되었다는 이야기는 절대 아니다. 배움의 기쁨 자체가 목적인 사람도 있으니까. 그저 재미있다는 이유로 의미 없는 일도 하는 마당에 스페인어 수강신청을 한다는 건 언뜻 보기에도 꽤 훌륭하다. 그러나 분명하든 어렴풋하든 마음속에 특정한 목적을 정해두지 않고 학습한다면, 나중에는 학습을 단순한 오락거리로 바라보기 쉽다. 나는 사명 이행에 도움이 되는 일에 집중하되, 그런 일에 해당하는 일이 무엇인지 늘 창조적이고 자유롭게 생각하라고 권하고 싶다.

예를 들어 나는 미술을 공부한다. 그다지 비싸지 않은 미술책을 사서 거기에 실린 중요한 그림을 오려, 아침저녁으로 옷을 입을 때마다 볼 수 있도록 벽장 코르크판에 핀으로 붙여 놓는다. 기회 있을 때마다 박물관이나 미술관도 둘러보고, 집에는 소박한 작품 몇 점도 사 두었다. 미술 공부와 기독교 사역 사이에 무슨 관련이 있느냐는 질문을 받는다면, 뭐라고 대답할지 몰라 쩔쩔매다가 기껏해야 영감을 주는 미술의 힘을 믿는다고 대답할 것이다. 수 세기 전에 어느 일본 학자가 말했다. "위대한 예술은 사물의 영혼을 포착한다." 나는 그림을 볼 때, 그 작품의 아름다움이나 힘이나 감성에 감동받는다. 그리고 나와 세계에 대해, 인간이 처한 상황에 대해 무언가를 배운다. 내게는 그 정도면 미술을 평생 학습의 목표로 '인정'하기에 충분한 요건이 된다.

내가 하는 일이 대개는 이런저런 조직을 드나드는 일이다 보니 경영, 관리, 지도력, 기타 그와 관련한 분야의 세미나, 공동연수회, 대토론회, 학습 프로그램에 참여하기도 한다. 마찬가지로 여러분의 후반부 학습 프로그램에도 여러분의 사명과 관련해 '직접 해볼 수 있는' 공식적, 비공식적 학습이 포함되어야 한다. 가령 변호사 중에 법률사무소 일을 줄이고 도시 선교 사역에서 일종의 무료 상담을 하고 싶은 사람이 있다면, 비영리 분야의 법적 문제를 처리해주면서 관련 분야의 흐름을 파악하는 것도 좋은 방법일 것이다. 그런가 하면 공립학교 교사를 하다가 조기 퇴직 특별수당을 받고 물러난 뒤에, 동네 교회에서 학습지도반을 만들라는 부르심을 느낀 사람도 있을 것이다. 그렇다면 활동을 보조할 지원자를 모집해야 할 텐데, 이때 가까운 곳에 있는 사역 단체에 가서 그곳 책임자와 상담을 하면서 자원봉사의 역동성을 배우는 것도 좋을 것이다.

사람들이 후반부로 옮겨가 자신의 사명을 실천할 때 흔히 저지르는 실수는 단순히 좋은 의도만 가지고 출발한다는 점이다. 그러다가 어느 순간에 별다른 진전이 보이지 않아 낙담을 하게 되는데, 그 원인이 단순히 꿈을 실현하는 데 필요한 지식과 정보를 충분히 습득하지 않았기 때문일 수도 있다.

후반부 학습의 다양한 경로

후반부에서 마주치는 모든 일이 사실은 일종의 학습이다. 학습은 새로운 것을 발견하려는 태도이기 때문이다. 내가 접하는 모든 것이 배움의 기회가 될 수 있으니, 배움을 정형화하려는 생각에 지나치게 얽매이지 말라. 배움의 경로는 매우 다양하다. 그중에서 나와 다른 사람들이 경험한 유익한 학습 도구를 몇 가지 적어볼까 한다.

정식 교육과정. 앞서 언급한 용접공도 본보기로 삼기에 나쁜 예는 아니다. 나도 이따금씩 마음이 끌리거나 내 사명을 실천하는 데 유용한 것들을 공부할 목적으로 수강 신청을 한다. 체계적 프로그램을 갖춘 학문 접근법은 그 나름의 분명한 장점이 있으며, 40대에 학교에 다닐 경우 경쟁의 압박감이 없다는 장점도 있다. 이미 직업도 있으니, 학점을 잘 받으려고 기를 쓰기보다는 뭔가를 배우는 데 더 공을 들이게 된다. 물론 그러다 보면 대개는 학점을 잘 받게 마련이지만. 원하면 청강을 하면서 아예 학점에 신경을 쓰지 않을 수도 있다.

경청하기와 질문하기. 아마도 내가 가장 지속적으로 애용하는 학습법일 것이다. 나는 일단 질문한다. 더러 질문할 필요가 없을 때는 주위 사람들의 이야기를 듣기만 한다. 출장을 자주 다니는 사람이라면 비행기에서 얼마나 많은 것을 배울 수 있는지 그리고 인맥을 형성하기가 얼마나 쉬운지도 잘 알 것이다.

대안 매체와 국제적인 매체. 모든 매체는 그 매체만의 견해가 있다. 전통적 매체(주요 텔레비전 방송, 주요 일간지, 뉴스 잡지)로만 뉴스를 접하다 보면 편향된 시각을 갖기 쉽다. 잘못된 시각이라기보다는 한쪽으로 치우친 시각이다. 정형화된 매체 외에 전문 잡지나 케이블 또는 위성 방송을 보충해보고, 인터넷에 올라오는 수많은 견해와 자료를 접하라. 이들 매체에 전적으로 찬성하지는 않더라도, 배움의 수단으로 삼을 수는 있지 않겠는가?

책. 실화도 좋고 허구도 좋다. 게걸스럽고 폭넓게 책을 읽으라. 기독교 서적도, 비기독교 서적도 읽으라. 독서모임을 만들어 내가 읽은 책을 다른 사람들은 어떻게 생각하는지 들어보라. 나는 봄, 가을마다 평생학습 동료들과 함께 고전문학 수업에 참여한다.

소리책과 전자책. 아마도 내 인생 전반부부터 이어온 방식일 텐데, 나는 지금도 옷을 갈아입으면서, 차를 몰면서, 운동을 하면서 많은 책을 '읽는다'. 그리고 장비들이 갈수록 편리하게 발달하면서, 인터넷에서 전자책을 내려받는 일도 제법 유용한 방법이 되었다. 유명 대학 교수의 강의를 녹음해 다양한 매체로 판매하는 회사인 티칭컴퍼니Teaching Company는 최고의 대학 강사들을 확보해 '인기강사 시리즈'를 만들었다. 많은 출판사가 글을 낭독해 녹음한 소리책을 판매하며, 소리책 코너는 온라인과 오프라인 서점 모두에서 점점 확대되는 추세다.

대토론회. 잘 운영되는 토론회는 대학 강의보다 더 나을 수도 있다. 토론회의 여러 수업 가운데 참석하지 못하는 수업이 있다면 해당 수업의 녹음 파일을 찾아 들으라. 토론회에서 나눠 주는 인쇄물도 참고 자료로 챙겨두자.

인터뷰하기. 나는 사람들에게 접근해 인터뷰를 요청하는 일이 의외로 무척 쉬워서 놀라곤 한다. 사람들은 상대가 기자만 아니라면 몇 분 정도는 기꺼이 응해준다. 단, 반드시 미리 준비하고, 허락받은 시간을 과도하게 넘기지 말라. 전화 두 통이면 세상 누구와도 만날 수 있다고 흔히들 이야기하는데, 맞는 이야기다.

여행. 대단히 훌륭한 교육 중 하나가 바로 여행이다. 아내 린다와 나는 앞으로 일 년에 적어도 한 번은 여행을 하면서 세계 다른 지역을 깊이 공부할 생각이다. 인생 후반부에 접어든 사람들 사이에서는 '목적이 있는 휴가'가 새로운 유행으로 떠오르고 있다. 여행은 지리, 종교, 정치, 인류, 예술, 음악을 한데 묶은 유익한 학습 도구다.

텔레비전. 텔레비전을 학습 도구로 추천할 사람은 방송국 관계자뿐이려니 생각할 사람도 있겠지만, 나는 텔레비전이 아주 좋은 학습 도구가 될 수 있다고 진심으로 믿는다. 요즘 시청자들은 평균 200개가 넘는 채널을 하루 24시간 일주일 내내 시청할 수 있다. 나는 100시간 분량의 프로그램 장면을 갈무리하거나 저장할 수 있는 디지털비디오 녹화기가 있어서, 뉴스와 스포츠를 제외하고는 프로그램을 생방송으로 보는 일이 거의 없다. 나는 원하는 내용만 원하는 시간에 시청한다.

학습 모임. 베스트셀러 저자이자 MIT 교수인 피터 센게는 이렇게 말한다. "현대 조직에서 학습의 기본 단위는 개인이 아닌 팀이다."[18] 하나님은 인간을 설계하면서 교만을 통제하는 인자를 심어놓으신 모양이다. 우리는 다른 영역에서와 마찬가지로 배움에서도 서로에게 의존한다. 나는 어떤 문제를 한동안 혼자 고심한 뒤에는 늘 다른 사람들과 주고받기식 대화가 필요하다는 생각이 든다. 그림조각 맞추기에서 적절한 조각을 찾는 방법과도 같다.

인터넷. 인터넷은 학습의 거대한 정보원이 될 수 있으며, 인터넷에 정통한 사람이라면 손가락 끝에서 유용한 정보를 찾아낼 수 있다. 단, 쉽게 접할 수 있는 정보원에서 수많은 정보를 얻을 때면 언제나 신뢰성과 진실성이 문제 될 수 있다는 점을 주의하자. 인터넷에 떠도는 정보가 늘 진실은 아니라는 이야기다.

제도권 교육의 심각한 폐해 하나는 배움에 대한 아이들의 태도에 변화가 일어난다는 점이다. 학교에서 교육을 받다 보면 어느 순간, 배움에 대한 아이다운 열의가 지식 습득에 대한 거부감으로 변질되기 시작한다. 불가피한 일일지도 모른다. 그러나 배움을 향한 짜릿한 흥분은 얼마든지 되찾아올 수 있다고 생각한다.

후반부에서 배움에 열광하는 사람들은 아직도 모르는 게 있다는 사실을 거리낌 없이 인정하고 더 배우고 싶은 욕구를 당당하게 드러낸다. 결국 '전문가'라는 말은 지식의 깊이를 나타내기보다 직함이나 꼬리표에 가깝다는 뜻이기도 하다. 후반부에 오면, 정통하지 않은 분야에서는 스스로 비전문가임을 겸허히 인정할 줄 알아야 한다.

고민하고 토론할 문제

1 대학교 학부과정에서 배운 것과 현재 당신이 하는 일에서 배운 것이 어떤 관련이 있는지 설명해보라.

2 사회생활을 시작한 이후로 당신이 체험한 가장 뛰어난 학습은 무엇이었는가? 직업 외에, 개인적 성장과 발전을 위해 새로운 것을 학습하는 데 얼마나 많은 시간을 쓰고 있는가?

3 당신의 후반부 사명을 고려할 때, 앞으로 닥칠 도전에 대비해 무엇을 새로 배워야 하겠는가? 적어도 세 가지를 나열해보고, 그 분야에서 어떻게 '자기 훈련'을 할지 설명해보라.

4 본문에 나열된 "후반부 학습의 다양한 경로"를 다시 살펴보라. 이 가운데 당신에게 가장 잘 맞는 방법은 무엇인가? 또 진정한 학습 방법이 아니라고 생각하거나 경험해보지 못한 방법은 무엇인가? 그 이유는 무엇인가?

5 후반부 사명을 실천하기 위해 새로운 것을 배워야 할지도 모른다는 사실에 엄두가 나지 않는가, 아니면 다소 흥분되는가? 그 이유는 무엇인가?

Chapter 19

외적 현실을 받아들이라

모든 결과는 외부에 나타난다. 내부에는 단지 비용과 노력이 있을 뿐이다.
_피터 드러커

후반부를 사는 사람은 바순 연주자와 아주 비슷하다.

생각해보라. 바순 연주자는 관현악단을 벗어나면 그다지 두드러진 활동을 하지 않는다. 트럼펫이나 바이올린, 피아노를 연주하는 사람은 독주회도 할 수 있지만, 바순 연주자는 대개 그렇지 못하다. 이제까지 작곡된 몇 안 되는 바순 독주곡도 관현악이나 합주에서 연주될 목적으로 쓰인 곡이다. 바순 연주자가 이런 현실을 인정하지 않는다면 좌절감에 빠져 아예 연주를 그만두거나 바순 독주회를 열어 대중의 관심을 끌어내려 할 것이다. 다행히도 바순 연주자들은 대부분 자신의 운명을 받아들이고, 바순만의 독특한 저음을 소화해 오랜 세월 청중에게 훌륭한 음악을 선사해왔다.

이 비유는 후반부를 살아가는 사람들에게 두 가지 중요한 사실을 암시한다. 첫째, 우리는 팀의 일원으로도 얼마든지 훌륭히 활동할 수 있다. 둘째, 우리가 바꿀 수 없는 것, 영원히 더불어 살아야 할 것과 평화롭게 공존하려면 외부 상황을 존중해야 한다.

나는 케이블 텔레비전 사업을 하면서 임원들과 월례 평가를 할 때 평가 시간의 25퍼센트를 규제 변화, 특정 제안에 대한 고객 반응의 변화, 문화 변화, 신기술, 인구 분포 변화와 같은 외부 상황을 점검하는 데 할애했다. 임원들은 이러한 외부 환경을 바꿀 방법을 찾는 데 시간을 허비하지 않았다. 바꿀 수 없다는 걸 알기 때문이다. 외부 상황은 조직에 기회가 될 수도 있고 위협이 될 수도 있지만, 한 가지만은 분명했다. 그것과 늘 함께 가야 한다는 사실이다.

전반전을 뛸 때는 깨닫지 못하는 사실이다. 풍차는 우리가 돌진하기 위해 존재하고, 우리는 돌진해야만 한다. 전반부에서는 외부 상황에 접근하는 방식이 대개 무모한 공격 아니면 부정이다. 그러나 야심과 완고함 사이에는 약간의 차이가 있다. 우리가 하프타임에 들어선 계기 하나는, 내 통제력을 벗어난 외부 상황을 끊임없이 머리로 들이받아봤자 아무런 진척도 거둘 수 없다는 걸 깨달았기 때문이다.

후반부에서는 외부 상황을 인정할 뿐 아니라 존중하는 법을 배우게 되는데, 그래야만 그것을 기회로 바꿀 창조적인 길을 찾을 수 있기 때문이다. 가장 훌륭한 예가 소프트웨어 제조업체인 마이크로소프트다. 몇 년 전만 해도 사람들은 너나없이 컴퓨터라는 금광에 매달렸고, 하루아침에 수많은 회사가 우후죽순으로 생겨나 컴퓨터를 만들기 시작했다. 그리고 이들 중 상당수가 큰돈을 벌었다. 상황을 주시하던 빌 게이츠는 IBM이 거대한 고층건물처럼 우뚝 솟아오르는 광경을 목격했다. 그리고 IBM이 끝까지 최강자로 남으리라는 생각이 들었다. 그가 인정하고 존중해야 하는 외부 상황이었다. 그는 작은 창을 들고 거대한 풍차로 돌진하기보다는 방향을 바꾸는 쪽을 택했다. 그 뒤의 상황은 흔히 이야기하듯 위대한 역사가 되었다. 기업 가치가 IBM의 10분의 1에 불과하던 회사가 어느 날 그 거대 기업을 넘어서리라고 그 누가 상상이나 했을까? 빌 게이츠가 하드웨어를 생산해 IBM과 경쟁하려 했다면 결과는 어떠했을까?

때로는 외부 상황이 나를 먹어치울 것처럼 느껴질 때도 있다. 내게도 그런 일이 일어날 뻔한 순간이 있었다. 내 능력을 벗어나고 내가 편히 일할 수 있는 범위를 벗어난 분야에 뛰어드는 모험을 감행했던 순간이었다. 함께 사업을 하던 사람이 케이블 텔레비전과 경쟁하기 위해 우리도 무슨 수를 써야 한다는 생각에, 약간 외설적인 프로그램을 만들자고 나를 압박하기 시작했다. 실제로는 약간이 아니라 노골적인 수준이었다. 나는 심한 정신적 압박에 시달렸다. 외설 프로그램 따위는 전혀 만들고 싶지 않았기 때문이다. 게다가 거의 쓰러질 위기에 처한 사업을 운영해야 하는 압박감까지 더해지던 때였다. 외설 프로그램을 방송한다면 시청자도 더 끌어오고 한없이 아쉬운 수입도 마련할 수 있겠지만, 나는 반대했다. 그리고 그 결정으로 우리는 더욱 극심한 재정적 압박에 시달렸다.

그런 가운데에도 나는 주일학교 교사만큼은 그만두지 않았다. 당시 고린도전서 13장을 수업하고 있었는데, 솔직히 고백하자면, 그때 나는 사랑을 묘사한 그 유명한 구절에 동조할 기분이 아니었다. 그런데 그런 내 기분이 겉으로 드러났는지, 수업이 끝나고 한 남자가 내게 다가와 말했다. "선생님께서 지금 막 설명하신 그 기분을 제가 마지막으로 느낀 때가 한국에서 전투기를 조종하던 시절이었어요. 선생님은 혹시 자신에게 맞지 않는 일을 하고 있다고 생각하시나요?"

그의 말이 100퍼센트 옳았다. 이제 외적 현실을 인정해야 했다. 나는 그 사업에 맞는 사람이 아니었다. 사업을 계속하면서 죽는 날까지 발버둥 칠 수도 있겠지만, 결코 현실은 바뀌지 않을 것이다. 결국 1982년 2월 12일에 하던 일을 그만두었고, 그날로 인생 후반부가 시작되었다. 엄청난 모험이었지만, 올바른 선택이었다.

규칙을 지켜야 경기에서 승리한다

규제가 없는 삶은 없다. 운동경기를 선택할 수는 있지만, 경기 규칙을 선택할 수는 없는 법이다.

테니스를 할 때는 선 바깥에서 서브를 하고 사이드라인 안쪽으로 공이 떨어지게 해야 한다. 농구 코트 안에서는 공을 손에 쥔 채 뛰지 말고 드리블을 하면서 뛰어야 한다. 간단히 말해, 일단 경기를 선택했으면 경기 규칙을 따라야 한다는 이야기다. 좋든 싫든, 내 행동은 규칙에 지배받는다. 규칙을 따라야 승리할 확률도 높아진다. 규칙을 여러 차례 어기면 경기를 끝내지 못하는 수도 있다.

전반부를 사는 사람 중에 "규칙은 깨라고 있는 거야"라고 말하는 사람도 분명 있을 것이다. 사다리를 올라갈 때는 계단 하나를 건너뛰면 빠르게 갈 수 있다는 유혹을 받기 마련이다. 그리고 권위에 순종하는 사람을 겁쟁이로 여기는 사람 또한 많을 것이다. 연령이 낮을수록 자동차 보험료가 올라가는 이유는 젊은 사람일수록 교통법규의 권위를 존중하지 않기 때문이다. 이들은 높은 속도로 달리고 위험을 무릅쓰면서, 자신은 권위 따위에 개의치 않는다고 스스로를 속이는 경향이 있다. 전반부를 사는 사람들이 대개는 그런 식이다. 권위에 노골적으로 반감을 드러내는 경우는 드물어도, 상당수가 "난로에 손대지 말 것"이라는 경고 문구를 보면 권위에 도전하고 싶은 마음이 들기 때문이다.

전반부 사람들이 느끼는 문제는 먹고살려면 어쩔 수 없이 일을 해야 한다는 것이다. 지금 하는 일을 좋아하지 않을 수도 있고, 상사를 존경하지 않을 수도 있으며, 회사 운영 방식에 동의하지 않을 수도 있다. 그러나 자리에서 일어나 훌쩍 떠나버릴 수는 없다. 적어도 그게 쉽지는 않다. 집세는 누가 내고 먹을거리는 누가 산단 말인가? 마음에 안 들어도 기본적으로 고용주의 권위를 인정하지 않을 수 없다. 후반부에 오면 전반적으로 융통성이 늘어난다. 내 삶에서 누구에게 그리고 무엇에게 권위를 쥐여줄지 합리적으로 선택하기가 더 쉬워진다. 그러나 권위를 완전히 무시하고 살 수는 없다. 가령 내 상자에 하나님이 들어 있다면, 구태여 밝히지 않아도 하나님의 권위를 인정하겠다고 말한 셈이다.

복음과 관련한 흥미로운 진리는 그리스도의 권위를 인정할수록 더 자유로워진다는 점이다. 내게 후반부가 그토록 매력적인 이유도 바로 여기에 있다. 내가 본 20대의 많은 젊은 남녀가 직장생활의 고단함, 결혼생활의 어려움, 결코 바뀌지 않을 여러 외부 상황에서 벗어나려고 안간힘을 썼다. 나라면 그런 식으로 살지 않을 테고, 이들 역시 그렇게 살고 싶지 않을 것이다. 불쾌지수가 점점 높아지면서 이들은 하프타임의 질문을 던지기 시작한다. 그리고 상자에 누가 있는지 알고 나면, 그동안 안간힘을 쓴 것이 다 괜한 일이었음을 깨닫는다. 십자가의 길은 역사상 가장 위대하고 가장 달콤한 역설을 보여준다. 진정으로 자유를 원한다면 하나님의 권위에 복종하라!

이 말이 실없는 소리나 지나치게 '종교적인' 말로 들리지 않았으면 한다. 그리스도께 전적으로 의지한 사람도 불공정한 상사, 따분한 직장, 말썽 부리는 아이들, 불행한 결혼생활 같은 숱한 삶의 문제에 부딪힌다는 사실을 나도 인정한다. 그리고 "무조건 주께 의지하라"는 식의 쉽게 내뱉는 조언은 나 역시 별로 좋아하지 않는다. 그러나 한 가지 분명히 말해두고 싶은 게 있다. 일단 전반부의 일들을 해결하고 상자에 하나님을 넣겠다고 결심하면, 그때부터는 더 많은 은총과 자유를 누리며 삶의 여러 문제를 인정하면서 살게 된다. 그 문제들은 사라지지 않는다. 적어도 일시적으로는 그렇다. 하지만 이제 그것들을 더욱 능숙하게 다룰 줄 알고, 거기서 배움을 얻고, 나아가 그것을 자신의 사명을 완수하는 기회로 바꿔놓을 수 있다.

아들을 잃었을 때 나는 독실한 그리스도인이었다. 이미 하나님을 상자에 넣어두었고, 내 인생에서 다른 누구보다도 하나님께 가장 충실하겠다는 사명을 실천하기 시작한 때였다. 하지만 그 어느 것도 참담한 외적 현실을 막지 못했다. 사나운 물살은 수영에 능숙한 청년을 그대로 집어삼켰다. 감당하기 힘든 상황이었고, 솔직히 말해 신앙이 없었다면 나는 지금 이 자리에 있지 못했을 것이다.

자연계라는 외적 현실과 초자연계의 권위를 존중하라. 그러면 후반부에서 큰 발전을 이루고 그만한 보상을 받을 것이다.

고민하고 토론할 문제

1 현재 당신이 바꿀 수 없는 '외적 현실'은 무엇인가?

2 좋은 아이디어가 떠올랐지만 '외적 현실'이 방해가 됐던 순간을 생각해보라. 예를 들어 상사가 퇴짜를 놓았거나, 돈이 없었거나, 당신의 전문 영역 혹은 안락한 삶에서 너무 많이 벗어나야 했거나. 그러한 장벽에 어떻게 대응했는가? 거기서 무엇을 배웠는가? 당신의 삶에서 결코 바뀌지 않을 외부 상황을 어떻게 기회로 바꿀 수 있었는가?

3 저자는 "규제가 없는 삶은 없다"라고 했다. 이 말에 동의하는가? 후반부 사명을 수행할 때 당신이 인정해야 할 권위나 규칙은 무엇이겠는가?

4 성경은 그리스도의 권위에 복종할수록 더 큰 자유를 누린다고 가르친다. 어떻게 그것이 가능할까? 당신 삶에서도 그러했는가? 설명해보라.

5 이제까지 경험한 일 가운데 가장 부당했던 일은 무엇이었는지 이야기해보라. 그 부당함에 어떻게 대응했는가? 그때 자신에 대해 무엇을 배웠는가? 하나님에 대해서는 무엇을 배웠는가? 부당하다 싶은 일이 일어나도 그것들과 더불어 살아가는 은총과 자유를 어떤 식으로 발견하는가?

Chapter 20

전력을 다해 뛰라

너와 네 자손이 살기 위하여 생명을 택하고 네 하나님 여호와를 사랑하고 그의 말씀을 청종하며 또 그를 의지하라 그는 네 생명이시요 네 장수이시니 여호와께서 네 조상 아브라함과 이삭과 야곱에게 주리라고 맹세하신 땅에 네가 거주하리라. _신 30:19-20

여기 여러분이 달가워하지 않을 법한 비밀이 하나 있다. 전반부에서 나와 후반부로 들어가기가 쉬운 일이 아니라는 점이다. 한 주 만에, 또는 한 달 만에, 또는 일 년 만에 되는 일이 아니다. 그리고 전반부와 후반부의 경계가 불분명할 때도 많다.

그렇다고 해서 경기에서 열심히 뛰다 말면 곤란하다. 사람들에게 내 이야기를 들려줄 때면 언제나 한 가지 걱정이 앞선다. 그저 정석을 따르기만 하면 모든 일이 잘 풀린다는 뜻이려니, 생각하는 사람이 있지 않을까 해서다. 이들은 정석이 통하지 않을 경우 실망감에 빠져 하나뿐인 자신의 곡선에서 내리막으로 접어들고 말 사람들이다. 내가 쓴《하프타임》시리즈들은 당신이 경기를 지속하는 데 유용한 자료가 될 것이다. 수년 동안 하프타임 여정에 오른 사람들을 만나면서 그들과 주고받은 조언과 격려를 바탕으로 쓴 책들이다.

나는 여러 해 동안 하프타임에서 과도기를 보냈지만, 그때도 열심히 경기에 참여했다. 그리고 그 과정에서 어느 정도는 즐거움을 맛보기도 했다. 더러는 시작부터 잘못되어 처음으로 되돌아가 지진 실험이나 저비용 탐사를 해야 하는 사람도 있을 것이다. 앞에서도 언급했다시피, 중요한 점은 예전 곡선이 완전히 끝나기 전에 새로운 곡선을 시작하는 것이다.

내 친구 중에 전반부와 후반부에 양다리를 걸친 친구가 있다. 세계적인 부동산 자산평가사를 운영하는 친구다. 부동산 업계가 주기적인 침체에 빠져 순자산이 감소하자 그는 전반적인 조직 정비를 단행해 회사를 자산평가사에서 용역 회사로 바꿔 놓았다. 그런 다음 새로운 경영진을 구성해놓고, 자신은 정치 활동과 시민 활동에 개입하면서 많은 병행경력을 쌓아갔다. 그는 대학에서는 운영위원으로, 교회에서는 교사로 활발하게 활동 중이다. 언젠가는 지금의 병행경력에 더 집중하면서 사업을 다른 사람에게 넘길 계획이다. 하지만 아직은 아니다. 현재 그는 전반부에 살면서, 회사 운영에 전력 질주한다. 또 하프타임에 살면서, 삶을 주의 깊게 살피고 상자에 무엇을 넣을지 고민한다. 그런가 하면 후반부에 살면서, 자신의 재능을 더 숭고한 명분에 사용하고 삶을 재정비하는 데 힘쓴다. 아마도 한동안은 계속 세 군데 동시에 발을 디딘 채, 열심히 뛰며 경기를 즐길 것이다.

후반전은 경기의 일부일 뿐임을 명심하라. 우리는 처음부터 끝까지 전 경기를 뛰어야 한다.

나는 삶에서 무엇을 희생했느냐는 질문을 받곤 한다. 대답하기 어려운 질문이다. 사람들이 원하는 것들을 거의 다 가졌기 때문이다. 활기찬 결혼생활, 하고 싶은 일을 할 수 있는 충분한 시간, 잘나가는 기업을 매각해서 얻은 재정적 안정. 이런 것들을 위해 포기해야 했던 것은 '나만의 것을 하기 위한' 많은 시간이었다. 다시 말하면 나는 삶의 상당 부분을 'J구역'의 양옆에서 보내면서, 거래가 성사되기를 기다리며 초조해하거나 사업의 기본 혹은 영적 훈련의 기본을 견디며 권태를 느꼈다.

기업 운영을 점검하는 자리에서 관리자들에게 "자유롭게 말하기" 시간을 주고, 나는 가만히 이야기를 경청했던 시간도 헤아릴 수 없이 많다. 물론 가장 듣기 좋은 소식은 언제나 가장 덜 자극적인 소식이다. 이를테면 "모든 일이 잘되고 있어요"처럼. 예전에는 하루에 15분씩 일부러 시간을 내어 아들 로스의 이야기에 귀를 기울이곤 했었다. 경청의 기술을 총동원해 신경을 집중하고 로스의 생각 열차를 따라갔다. 짧다면 짧은 시간이지만, 퇴근한 뒤의 15분은 마치 영원과도 같았다. 이때는 머릿속이 온통 '중요한' 것들로 뒤죽박죽이라 인간적인 대화는 잠시 접어둔 채 쉬고 싶은 시간이었다.

토머스 머튼은 우리에게 꼭 필요한 것은 모두 삶에 이미 들어 있다고 했다. 그리고 그것을 "감춰진 완전함"이라 불렀다. 그 말은 내 바깥에 있는 것을 애써 찾아다니며 나를 채우려 할 필요가 없다는 뜻이다. 전반부에서 우리 대부분이 그런 식으로 살지만, 나중에는 돈, 명성, 물질적 소유, 경험 따위로는 결코 나를 채우지 못한다는 것을 깨닫는다. 우리가 후반부에 어떤 사람이 되느냐는 전반부에 무엇을 투자했느냐에 달렸다. 돌연 하늘에서 뚝 떨어지는 것은 없다.

내가 만약 그리스도께 전적으로 긍정적인 화답만 보냈다면 나는 전혀 다른 사람이 되었으리라는 생각이 들곤 한다. 삶의 방식을 급격히 바꿔, 제3세계에서 에이즈 환자들과 함께 전에는 한 번도 즐기지 않은 일을 하면서 살았을지도 모른다. 그런 종류의 사명을 부여받고 그 일을 할 준비가 되었다고 느끼는 사람들을 얕보는 게 아니라, 나는 단지 그런 사람이 아니었다는 뜻이다. 하나님께서는 왜 나를 기업을 이끌고, 새로운 일을 고안하고, 팀을 이끌고, 관리하고, 지도하는 사람으로 만들어서, 그런 것들이 내 사명과 완벽하게 통합되지 못하는 곳에 나를 데려다놓으셨는지 나도 알 길이 없다. 하지만 하나님께서는 당신이 직접 만드신 것을 헛되이 쓰지 않는다는 사실에 나는 안심했다. 전반부의 나와 지금의 나는 단지 다른 장소에 있을 뿐 결국은 같은 사람이다. 여러분도 마찬가지다.

하나님께서는 우리를 만들고 몇 걸음 물러나 말씀하셨다. "아주 훌륭하군!" 그리고 우리 영혼에 그분과 연결되고 싶어 하는 욕망을 심어놓고, 그것을 실천할 방법도 넣어주셨다. 우리가 전반전에서 뛰든, 하프타임에 있든, 아니면 후반전에서 뛰든, 하나님께서 우리에게 바라는 것은 우리 모습 그대로, 하나님께서 우리에게 부여한 재능을 이용해 그분께 헌신하는 것이다.

고민하고 토론할 문제

1 의미 있는 삶이라는 그럴듯한 생각은 이내 고역과 희생으로 변한다. 그러다 보니 사역을 '취미 삼아' 하면서 큰 희생을 감수하지 않으려는 유혹을 받기도 한다. 한쪽 발은 전반부에, 한쪽 발은 후반부에 들여놓는 식이다. 전반부와 후반부에 계속 양다리를 걸치는 행위를 어떻게 피하겠는가?

2 저자는 하프타임에서 후반부로 옮겨가려면 시간도 오래 걸리고 시작부터 그르칠 수도 있다고 경고한다. 그런 일을 이미 경험한 적이 있는가? 그럴 가능성을 미리 안다면 그것을 대비하는 데 어떻게 도움이 되겠는가?

3 후반부로 옮겨가는 과정에서, 전반부와 하프타임과 후반부, 세 영역에 동시에 속할 수도 있을까?

4 후반부의 장점은 자신의 진정한 모습에 다가간다는 것이다. 전반부가 어떤 식으로 당신에게 진정성을 부여했는가? 아니면 진정성을 되찾는 데 어떤 식으로 방해가 되었는가? 후반부에서는 어떤 식으로 당신을 격려하면서 진정한 자아에 다가가겠는가?

5 당신의 특징 가운데 스스로 자부심을 느끼지만 전반부에서 제대로 빛나지 않은 것을 적어도 한 가지 꼽아보라. 그 특징이 당신의 후반부를 이끄는 원동력이 되려면 어떻게 해야 하는가?

Chapter 21

재정 상태가 발목을 잡는다면

사람은 떡으로만 살 수 없다는 말을 흔히 듣곤 한다. 재정 상태와 상관없이 중년에 가까워지면서 현재 하는 일이 성에 차지 않기 시작한다. 그 불만족에 주의를 기울이라. 그것은 애초에 설계된 내 본연의 모습으로 돌아가려는 영혼의 갈망이다. _**본문 중에서**

하프타임과 관련해 사람들이 흔히 묻는 질문 하나는 돈과 관련된 것이다. "부자가 되어야만 후반부를 의미 있게 보낼 수 있나요?" 워낙 많이 받는 질문이라 부록의 "자주 묻는 질문"에도 실어놓았다. '돈 문제'가 여러 사람에게 장벽이 되는 탓에, 이 문제를 따로 짚어보면서 오해를 풀어야 할 것 같다.

우선 간단히 대답하면, 부자들만 생산적이고 의미 있는 후반부를 즐길 수 있는 것은 아니다. 하프타임에서 관건은 돈이 아니라 내면의 목소리에 반응하는 것이다. 경제적 수준에 상관없이 사람은 궁극적으로 직업, 돈벌이, 안정된 생활, 기타 다양한 성공을 추구하는 것에서 벗어나 좀 더 다른 일에 삶을 투자해야 한다고 느끼게 마련이다. 나는 이런 감정이 우리 모두에게 보편적으로 존재한다고 생각하며, 직업이나 수입에 상관없이 누구든 이 욕구를 충족할 방법을 찾아 삶을 바꾸고 후대에 유산을 남길 수 있다고 믿는다.

예를 들어 캐시 브라운은 사업상의 여러 난관과 알코올 중독을 극복하고, 알코올에 중독된 아이들을 대상으로 '무지개 뜨는 날' 사역을 시작했다. 대학을 나와 곧바로 텍사스에 있는 뱅크오브아메리카에 취직한 리사 트레비노커민스는 상사를 설득해 도심 빈민 지역 이웃들을 지원했다. 이 일은 마침내 조지 W. 부시 당시 대통령에게까지 알려져 '신앙에 기초한 지역 발전 사업'을 추진하는 계기가 되었다. 모두 결코 부자가 아닌 사람들이 후반부 사명을 실천하는 흥미진진한 이야기가 아닌가!

후반부에서 어떤 식으로 자신을 투자할지 결정할 때 돈이 많으면 선택의 폭이 넓어지고 자유로워지는 것은 사실이다. 나 역시 전반부를 떠나기로 결심했을 때 그동안 모은 자금을 이용할 수 있었다. 누구에게나 가능한 일은 아니다. 아니, 이 책을 읽는 독자 다수에게는 그것이 불가능한 일일 것이다. 그러나 또 한편으로는 부자들 중에 다수가 하프타임으로 진입은 하되 단지 돈을 조금 더 벌 욕심으로 하프타임에서 빠져나오지 않는다. 이들에게는 돈이 사업을 계속하는 구실이 된다. 그런가 하면 또 어떤 사람은 정기적으로 받는 급료로 은행 대출도 갚고 생계도 유지해야 하지만, 따로 시간을 내어 더 좋은 목적에 자신의 재능과 능력을 아낌없이 쓰려고 모험을 감행한다.

'부자만이 가능하다'는 주장과 더불어 널리 퍼진 또 다른 오해는 조기 퇴직자가 취미생활을 새로 시작하는 것이 바로 하프타임이라는 생각이다. 바꿔 말하면 부자가 '일을 그만두고' 삶을 즐기면서, 좋아하는 자선활동에 돈을 쓰고 이따금씩 비영리단체에서 자원봉사를 하는 호사를 부리는 것이 하프타임이라는 것이다.

정확히 말하면 하프타임은 은퇴와는 반대되는 개념이며, 퇴직자 대부분이 경험하는 지루함을 떨쳐낼 수 있는 시간이다. 실제로 전반부보다 후반부에서 오히려 일을 더 열심히 하기도 한다. 나 역시 그렇다. 회사 운영권을 다른 사람에게 넘기고 후반부 사명에 일차적 관심을 집중하기로 했을 때도 내 일정에는 눈에 띄는 변화가 없었다. 나는 여전히 날마다 사무실에 나가고, 긴 회의에 끝까지 참석하고, 사람들을 고용하고, 거래를 중개하고, 출장을 떠났다.

우리가 일을 하는 목적은 돈을 많이 벌어 나중에 일을 그만두고 여가를 즐기기 위해서라고 생각하기 쉽다. 그러나 작고한 프레드 스미스는 내게 이렇게 말했다. "일은 인간을 온전히 붙여주는 심리적 접착제입니다."

미하이 칙센트미하이가 쓴 《몰입의 즐거움》Finding Flow, 해냄출판사 역간에는 흥미로운 연구가 나온다. 저자는 사람들 몸에 신호

장치를 붙이고 여러 시간에 걸쳐 만족도를 집계했다. 이들 모두 여가를 좀 더 원했지만, 가만히 앉아서 일할 때보다 의미 있는 목적을 추구하며 일할 때 더 높은 만족도를 나타냈다. 삶의 어떤 단계를 살든 간에 사람들은 가끔씩 자신에게 여가를 선물할 필요가 있다. 그러나 '전업 여가'는 언뜻 그럴듯하게 들릴지 몰라도 정신 건강에 이롭지 못하며, 결코 진정한 여가가 되지 못한다.

여가나 자유 시간을 더 갖기 위해 하프타임으로 넘어가려 한다면 차라리 긴 휴가나 안식일을 갖는 편이 나을 것이다. 일을 하면서 정신적 압박에 시달리는 사람들이 녹초가 되어 긴 휴식을 갖는 경우는 드문 일이 아니지만, 그것을 하프타임과 혼동해서는 안 된다. 하프타임은 재물보다는 시간과 재능에 관계된 것이다. 하프타임은 "나는 무엇을 믿는가?"라는 질문으로 시작해, "믿음을 어떻게 실천할 것인가?"라는 질문으로 옮겨가는 시기다. 하나님께서 부여한 재능과 전반부에서 쌓은 경력을 모두 끄집어내어 그것을 더 좋은 일에 사용할 방법을 찾는 것이다. 전반부에서는 자신의 일을 믿음과 결합할 줄 아는 사람이 거의 없다. 하지만 후반부에서는 그것을 가능케 하는 훌륭한 기회가 누구에게나 주어진다.

하프타임을 시작하는 몇 가지 전략

그렇다면 은행에 수백만 달러를 넣어두지 않고도 어떻게 하프타임을 살아갈 수 있을까? 일정한 급료가 계속 필요하다면 어떻게 후반부의 사명을 추구해야 하나?

이 책에서 이야기한 과정을 그대로 따라가보자. 세미한 속삭임에 귀를 기울이라. 내 주요 관심사를 확실히 하고, 상자에 넣을 '한 가지'를 결정하라. 내가 가진 기술, 지식, 재능에서 무엇을 내놓을지 시간을 갖고 점검해보라. 내 열정과 다른 사람에게 필요한 일을 접목할 수 있는 기회를 탐색하라. 돈 한 푼 들지 않는 일이다. 단지 열심히 듣고, 연구하고, 탐색하라.

내가 어떤 부르심을 받았는지, 내 기술과 지식을 더 훌륭한 목적에 어떻게 투자할지 확실히 감을 잡았으면('무엇을') 그것을 실천할 방법을 찾기 시작하라('어떻게'). 이 점에서 우리는 앞 세대보다 더 큰 혜택을 받은 사람들이 분명하다. 1970년대 이전에는 중년에 이른 사람들이 지금처럼 다양한 선택권을 갖지 못했다. 은행원이라면 죽어라고 은행에서 일하다가 예순다섯에 너무 지친 상태로 은퇴를 한 후, 사는 낙이라고는 기껏해야 손주들과 놀아주는 것이 전부였다. 수명도 지금보다 훨씬 짧았던 탓에 남은 생애 동안 생산적인 일을 하는 것도 여의치 않았다. 피터 드러커가 서문에서 지적했듯이, 1929년에는 미국인의 평균수명이 50세에도 미치지 못했다. 은퇴할 때까지는 하프타임에 들어설 수 없다고 생각하는 사람도 앞으로 10년에서 20년 정도는 비교적 건강하고 활발하게 활동할 것이다. 은퇴할 때까지 기다릴 일이 아니다. 지금 당장 시작할 수 있는 몇 가지 전략을 살펴보자.

내 재정 상태를 파악하라. 하프타임에 어느 정도 지출이 따르는 것은 사실이다. 그러나 내 재정 상태가 예상했던 것보다 나을 수도 있다. 중년에 가까워지면 대개는 돈을 쓸 일이 줄어들게 마련이다. 은행 대출도 다 갚았거나 갚을 날이 얼마 남지 않았을 가능성이 높다. 자녀들도 독립해, 식료품 지출이 줄고 옷이나 신발을 살 일도 적으며 대학 등록금을 마련하지 않아도 된다. 게다가 예금이나 펀드 등에 돈을 좀 넣어두었다면, 후반부에 사업을 시작할 약간의 밑천을 가지고 있을 수도 있다. 그러다가 다시 대학, 결혼, 기타 예상치 못한 급한 일들이 생겨 여윳돈이 바닥나는 경우도 있는데, 이런 상황이 모두 하프타임 설계에 영향을 미친다. 아는 게 힘이다. 일단 재정 상태를 파악하면 거기에 맞게 후반부를 설계할 수 있다.

가능한 선에서 사명을 찾거나 시작하라. 뒤에서 다시 말하겠지만, 하프타임에는 항상 어느 정도 위험부담이 따르는 게 사실이다. 그러나 꿈을 실현하겠다고 무책임하게 덜컥 뛰어들어서는 곤란하다. 어떤 일이든 견딜 여력이 있는 일을 택하는 게 이상적이다. 행여 노력이 실패로 끝나 재산을 날리더라도 평생 그 여파에 시달리지 않기 위해서다. 25년 전 내 후반부의 일차적 기반인 리더십 네트워크를 시작할 때, 우리에게 있었던 것은 당시 "두 남자와 한 대의 타자기"라고 부른 것이 전부였다. 지금은 직원 50명에, 다른 여러 조직과 완전한 협업 체계를 갖추게 되었지만. 당시 나는 내 사명을 오랫동안 이끌어갈 충분한 돈이 있다고 확신했다. 그러나 다시 말하지만, 하프타임에서는 돈이 문제가 아니다. 하프타임은 사명의 문제이며, 일단 사명을 알고 나면 그것을 책임 있게 수행할 방법을 찾게 된다. 좋은 방법을 찾으면 돈은 따라오게 마련이다.

예를 들어, 내가 아는 어떤 의사는 보수가 상당했지만 수입을 줄이더라도 자신의 사명에 시간과 재능을 투자하기로 마음먹었다. 그는 휴가만큼은 당연히 누려야 한다고 생각해 희생하지 않았지만, 대신 일에 쏟던 시간을 줄여 개발도상국가의 외딴 마을에서 의료 봉사를 하며 사명을 실천한다. 환자를 받지 않으면 보수를 받지 못하니, 당연히 수입이 줄었다. 게다가 봉사활동에 필요한 의약품은 자비로 마련했다. 나는 이 의사의 재정 상태를 잘 모르지만, 추측컨대 그의 생활방식은 크게 바뀌지 않았을 것이다. 중상류층에 속한 사람들의 희생이라고 하면 대개는 자동차를 조금 저렴한 것으로 바꾸거나 펀드에 돈을 조금 덜 투자하는 정도다. 이 의사의 후반부 계획은 경제적으로 큰 부담이 없으면서도 대단히 의미 있는 것이었다. 그는 자기 덕에 마을 사람들 전체가 건강하다는 생각을 하면 무척 뿌듯했다.

소규모 기업을 소유한 밥 리는 은퇴할 나이가 다 되어서 후반부를 시작해, 지금은 많은 시간을 들여 해마다 미국 전역을 수천 킬로미터씩 자전거로 여행하면서 세 가지 자선기금을 모은다. 그래서 후반부 사명의 제목도 '세 가지 이유 있는 자전거 여행'이다. 리는 후반부를 살아갈 밑천으로 수백만 달러를 쌓아 놓지는 못했지만, 돈 관리를 잘한 덕에 의미를 추구하며 살아도 가족이 굶는 일은 없었다. 그는 퇴직금만으로는 먹고살 수 없다는 판단으로 여러 해 동안 저축을 해두었다. 그러다가 60대에 접어들면서 공허감을 느꼈고, 은퇴는 그에게 최선의 선택이 아니라는 걸 직감적으로 분명하게 깨달았다. 일에서 성공을 즐기던 그는 이제 의미를 찾고 싶었다.

저축과 퇴직금으로는 충분치 않으리라는 생각에, 그는 '병행경력'을 갖기로 결심하고 소규모 유리 덮개 사업을 시작했다. 그러면서 부수입이 생기고, 자유롭게 몇 주 휴가를 내어 자전거 여행을 떠날 수도 있게 되었다. 그는 여전히 일을 해야 하지만, 자전거 여행을 계속 즐길 수 있을 뿐 아니라 그가 후원하는 기금으로 여러 사람이 혜택을 입는다는 사실에 큰 만족감을 얻는다.

근무 여건을 재협상하라. 빈자리를 메울 숙련된 사원을 뽑기가 쉽지 않고, 사원을 뽑아 훈련하는 비용이 차츰 증가함에 따라 고용주들은 기존의 경력 사원을 지키려고 갖은 수단을 동원한다. 따라서 회사에 유용한 사원이라면, 고용주와 근무 여건을 협상해 남는 시간을 후반부에 투자할 더없이 좋은 기회를 얻을 수 있다. 고용주가 제안하는 선택 사항에는 보수가 줄든, 그대로든 주당 작업량 축소, 휴가 일수 확대, 회사의 시간과 자원을 이용한 비영리 활동 허용, 안식일 제공 등이 포함될 수 있다. 데니스 레이놀즈는 리더십 네트워크에서 감사를 맡은 상근 직원이지만 우리와 협상해, 전설적인 사회사업가 털리 버긴과 함께 노숙자를 돌보는 미션 알링턴에서 일한다.

나를 축소하라. 기업이 축소된 후 나타난 흥미로운 결과 하나는 일자리를 잃고 소규모 창업을 하거나 계약직으로 일하는 사람 중 상당수가 예전 회사에 있을 때보다 경제적으로 더 나아진 경우가 많다는 사실이다. 마이클 윌리엄스도 감원 전략에 희생되었지만, 계약직 사원이 된 뒤로 기존 고용주와 계속 일할 뿐만 아니라 다른 십여 가지 사업을 병행하면서, 오히려 여느 때보다 돈을 많이 벌고 있다. 그는 이렇게 말한다. "이제 내 삶은 내가 지휘하고, 평소 무척 좋아하던 일을 하고 싶을 때는 언제든지 시간을 낼 수도 있습니다."

그는 직장을 잃었을 때, 일을 아예 그만둘 수는 없었다. 집세도 내야 했고 가족도 부양해야 했기 때문이다. 하지만 계약직으로 일하면서 회사 일정이나 규약에 덜 얽매이게 되었고, 그 덕분에 꿈을 실현할 수도 있게 됐다.

일을 단순화하라. 대규모 광고회사에서 광고주와의 중개를 책임졌던 라이언 다니엘스는 마흔 살이 되면서 매우 높은 보수를 받으며 일하게 되었지만, 일주일에 70시간을 일하면서 끊임없는 정신적 압박감까지 덤으로 받아야 했다. 그러던 중 계속 그런 식으로는 살 수 없다는 내면의 목소리가 들려왔다. 하지만 아직 일을 놓을 수는 없었다. 그는 훨씬 작은 회사로 직장을 옮겼다. 그곳 일은 그의 말대로라면 '거저먹기'였고, 그러면서도 유능한 사원이 될 수 있었다. 게다가 일주일에 20~30시간의 여유를 얻을 수 있어서 이 시간을 활용해, 마케팅 경험이 적은 비영리 사역자에게 조언을 해준다. 여러분도 자문해보라. "정신적 압박에 시달리고 그토록 오랜 시간을 일하면서까지 큰돈을 벌어야 하는가?" 만약 그렇지 않다면 라이언의 전철을 밟거나, 비영리 단체에 들어가 종일 근무를 하면서 그것을 후반부의 직업으로 삼을 수도 있을 것이다.

위험한 길, 그러나 가치 있는 길

나는 주급이 필요한 사람이 하프타임으로 들어가도 아무 문제가 없다고 말할 생각은 없다. 직업을 바꿔 의미 있는 일을 한다는 것이 나보다는 여러분에게 더 두려운 일이라는 걸 잘 안다. 그러나 가치 있는 일 중에 위험이 따르지 않는 것은 없다.

살아 있는 모든 사람의 내면에는 유명한 스위스의 심리학자 칼 융이 '인생 과제'라고 말한 것이 암호화되어 있다. 그리스 사람들은 그것을 '운명'이라 불렀다. 성경은 하나님께서 우리가 할 일련의 일들을 '미리 예비해두셨다'고 말한다. 이 특별한 부르심을 끝내 실현하지 않는다면, 이 소명은 우리의 남은 인생 주변을 그림자처럼 따라다니며 우리를 꾸짖을 것이다.

그것은 영웅의 여정이다. 그것은 단지 빌 게이츠나 워런 버핏을 위해서만 준비된 여정이 아니다. 웬디 코프를 보라. 프린스턴 대학 4학년 때, 추측컨대 얼마 안 되는 자금을 가지고 '티치 포 아메리카'Teach for America라는 단체를 조직해, 우수한 대학 졸업생들이 졸업 후 2년 동안 도심 빈민 지역 학교에서 학생들을 가르치는 운동을 펼쳤다. 이제까지 1만 7,000명이 넘는 학생들이 그녀의 뜻에 동참했고, 지금도 수많은 학생이 이 일에 참여하고자 대기 중이다.

사람은 떡으로만 살 수 없다는 말을 흔히 듣곤 한다. 재정 상태와 상관없이 중년에 가까워지면서 현재 하는 일이 성에 차지 않기 시작한다. 그 불만족에 주의를 기울이라. 그것은 애초에 설계된 내 본연의 모습으로 돌아가려는 영혼의 갈망이다. 그러나 이런저런 핑계로 그 갈망을 억누르기도 하는데, 고요하고 낮은 영혼의 음성을 외면하는 가장 큰 구실은 대개 돈이다. 하프타임의 꿈을 추구하다 보면 재정적 손실이 따르리라고 생각하지만, 의미를 찾으라는 부르심에 순응한다면 그 손실을 만회하고도 남는 부를 얻을 것이다.

고민하고 토론할 문제

1 가족의 예산을 다시 살펴보면서 당신에게 진정으로 필요한 것이 무엇인지 생각해본다. 그런 다음 예산을 조정해 후반부 사명에 개인 자금을 투자하는 방안을 고민해보라.

2 당신의 직업과 재정 상태에서 하프타임 진입을 방해할 수 있는 요소를 모두 찾아 적어보자. 그리고 그 목록을 살펴보면서 장벽을 극복하거나 최소화할 창조적 방법을 찾아보자. 혼자 하려 들지 말라. 고민을 들어줄 신뢰할 만한 친구가 있다면 그 친구에게 당신의 혼란스러움을 숨김없이 털어놓으라.

3 저자는 훗날 하프타임이 안겨줄 보상은 하프타임에 따르는 위험을 만회하고도 남는다고 말한다. 당신은 현재의 직업에서 어떤 보상을 받고 있는가? 당신의 능력과 지식에 대한 대가로 어떤 보상을 받고 싶은가?

Chapter 22

잠재 에너지를 활성 에너지로

후반부에 들어오면서 달라지는 핵심적 변화 하나는 믿음이 삶에서 분리되지 않고 삶에 통합된다는 점이다. 우리는 후반부를 살면서, 남에게 이로운 일을 하면 내게도 이롭다는 이타적 이기주의가 진리임을 깨닫는다. _**본문 중에서**

나는 내 묘비명인 '100×'로 이 책을 시작했다. 하늘에 계신 아버지가 내게 뿌리신 씨앗을 몇 곱절 늘린 사람으로 기억되고 싶은 내 소망을 표현한 말이다.

나는 '50대50'이라는 또 하나의 수학 공식으로 책을 마무리하고자 한다. 후반부로 진입하는 모든 이들을 향한 내 소망을 표현하는 말이다.

몇 년 전, 유대인 법률가 샌디 크레스와 그리스도인 사업가 돈 윌리엄스가 머리를 맞대고 댈러스 공립학교 체계를 개선할 방법을 연구했다. 이들은 학교의 시험 성적, 채용 방식, 기타 전문적인 문제들을 점검했고, 어느 정도 개선 효과를 거두었다. 그러나 전체 그림에서 도덕과 가치라는 조각이 빠져 있었다. 샌디와 돈은 이 까다로운 문제를 해결하기 위해 직업과 문화적 배경이 다른 다양한 사람들을 모집했는데, 나도 그중 한 사람이었다. 마침내 우리는 여섯 가지 활동에 힘을 집중하기로 했고, 그중 하나가 '50대50 교회'였다.

50대50 교회의 기본 구상은 댈러스에 있는 여러 교회가 교회 자원의 50퍼센트는 교회를 위해, 나머지 50퍼센트는 지역사회와 세계에 봉사하는 일에 쓴다는 것이다. 언뜻 듣기에 간단한 구상 같지만, 개인과 교회 차원에서 볼 때 급진적인 제안이었다. 일반적으로 교회는 교회가 가진 시간, 재능, 힘, 돈의 10분의 1을 교회를 벗어나 다른 사역에 써도 최선을 다했다고 생각하기 때문이다. 만약 모든 교회가 50대50이란 공식을 받아들인다면 우리 지역사회에 어떤 변화가 일어날지 한번 상상해보라! 그리고 내가 가진 시간과 자원의 절반을 나와 가족을 위해 쓰고 나머지 절반을 타인을 위해 쓴다면 내게 어떤 일이 일어날지 한번 상상해보라.

후반부에 들어오면서 달라지는 핵심적 변화 하나는 믿음이 삶에서 분리되지 않고 삶에 통합된다는 점이다. 우리는 후반부를 살면서, 남에게 이로운 일을 하면 내게도 이롭다는 이타적 이기주의가 진리임을 깨닫는다. 우리 삶은 복음에 따라 살 때 조화를 이룬다. 또한 우리는 매력적이고 희열에 찬 증인이 되어, 그리스도 안에서의 삶은 빼기가 아니라 더하기이며 비우는 것이 아니라 채우는 것임을 증명한다. 그리고 성공보다 의미가 중요해지는 탓에 나와 타인의 경계를 가르기가 힘들어진다. 우리는 삶의 여러 구획을 관리하려고 애쓰기보다 총체적 자아로 거듭나고 그것을 통해 큰 기쁨을 누린다.

다음 목록에 나온 상반된 가치와 태도를 살펴보고 자문해보라. "인생 후반부에서 나는 과연 어느 쪽에 속하고 싶은가?"

분리된 삶	통합된 삶
개인적이고 사적인 믿음	삶의 일부인 사역
독단주의	역설
무엇을 믿을 것인가.	믿음을 어떻게 실천할 것인가.
믿음은 포기하는 것이다.	믿음은 더해지고, 풍부해지고, 전체가 되는 것이다.
우리와 그들은…	우리는…
우리를 갈라놓는 삶	우리를 하나로 묶는 삶
여전히 우리와 그들은…	여전히 우리는…
개인경기	단체경기
독립	상호의존
법	은총
의무감	개인의 선택
외적 접근	내적 접근
겉모습이 기준이 된다.	"대저 그 마음의 생각이 어떠하면 그 위인도 그러한즉"
권위적인 지도력	섬기는 지도자

주일에만 믿음	일주일 내내 믿음
교리가 이끄는 삶	목적이 이끄는 삶

50대50 교회의 성공 여부는 개개인이 이 새로운 가치를 받아들여 지역사회에 봉사하면서, 환영 받지 못하는 관념을 타인에게 강요하기보다 복음이 전하는 내용을 실천하며 사는 것에 달렸다. 복음의 증인이 되려면 우선 본보기를 보여야 하며, 복음을 선전하는 것은 그다음이다. 50대50 교회가 담당할 역할은 믿음을 가진 사람들을 일요일 아침에 한두 시간 동안 비현실적인 공간에 몰아넣어 고립시키기보다는 온갖 반박과 긴장과 역설이 혼재하는 지역사회에 되돌려놓는 것이다.

교회가 세상과 소통하는 데 좀 더 공을 들여야 한다는 말을 처음 한 사람은 물론 내가 아니다. 믿음을 가진 사람이라면 누구나 이 문제를 고민하면서, 복음으로 사회를 바꿀 수 있기를 간절히 바랄 것이다. 그렇다면 그것이 왜 실현되지 않을까?

나는 그 해답이 개인의 책임에 있다고 생각한다. 개인의 책임을 분명하게 표명하지 않는 교회는 사회 전반에서 결코 신뢰를 얻을 수 없다. 사람들은 믿음을 단지 듣기만 할 뿐 아니라 두 눈으로 직접 보아야 한다. 우리 믿음이 사적이고 개인화되어, 일주일에 하루만 건물 안에서 예배를 드리는 것으로 끝난다면, 우리 그리스도인들은 빛과 소금이 될 영광스러운 기회를 잃어버리는 꼴이다. 나아가 믿음이 계속 내면으로만 향한다면 우리는 일차원적이고, 무미건조하고, 전반적으로 자기중심적인 사람이 된다. 우리에게는 직장에서의 삶, 가족과의 삶, 지역사회에서의 삶, 교회에서의 삶이 있다. 이런 삶이 제각각 분리된다면 각 영역은 본연의 힘을 발휘할 수 없게 된다.

그런데 이것이 인생 후반부와 어떤 관련이 있을까?

전반부에서 크게 개탄스러운 점 하나는 이기심을 부추기는 분위기다. 이 세상에 가족보다 일을 앞세우고 싶은 사람은 없다. 그러나 현실에서는 그런 일이 일어난다. 성공은 관성의 힘이 너무 커서 저항하기가 쉽지 않다. 인생에서 처음 30년은 삶을 의미 있게 만드는 중요한 문제나 가치를 생각해볼 겨를도 없이 빠르게 지나가기 마련이다. 불가피한 일인지는 모르겠으나 분명한 사실은 그런 경우가 흔하고 또 그런 상황이 절정에 이를 때면 자기 회의에 빠져 질문을 던진다는 것이다. '이렇게밖에 살 수 없나? 남은 인생도 이렇게 살 것인가?'

결국 인생 전반부는 막을 내리고, 시계는 서서히 멈춘다. 이 과정이 예상치 못한 채 갑작스럽게 일어난다면, 다시 말해 작정하고 하프타임으로 들어가 전반부보다 나은 후반부를 설계한 경우가 아니라면, 은퇴까지 힘들이지 않고 살아온 사람일 것이다. 이런 경우에는 후반부가 전반부보다 더 느리게 흘러갈 뿐 아니라, 성공은 차츰 줄어들고 의미도 찾기 힘들다. 그러나 나머지 경기에서 어떻게 뛸지 책임감을 가지고 스스로 결정한 사람이라면 주께서 마련해놓은 풍요로운 삶을 경험하기 시작한다.

미국 기독교계의 풍경을 훑어보노라면, 빠져나갈 날만 기다리며 고여 있는 거대한 힘을 발견한다. 그곳에는 우리 사회를 바꾸고도 남을 재능, 창조성, 열정, 부, 힘이 녹아 있다. 내가 보기에, 사회 각 분야마다 진실한 그리스도인들이 있어 지역사회를 진심으로 걱정하지만, 이들은 자신에게 사회를 바꿀 의미 있는 일을 할 만한 힘이 없다고 생각한다.

미국 기독교의 잠재 에너지를 활성 에너지로 탈바꿈시켜야 한다는 내 사명은 불가능해 보일지 모르지만, 나는 후반전에서 뛰는 진정한 선수로서 그 사명을 더 이상 불가능이라 생각하지 않는다. 나는 진실로 믿는다. 교회 안에서 겨울잠을 자고 있는 엄청난 힘을 깨우는 데 내가 일조할 수 있으리라고. 그러나 혼자 힘으로는 불가능하다는 것 또한 잘 안다.

하프타임 시기를 보내던 나는 문득 내가 방화범이라는 생각이 들었다. 사람들 사이에 불을 질러놓고 뒤로 물러나 타오르는 불길을 구경하며 좋아하는 방화범. 그러나 아주 정확한 비유는 아니다. 그저 뒤로 물러나 구경만 하고 싶지는 않으니까. 하지만 사람들 사이에 불을 지피는 일은 즐겁다. 여러분에게도 내가 어떤 불씨를 타오르게 했다면 더 바랄 게 없겠다. 그리스도인이라면 누구나 마음속에 불씨를 간직하고 있다고 나는 믿는다.

바라건대, 여러분도 불씨의 열기를 느끼고, 경이로운 부담감을 느껴보라.

바라건대, 여러분이 후반부를 생각할 때면, 마음 깊은 곳에 불어오는 산들바람을 느끼며 앞으로 어떤 종류의 불이 되어 타오를지 생각해보라.

바라건대, 불씨가 타오르기 시작하면, 흥분에 들떠 다시 젊어진 기분으로 새로운 꿈을 꾸어보라.

바라건대, 불길이 번져가면, 이번에는 그 불을 끌 수 없다는 것을, 그리고 그것이 단지 선의에서 나온 한 차례의 불길이 아니라 헌신을 약속해야 하는 허리케인임을 깨달으라.

이것이 바로 내가 미국의 교회를, 주일학교 교실을, 성경공부반을 들여다볼 때 발견하는 힘이다. 그리고 나는 이런 힘이 여러분 안에도 들어 있다고 확신한다.

결론적으로 말하면, 개개인이 자기 책임을 다한다면 교회는 변화한다. 나는 여러분이 의미를 찾을 수 있도록 효과적이고 실행 가능한 프로그램에 대해 설명해줄 수도 있지만, 여러분이 원하는 삶의 방식은 결국 여러분 스스로 찾아야 한다. 남은 인생을 생애 최고의 시간으로 만들지 말지 결정하는 일은 여러분 손에 달렸다. 나는 다만 여러분이 용기를 갖고, 하나님께서 여러분에게 심어놓은 꿈을 펼치며 살아가기를 기도할 뿐이다.

그럼, 경기 끝나고 만납시다.

고민하고 토론할 문제

1. "남은 인생을 생애 최고의 시간으로 만들지 말지 결정하는 일은 여러분 손에 달렸다"라는 말을 진정으로 믿는가? 지금 후반전 경기 작전을 짜려는데 그것을 아예 하지 못하게 하거나 머뭇거리게 하는 요소 세 가지를 적어보라. 그 각각의 방해 요소마다 그것을 극복하기 위해 앞으로 30일 동안 당신이 할 수 있는 일을 한 가지씩 적어보라.

2. 당신이 직장, 가족, 교회, 지역사회를 위해 하는 일들은 서로 어떻게 통합되는가? 더욱 바람직하게 통합될 방법은 무엇이겠는가?

3. 당신이 사는 지역의 누군가가 당신의 신앙을 긍정적으로 바라본다는 느낌이 들었던 사례를 한 가지 이상 적어보자. 그때 당신의 느낌은 어떠했는가?

4. 본문에는 기독교계의 풍경을 바라보는 저자의 시각이 나온다. 그 부분을 다시 읽어보라. 저자가 말하는 기독교 사회의 힘을 당신 삶에서는 어떻게 포착할 수 있겠는가? 당신이 그 힘을 방출한다면 어떤 절차가 필요하겠는가?

5. 저자는 "개개인이 자기 책임을 다한다면 교회는 변화한다"라고 말한다. 당신이 사는 지역에 있는 교회를 생각해보라. 그 교회를 바꾸기 위해 당신은 어떤 역할과 어느 정도의 책임을 맡고 있는가?

Epilogue

당신의 달란트는 어디에 있습니까?

20세기는 역사상 처음으로, 빠르게 증가하는 수많은 사람들이 자신의 시간과 재능을 어떻게 투자할지를 두고 진정한 선택을 하기 시작했다. … 사람들은 대개 전혀 준비가 안 된 상태다. _**피터 드러커, 《자기 경영》**(*Managing Oneself*)

독자 여러분께.

《하프타임》을 읽어주셔서 고맙습니다. 이 책의 내용을 진지하게 받아들인 분이라면 이제 곧 인생에서 가장 흥미롭고 가장 큰 보상이 따르는 여정에 오를 것입니다. 쉽지 않은 여정이지만 만족스러운 결과를 얻을 것입니다. 믿음을 가지십시오.

하프타임은 늘 진행 중인 여정이며, 제 인생은 그 사실을 보여주는 사례라 할 수 있습니다. 1999년 7월, 저는 회사를 팔았습니다. 따라서 지금 정식으로 하프타임에 있으며, 하프타임이 제 본업이라는 뜻입니다. 개인적으로 저는 지금도 항해술을 익히는 중이며, 하프타임 때 쓴맛과 단맛을 체험한 다른 분들의 이야기를 들으면서 지금도 계속 공부하고 있습니다. 우리는 서로에게서 배워야 하며 서로를 도와야 합니다. 그래서 저는 여러분이나 여러분과 비슷한 다른 사람들이 하프타임 여정에 올라 어떤 기회를 만났을 때 그 기회에 응답하도록 도와주는 여러 조직과 도구를 개발하기 시작했습니다.

성공한 삶에서 의미 있는 삶으로 옮겨가는 여정을 시작한 분들은 개인적으로 여정의 끝을 염두에 두십시오. 제가 바라보는 제 여정의 끝은 때가 되면 천사들이 있는 곳으로 가서 아들 로스와 제 친구들, 가족과 재회하는 것입니다. 저는 그날이 두렵지 않습니다. 아니, 행복하겠지요. 저를 행복한 사람이라고 생각해주십시오. 저를 책임 있는 사람으로, 책임 있는 사람이 되고 싶은 사람으로 여겨주십시오. 제 생각에, 최종 단계로 들어가기 직전에 마지막 시험이 있을 듯싶습니다. 딱 두 가지 질문이 기다리는 시험입니다.

첫 번째 질문은 "너는 예수님을 위해 무엇을 했는가?"입니다. 예수님을 받아들였는가, 아니면 너무 바빴다거나 예수님을 만나지 못했다는 핑계를 대며 그분을 모른 척했는가를 묻는 질문입니다.

두 번째 질문은 "하나님께서 주신 재능으로 무엇을 했는가?"입니다. 여러분의 친구도 아니고, 직장 동료도 아니고, 가족도 아닌 바로 여러분에게 주신 재능으로 무엇을 했는가를 묻는 질문입니다.

그 질문이 제가 여러분에게 드리는 지혜의 말입니다. 살면서 그 순간을 미리 생각해보십시오. 그리고 지금부터 마지막 시험을 제대로 준비하십시오. "잘하였다. 너는 과연 착하고 충성스러운 종이다"라는 말씀을 듣도록 말입니다.

부록

자주 묻는 질문

피터 드러커의 특별한 조언

저자 인터뷰

주

참고 도서

자주 묻는 질문

하프타임에 관해 묻는 편지나 전자우편은 거의 날마다 도착한다. 그중 가장 자주 받는 질문들을 아래에 정리해보았다.

Q. 선생님께서 말씀하시는 후반부를 살아가려면 하던 일을 그만두어야 하나요?

그럴 필요는 없습니다. 다만 일하는 방식을 재협상해야 할 수는 있습니다. 예를 들어, 인생 전반부에서 함께 일했던 상사와 여전히 함께 일하면서 후반부를 성공적으로 살아가는 많은 사람들이 있습니다. 그들은 이미 상사와 협상을 거쳐 주어진 시간의 절반이나 4분의 3을 다른 일에도 몰두하며 살기로 합의를 보았지요. 상사에게 지금 하는 일이 무척 마음에 들고 여전히 수입도 필요하지만, 더 의미 있는 다른 일에 자신을 투자하고 싶다고 말해보는 것은 어떨까요? 다행히, 요즘에는 고용주들이 직원에게 휴가를 주면서 지역사회에 봉사하도록 장려하는 경우가 점점 늘어나는 추세입니다.

Q. 후반부를 성공적으로 살려면 돈이 많아야 하나요?

절대 그렇지 않습니다. 제가 아는 사람 중에 큰돈은 없지만 성공한 삶에서 의미 있는 삶으로 옮겨간 사람이 많습니다. 성경의 달란트 비유(마 25:14-30 참고)를 생각해봅시다. 능력에 따라 과제를 받은 종 세 사람의 이야기 말입니다. 두 달란트를 받아 갑절로 불린 종은 다섯 달란트를 갑절로 불린 종만큼이나 칭찬을 받았습니다. 여러분도 이 땅의 삶을 마감할 때, 여러분이 '무엇을 가졌느냐'가 아니라 '가진 것으로 무엇을 했느냐'에 따라 심판을 받을 것입니다. 후반부의 삶을 위해 하던 일을 그만둘 수 있는 사람은 비교적 소수에 불과합니다. 교사, 법률가, 중간 관리자, 전문 영업사원의 상당수는 하던 일을 조정하여 후반부에 자신을 투자함으로써 대단한 재력가 못지않게 타인의 삶에 활기와 도움을 줄 수 있습니다.

Q. 50대 후반입니다. 하프타임으로 들어가기에 너무 늦지 않을까요?

무작정 달리는 삶에서 타인에게 봉사하는 삶으로 옮겨가기에 너무 늦은 시기란 없습니다. 제가 아는 사람 중에는 60대에 삶을 바꾸기로 결심한 사람들도 있습니다. 이들은 의미 있는 후반부를 앞으로 20년은 더 즐길 수 있다는 사실을 새삼 깨닫고 있지요. 많은 사람이 후반부를 놓치는 까닭은 '언젠가'라며 실행을 미루는 탓입니다. 그 언젠가는 지금 당장이거나 아니면 영영 안 오거나 둘 중 하나입니다. 수명은 길어지고 은퇴 연령은 낮아지다 보니, 새로 하프타임에 들어서는 사람들 중에 다수가 이미 은퇴한 사람입니다.

Q. 하프타임은 남자에게만 해당하나요?

아주 중요한 질문입니다. 저는 이 책의 초판을 쓴 이후로 줄곧 이 문제를 많이 생각해왔습니다. 사실 제가 아는 사람 중에 하프타임에 들어선 사람들 대부분이 남자였습니다. 우리 세대에서는 대부분의 여성들이 아이들과 함께 집에서 생활하고 있기 때문인 것 같습니다. 그러나 의미 있는 삶에 갈증을 느끼는 것은 여자도 남자와 다를 바 없습니다. 제가 하프타임에 관해 쓴 내용은 대학을 갓 졸업하고 직장생활을 하는 여성들에게도 그대로 적용됩니다. 15년에서 20년가량 가정에서 가족을 돌본 여성 역시 자신이 하는 일이 진정으로 의미 있는 일이라고 믿으면서도 한편으로는 전문적인 세계에 발을 들여놓고 싶다는 마음이 생길 수도 있습니다. 하프타임은 성별의 문제라기보다는 '생활환경'의 문제입니다.

Q. 요즘 들어 부쩍 은퇴가 기다려집니다. 그토록 오랜 세월 열심히 일했는데 그렇게 쉽게 은퇴를 생각하다니, 무엇이 문제일까요?

문제는 없습니다. 25년에서 30년 정도 일했다면 이제는 어느 정도 휴식이 필요합니다. 하지만 제가 장담하건대, 2년 정도 쉬고 나면 다시 그 생활이 지루해질 것입니다. 그렇다고 해서 대형 할인점에서 웃으며 손님을 맞이하는 사람이 되기보다는 이제까지 쌓아온 기술을 총동원해 다른 사람에게 도움이 될 방법을 찾아보는 것이 어떻겠습니까? 그리고 휴식 시간을 하프타임으로 활용해 당신만의 '한 가지'를 찾고, 그것을 중심으로 사명을 완수할 방법을 탐색해봅시다.

Q. 하프타임은 언제나 위기 뒤에 찾아오나요?

살면서 큰일이 생겼을 때 우리는 비로소 그 일에 집중하고 진정으로 중요한 문제를 고민하기 시작하는 경우가 많습니다. 그렇다고 꼭 위기가 있어야 하프타임이 오는 것은 아닙니다. 제 경우를 보면, 아들을 잃지 않았더라도 저는 하프타임으로 들어

갔을 것입니다. 아들의 죽음은 이미 시작된 과정에 가속페달을 밟는 계기였습니다. 사람들은 대개 50대가 될 때까지 이혼, 사랑하는 사람의 죽음, 실직, 또는 심장마비 같은 건강상의 위기를 경험하는 등 적어도 한 번쯤은 암초에 부딪히게 마련입니다. 그러나 그런 일이 일어나지 않더라도 40년 정도 살다 보면 삶을 좀 더 깊이 성찰하게 되는 것은 당연한 일입니다.

Q. 후반부라는 모험을 시작했다가 일이 잘 풀리지 않거나 그 일이 내게 안 맞을 경우에는 어떻게 해야 하나요? 방향을 바꿀 수 있을까요?

물론입니다. 잘 풀리지 않는 '잘못된 출발'을 한두 번쯤 경험할 수도 있습니다. 후반부의 장점이라면 내가 삶의 진정한 주인이 된다는 것입니다. 하지만 계획이나 일은 바뀔지언정 사명은 늘 똑같아야 한다는 점을 명심하십시오. 하프타임에서 충분한 시간을 갖고 "내가 왜 여기 존재하는가?"라는 물음에 답을 해야 하는 이유가 바로 그것입니다.

Q. 선생님은 다른 사람을 돕는 일에 대단히 열정적이신 것 같습니다. 저는 후반부를 생각할 때면 나 자신을 위한 일이 하고 싶다는 생각이 들거든요. 제가 이기적인가요?

꼭 그렇지는 않습니다. 자신을 위해 어떤 일을 하는 것과 남을 위해 어떤 일을 하는 것은 반대되는 일이 아닙니다. 이타적 이기주의는 남을 돕다 보면 자신을 더 많이 돕게 된다는 뜻입니다. 그 반대도 마찬가지입니다. 오로지 나 자신을 위한 일에만 초점을 맞추다 보면 나중에는 갑갑해지고 참담한 기분마저 느끼게 됩니다. "내가 하고 싶은 일이 무엇인가?" 그리고 "무엇이 나를 진정으로 행복하게 하는가?"라는 물음으로 시작합시다. 그런 다음 그 일을 하면서 남을 도울 수 있는 방법을 찾아봅시다. 예를 들어 운동을 좋아하는 사람이라면 무료 급식소에서 음식을 나르며 의미를 찾을 때보다 도심 빈민 지역에서 소년 야구팀을 가르치며 의미를 찾을 때 더 큰 만족감을 얻을 수 있습니다. 하나님은 인간에게 목적을 부여하셨고, 그 목적대로 살도록 인간을 설계하셨습니다.

Q. 저는 이미 다른 사람을 위해 일하느라 바쁩니다. 교회와 학교에서 운영위원으로 봉사하고, 주일학교 교사도 하고, 동네에 있는 무료 급식소에서 자원봉사도 합니다. 이런 활동을 그만둔다는 건 상상할 수도 없어요. 사람들이 실망할 테니까요.

첫째로, 당신은 사람들이 실망할 거라는 생각 때문에 삶이 힘들어지는 게 싫습니다. 하지만 제가 배운 소박한 진실 하나는, '내가 없으면 큰일 난다'는 생각이 옳지 않다는 것입니다. 당신

이 운영위원을 그만두면 다른 사람이 그 자리를 메울 테고, 그 사람이 나만큼 또는 나보다 더 일을 잘할 수도 있습니다. 둘째로, 당신만의 관심사에 시간을 더 투자한다면 결국에는 더 좋은 일을 할 수도 있습니다.

Q. 하프타임은 그리스도인이나 기타 종교를 가진 사람에게만 해당되나요?

그렇지 않습니다. 누구든지 자신의 기술과 지식을 활용해 남을 도우면서 의미를 찾을 수 있습니다. 제 개인적 사명이 대형 교회의 잠재 에너지를 끄집어내는 일이기는 하지만, 저는 자원이 부족한 나라에서 기업가의 발전을 돕는 일에도 후반부를 기꺼이 투자했습니다. Chapter 5에서 제기한 "상자에 무엇이 들었는가?"에 해당하는 문제입니다. 일단 삶의 구심점을 찾아내면, 그것을 후반부의 사명으로 삼을 방법을 모색할 수 있습니다.

빠르게 변하는 케이블 텔레비전 업계의 젊은 최고경영자였던 나는 더 넓은 시각을 가져야 한다는 생각이 들었다. 그때가 1984년이었고, 나는 이미 피터 드러커가 쓴 책의 열렬한 팬이었던 터라 그에게 조언을 요청할 기회만 노리고 있었다. 이때부터 시작된 놀라운 관계는 피터가 세상을 떠난 2005년까지 지속되었다. 독자들도 이미 눈치챘겠지만, 내 삶에 끼친 그의 영향은 내 글 구석구석에 그대로 나타난다. 그리고 내 이야기를 들어본 사람이라면 이 대가를 언급하지 않고는 내 이야기가 오래 못 간다는 사실도 잘 알 것이다. 피터 드러커는 '지식의 아버지'로서, 내 자선 활동 중에 그에게서 영향을 받지 않은 것이 없다. 1997년에 〈애틀랜틱 먼슬리〉*Atlantic Monthly*의 편집자 잭 비티가 자신이 집필 중인《피터 드러커가 본 세상》*The World According to Peter Drucker*의 작업을 위해 나와 두 시간 동안 대담을 나눈 적이 있다. 그때의 대담은 피터와 나와의 관계를 단적으로 말해주는 한 문장으로 요약될 수 있다. "그는 머리고, 나는 다리다."

피터는 아흔다섯의 나이로 세상을 떠나는 순간까지, 그의 이름을 딴 경영대학원이 있는 캘리포니아 클레어몬트 대학원에서 30년 넘게 강의를 했다. 그 밖에 뉴욕대학에서 20년간 강의를 하는 등 경영학 교수로서의 경력도 화려하지만, 여기에 더해 서른 권이 넘는 책을 출간하고 〈월스트리트 저널〉, 〈하버드 비즈니스 리뷰〉, 〈포브스〉 같은 여러 잡지에 글을 기고하면서 무려 4백만 개가 넘는 단어를 써냈다.

피터는 강의든 글쓰기든 전문 상담이든, 저널리스트처럼 심층적으로 접근했다. 그는 큰 그림을 파악하는 놀라운 능력을 지녔으며, 자신이 하는 이야기가 왜 중요한지 설명할 수 있었다. 그는 취재 기자처럼 현실적이었지만, 철학자의 이상과 조용하고 신실한 그리스도인의 마음을 갖고 있었다.

내가 피터에게 배운 모든 것을 한정된 지면에 요약하기란 불가능하지만, 특히 하프타임 여정과 관련해 몇 가지만 간추려 보기로 한다.

첫째는 사명이다

오늘날 비즈니스 세계에서 '사명 선언'이라는 말이 유행하게 된 것은 피터의 영향이 크다. 그러나 피터에게 사명 선언은 단지 액자에 넣어 회의실 벽에 걸어두는 야심 찬 의욕에 그치지 않는다. 그것은 회사가 하는 모든 일의 추진력이 된다. 그는 최고경영자든 목사든 관리자든 개인이든 하프타임을 고민하는 사람들과 이야기할 때면 언제나 똑같은 조언을 해준다.

"'내가 무엇을 해야 하는가?'라고 묻지 말고 '지금 필요한 일이 무엇인가?'라고 물어보십시오."

피터는 "뭔가 의미 있는 일을 하고 싶다"라는 식의 좋은 의도는 단지 시작에 불과하다고 말한다. 궁극적인 목적은 결과이며, 분명하게 선언한 사명을 완수하는 것이다. 다시 말해, 고객을 위한 가치 창출을 실천하고 완수하는 행위다. 피터가 내게 반복해서 하던 말이 있다.

"모든 결과는 외부에 나타난다. 내부에는 단지 비용과 노력이 있을 뿐이다."

건강함과 강인함을 갖추라

어떻게 하면 내 힘과 재능과 자원을 더욱 의미 있는 후반부에 집중할 수 있을지 고민할 때면, 나는 내가 교회와 일하고 싶어 한다는 걸 직관적으로 깨닫는다. 나는 피터의 도움으로, 탁월한 사역을 펼쳐나가는 여러 대형 교회와 손잡고 하나님 나라를 위해 일할 방법을 찾을 수 있었다. 내가 교회와 일하고 싶었던 이유는, 건강한 교회는 수많은 다른 교회에 영향을 미치기 때문이다. 내 사명은 교회의 잠재 에너지를 끄집어내는 일이었고, 피터는 내게, 거대한 에너지가 방출되기만을 기다린 채 잠자고 있는 대형 교회에 초점을 맞춘다면 짧은 시간에 많은 것을 성취하리라고 말해주었다.

"성공한다면 엄청난 변화가 일어날 일만 골라 하라." 피터가 내게 했던 말이다. 마찬가지로 피터는 개인 역시 이미 갖고 있는 힘과 재능을 기반으로 후반부 경력을 쌓아가야 한다고 믿었다. 자신을 개조해야만 하프타임에서 성공하는 것은 아니다. 그보다는 '최고의 자아'를 새롭고 의미 있는 일에 배치할 방법을 찾는 것이 중요하다.

문제가 아니라 기회에 집중하라

피터는 대부분의 조직이 최고의 자원을 문제 해결에 투입하는 경향을 지적하면서, 최고의 사람과 사고와 자원은 문제 해결이 아닌 기회를 찾고 이용하는 데 투입되어야 한다고 했다. 그는 한때 내게 이렇게 말했다. "삶은 그리 길지 않아. 자네가 하려는 일에 흔쾌히 동의하는 사람과 평생 일해보라고."

그는 내게, 마음이 없는 사람을 설득하거나 그런 사람에게 '반대하느라' 값진 시간을 허비하지 말라고 했다. 내가 할 일은 '경영'이라 부르는 일련의 개념을 흔쾌히 받아들이는 의욕적인 지도자들을 찾아내어 서로 연결해줌으로써, 힘이 넘치는 교회를 건설하고 확산하는 일이었다. 피터는 개인이 자신을 새롭게 하는 가장 효과적인 방법은 뜻밖의 성공을 기대하며 그것을 기반으로 삼는 것이라고 생각했다. 피터는 내게 어둠을 저주하지 말고 빛을 향해 달리라고 가르쳤다.

병행경력

피터는 베이비붐 세대가 중년에 접어들면서 마주하는 대이동을 흥미롭게 바라보았다. 그는 활기차고 건강한 사람들은 갈수록 은퇴에 매력을 느끼지 못할 것이라고 정확히 예측했다. 이들은 60대에 가까워지면서 앞으로 적어도 20년은 더 일할 수 있으리라고 생각했고, 그저 흔들의자에 앉아 시간을 보내고 싶어 하지는 않았다. 내가 '병행경력'이라는 개념을 이해하게 된 것은 피터 덕이다. 병행경력은 현재의 일을 계속하면서 후반부를 위한 새로운 기회를 탐색하는 것이다. 사람들 대부분은 '생업'을 그만두고 하프타임으로 들어가기가 불가능하기 때문에, 병행경력은 이에 대한 현실적 대안이 되고, 그러다가 나중에는 원래의 직업을 대체하게 된다.

산업 노동에서 지식 노동으로

피터는 우리가 '정보 시대'로 들어가기 한참 전부터 이러한 전환이 다가오고 있음을 간파했고, 이 전환을 이제까지 기록된 역사 가운데 가장 극단적인 사회 변화라고 했다. 그 전 세대는 일상의 노동이 너무 고된 탓에 활기차고 생산적인 '후반부'는 꿈도 꾸지 못했다. 25년에서 30년 동안 공장에서 일하고, 밭을 갈고, 도로를 건설하는 등의 일을 하다 보면 은퇴는 마땅히 누려야 할 뿐 아니라 꼭 필요한 것이었다. 그리고 짧은 수명도 후반부를 꿈꾸지 못하는 이유 중 하나였다.

오늘날은 많은 사람들이 책상 앞에서 일하고, 회의에 참가하고, 인터넷으로 협상을 하고, 휴대폰으로 사업을 하면서, 다들 똑같은 도구를 이용해 사업을 키운다. 바로 지식이라는 도구다. 사람들은 40대가 되면 녹초가 되거나 변화의 필요성을 감지하지만, 신체적으로는 아직 정점에 달하지 않았고 앞으로 적어도 20년은 왕성하게 일할 여력이 있다. 이러한 변화를 지켜본 피터는 하프타임이라는 개념을 낙관적으로 받아들였고, 서서히 일어나기 시작한 사회 현상 한 가지를 예고했다. 성공한 많은 사람들이 의미를 찾아 후반부로 들어가리라는 예고였다.

전략적으로 포기하기

피터는 하지 말아야 할 것을 결정하는 일은 해야 할 것을 결정하는 일만큼이나, 어쩌면 그보다 더 중요하다고 생각했다. 역시 피터의 조언에 큰 도움을 받은 릭 워렌은 이를 '부정의 힘'이라 불렀다. 인간은 주로 이기심에 떠밀리는지라 모든 것을 할 수 있다고 믿는 성향이 있다. 사람들이 나를 찾아와 뭔가 대단히 흥미로운 프로젝트가 없느냐고 물을 때면 나는 피터의 충고를 떠올린다. 고객에게 수익을 가져다주지 못하는 프로젝트를 추진하려는 경영 욕심은 버리라는 내용이다. 자신이 정말 잘하는 일은 몇 가지 안 된다는 사실을 인정하려면 겸손해져야 하지만, 일단 인정하고 나면 그 몇 가지에 자유롭게 집중함으로써 개인적 성공과 의미를 성취할 수 있다.

사회 부문의 역할

사람들은 대개 피터 드러커를 '현대 경영의 아버지'로 부른다. 맞는 말이다. 정작 그는 그 말을 썩 편안하게 받아들이지는 않았지만. 그리고 대단히 성공한 기업의 상당수가 그에게서 큰 도움을 받은 것도 사실이지만, 피터는 점점 더 사회 부문으로, 즉 사회에 필요한 것을 추구하는 비영리 단체로 관심을 돌렸다. 피터는 정부가 정책을 만들고, 기준을 정하고, 예산을 집행하는 중요한 역할을 맡되, 사회 부문까지 운영하려 해서는 절대 안 된다고 생각했다. 이 분야에서는 정부의 절대적 무능이 증명되었기 때문이다. 또 시민의 사회적 필요를 충족하는 일은 기업의 일차적 기능도 아니라고 생각했다. 이 위대한 일을 해낼 잠재적 힘을 갖고 있는 곳은 교회, 그리고 신앙에 기반을 둔 단체가 과반수를 차지하는 비영리 단체다.

그러나 피터는 곧잘 "잠재력을 실행과 혼동하지 말라"는 말과 함께, 교회를 포함한 사회 부문에 많은 시간을 투자하면서, 이 분야가 훌륭한 경영 원리를 받아들여 더욱 효과적으로 활동하도록 지원했다. 대형 교회가 현대적 경영 원리를 도입해 점점 더 '기업화'되어간다고 비판하는 사람들도 있지만, 피터는 경영의 기능은 교회를 더욱 교회답게 만드는 것이지 기업처럼 만드는 것이 아니라는 단호한 입장을 보였다. 사회에 필요한 것을 살필 거대한 힘은 교회에, 그리고 은퇴 뒤에 더 의미 있는 일을 찾고자 하는 베이비붐 세대에 있다는 게 피터의 생각이었다.

고객의 중요성

피터가 반복해서 즐겨 묻던 기본적인 질문이 세 가지 있다. "당신이 하는 일은 무엇인가?" "당신의 고객은 누구인가?" "그 고객의 가치는 무엇인가?" 피터는 교회에도 이 질문을 던져야 한다고 생각했다. 그는 조직이 고객의 이익이 아니라 구성원의 이익을 챙기기 시작하는 순간부터 자멸의 길로 접어든다고 믿었다. 내가 인생 후반부에 접어들면서 설립한 리더십 네트워크www.leadnet.org는 여러 해 동안 수차례의 전략적 변화를 겪었는데, 그 변화의 상당수가 바로 이 세 가지 질문을 다시 생각한 결과였다.

성인 되기

피터가 내게 말했다. "'나는 어떤 사람으로 기억되고 싶은가?'라는 질문을 던질 때 비로소 성인의 삶이 시작되지."

이는 하프타임의 핵심 질문이다. 그리고 성취보다는 유산을 강조하고, 의미의 정곡을 찌르는 질문이다. 유산에 관심을 집중하는 방법으로는 자신의 묘비명을 써보는 것만큼 좋은 게 없다. 내 묘비명은 이 책을 시작하는 부분에서 이미 밝힌 바 있다. 건강할 때 그리고 앞으로 몇십 년은 더 살 수 있을 때 묘비명을 써보면, 내게 가장 중요한 문제를 생각해볼 수 있는 기회가 된다.

피터는 정당이니 사상이니 편견에 얽매이지 않았다. 그의 말을 빌리면, 그는 "자기만의 성향에 포로가 된 사람"이 아니었다. 피터는 내게 끊임없는 혁신의 필요성을 일깨웠다. 늘 다른 관점에서 바라보려고 노력하라고 했다. 《피터 드러커 자서전》에도 나오듯이, 그는 "보기 위해 태어나고, 볼 운명을 타고난" 사람이다. 그리고 미래를 내다보는 그의 안목이 워낙 명확했던 덕에 내 삶은 상상 외로 풍부해졌다.

저자 인터뷰

존더반: 《하프타임》을 쓰신 지 거의 15년이 흘렀습니다. 선생께서는 그동안 후반부를 어떻게 보내셨는지요?

버포드: 제가 《하프타임》을 쓴 이유는 40~50대 사람들이 앞으로 적어도 30년은 왕성하게 일할 여력이 있다고 보는 시대에 우리가 살고 있으며, 무작정 은퇴만을 기다리는 삶은 이제 바람직한 일이 아니라는 사실 때문이었습니다. 저도 지금 후반부 삶을 30년 가까이 살고 있고, 아직 은퇴하지 않았습니다. 은퇴는커녕 더할 나위 없이 의미 있는 일들을 하고 있지요. 미국 기독교의 잠재 에너지를 끄집어내는 것이 제가 인생을 걸어야 할 사명입니다. 대형 교회 목사들에게 자원을 제공하고 용기를 북돋는 리더십 네트워크 활동도 그중 하나이고, 사람들이 외부 상황과 타협하면서 성공에서 의미

로 옮겨가는 여정에 오를 수 있도록 돕는 하프타임 인스티튜트Halftime, Inc. 역시 제 사명 중 하나입니다.

존더반: 선생께서 《하프타임》에서 지적하셨듯이, 사람들은 대개 전반부의 삶에 차츰 싫증을 냅니다. 선생께서는 후반부를 30년이나 살아오셨는데, 후반부를 사는 동안 사람들이 전반부에서 흔히 그렇듯이 흥미가 시들해지지는 않으셨는지요?

버포드: 전혀 그렇지 않습니다. 전반부와의 차이라면 제가 하는 일이 제 열정이나 사명, 의미와 밀접하다는 점입니다. 전반부에서는 성공의 일차적 측정 기준이 돈과 성장이었고, 한동안은 그것이 대단한 자극제가 됐습니다. 제게 부를 안겨준다는 점 외에도 직원들에게 일자리를 주고 고객에게 가치를 창출했기 때문이죠. 무슨 일을 하든 전반부에서 성공하려고 안간힘을 쓰는 게 잘못된 일이라는 인상을 주고 싶지는 않았어요. 다만 전반부의 어느 순간부터 스스로에게 묻기 시작했죠. "앞으로 남은 인생 동안 계속 이 일을 하고 싶을까? 내가 이런 사람으로 기억되고 싶은가?" 제가 '성공 공황'이라고 부른 것이었지요. 가족을 먹여 살리고 직장에 보탬이 되려고 열심히 일하는 사이에 훨씬 더 중요한 것을 빠뜨렸을지도 모른다는 깨달음이죠. 저는 지금 전반부에서 일했던 세월만큼이나 오랫동안 이 일을 하

고 있지만, 제게 가장 중요한 문제와 직접적으로 연관된 일을 하기 때문에 다른 어느 때보다도 바쁘고 활기차게 살고 있습니다.

존더반: 다른 사람들은 어떤가요? 하프타임이라는 문제에 여전히 관심을 보이던가요?

버포드: 관심이 여전한 정도가 아니라 빠른 속도로 관심이 증가하고 있습니다. 하프타임 운동이라고 부를 정도죠. 우리는 지금 중년에 접어든 베이비붐 세대의 맨 앞줄에 서 있을 뿐이니, 관심은 계속 늘어날 겁니다. 50대에 접어드는 수많은 사람들이 지금보다 더 잘사는 길이 있다는 걸 깨닫기 시작했어요. 인생 후반부가 전반부보다 더 나을 수도 있다는 걸 발견하면《하프타임》의 메시지가 호소력 있게 들립니다.

연령분포도 점점 넓어지더군요. 저는《하프타임》을 쓰면서 주로 40대 초반 남성들에게 초점을 맞추었는데, 지금은 갈수록 많은 여성들이 하프타임으로 들어가고 있고, 50대나 60대에 성공에서 의미로 옮겨가는 사람들도 점점 늘어나고 있어요.

존더반: 15년 동안 계속 출간되는 책을 찾기도 어렵지만,《하프타임》처럼 15년간 꾸준히 팔린 책은 더더욱 많지 않습니다. 책으로든 운동으로든 하프타임에 대한 관심이 꾸준히 증가한다는 게 놀랍지 않으신지요?

버포드: 책이 성공을 거두니 당연히 감사하고 몸 둘 바를 모를 지경이지만, 사실 놀랍지는 않습니다. 제 훌륭한 친구이자 인생 조언자였던 피터 드러커의 직감과 지식을 신뢰했으니까요. 제가 《하프타임》을 쓰던 1990년대 초에 피터는 미래를 내다보면서 앞으로 일어날 일을 아주 명확하게 이해한 거의 유일한 사람이었습니다. 그때는 저만 하프타임을 경험하는 줄 알았는데, 피터는 그것이 미래의 기본 틀이 되리라고 보았죠. 요즘에는 신문이나 잡지를 대충 펼쳐 봐도 전통적 개념의 은퇴는 단지 선택 사항일 뿐이라는 증거를 쉽게 찾을 수 있어요. 사람들은 금시계를 받으며 은퇴해서 벤치에 앉아 쉬기를 바라지 않아요. 남에게 봉사할 무언가를 하고 싶어 합니다. 《하프타임》이 인기가 좋은 이유는 바로 그 때문이죠.

존더반: 중년으로 접어드는 사람들이 엄청나게 많다는 사실은 일단 접어두고, 하프타임 운동이 활발해진 다른 이유로는 무엇이 있을까요?

버포드: 전통적인 은퇴에서 벗어나 활기차고 의미 있는 후반부로 옮겨가는 변화는 사회에서 일어나는 세 가지 현상이 합쳐진 결과입니다. 그러니까 사람들을 하프타임으로 이끄는 풍요로움, 장수, '지식 노동'이 한데 어우러져 '완벽한 폭풍'이 불어닥친 결과예요. 게다가 최근에

는 경기마저 불확실하다 보니 중년에 접어든 사람들이 대개 넉넉한 자금으로 여러 가지 선택을 합니다. 제 이야기를 해서 그런지 몰라도, 하프타임은 부자들만 누릴 수 있다고 생각하는 사람들이 더러 있더군요. 하지만 재산이 넉넉하지 않아 생업을 그만둘 수 없는 사람 중에도 후반부를 역동적으로 즐기면서 일생의 사명을 실천하는 사람이 점점 늘고 있습니다. 어찌된 일인지, 많은 사람이 그동안 얽매였던 바로 그 일 덕에 하프타임에 조금씩 다가가고 있어요. 그러니까 이런 식입니다. 회사가 감원을 하면서 사람들이 일자리를 잃고 회사와의 계약도 해지됩니다. 그런데 이 사람들이 다른 일자리를 찾지 않고 계약이 해지된 틈에 상상력을 발휘해 '병행경력'을 개발합니다. 마찬가지로 회사도 간부급 사원들에게 솔깃한 조건과 함께 조기 퇴직을 제안하는데, 이때 퇴직한 사람 중에 다른 곳에서 일자리를 알아보는 사람은 극히 적어요. 큰 부자는 아니어도 그런대로 여유가 있는 사람들이라 한 발 뒤로 물러나 내게 가장 중요한 것이 무엇인지 생각해보고 그것을 중심으로 새로운 경력을 쌓기 시작하죠.

존더반: 장수도 하프타임 운동을 이끄는 한 가지 요소라고 하셨는데, 그렇다면 사람들이 오래 살게 되면서 의미를 추구할 시간도 더 많아졌다는 말씀인가요?

버포드: 그런 뜻도 있습니다. 오늘날의 베이비붐 세대가 그들의 부모나 조부모 세대보다 오래 산다는 분명한 자료도 있으니까요. 수명은 급격하게 길어졌어요. 1900년대 초만 해도 평균수명은 남자의 경우 56세였는데, 지금은 76세거든요. 그러니까 맞습니다, 우리에게 적어도 20년이 더 생긴 거예요. 하지만 더 오래 살게 된 것만이 아닙니다. 더 잘살게도 되었어요. 예전보다 더 건강해졌고 70, 80대까지도 적극적이고 활동적인 삶을 살 수 있어요. 60세 이상의 사람들을 대상으로 한 잡지나 텔레비전 광고를 보세요. 테니스도 치고, 등산도 하고, 마라톤 대회에도 참가합니다. 60세가 정말 "새로운 30세"라면, 은퇴할 나이가 된 수백만 명을 생각해보세요. 이 사람들은 20년에서 30년 치의 활기와 힘을 탱크에 담아두고 있어요.

그러니까 하프타임으로 들어가려고 '은퇴'만을 기다리는 사람들에게는 돈 문제가 더 이상 장애가 되지 못합니다. 반드시 일을 해야만 사는 사람은 아니니까요. 이 부류에 속하는 사람들은 실제로 후반부 경력을 시작하는 새로운 노동력이 될 수 있어요. 핵심 가치와 이타적 본능에 초점을 맞춘 경력이죠.

존더반: 그렇다면 장수가 의미하는 것은 50, 60대 후반이라도 하프타임에 들어갈 수 있다는 이야기인가요?

버포드: 바로 그겁니다. 시기는 중요하지 않습니다. 잘나가던 사업을 팔아 40대에 곧장 하프타임에 뛰어든 경우가 아니라면 시기는 더더욱 중요하지 않아요. 한번 생각해 보세요. 선생이 지금 예순셋이고, 건강하고, 401K(연금의 일종—옮긴이)에 돈을 얼마나 부었든 간에 사회보장 연금도 받고, 상당한 액수의 재산도 물려받을 예정이라면, 선생은 사실 '일'을 할 필요가 없습니다. 그리고 앞으로 적어도 20년은 좋은 세월을 사실 테고요. 이때 고급 이동 주택 차량을 구입해 여행을 다니거나 이국적인 호화 유람선을 타고 여행을 떠날 수도 있겠지만 대개는 일 년 안에, '한가로운 삶'이 겉보기만큼 근사하지는 않다는 걸 깨닫게 될 겁니다. 주로 의미 있는 일을 새로 시작하는 부류의 사람들을 예상해보라고 한다면, 아마 그 부류는 60가지도 넘을 겁니다. 현재 그 단계로 진입하는 사람들의 숫자만도 엄청나니까요.

존더반: '지식 노동'의 의미는 무엇일까요? 그리고 하프타임에 대한 관심이 갈수록 높아지는 상황에서 그것은 어떤 기능을 하게 될까요?

버포드: 제조업이 최고였던 앞 세대에서는 사람들이 거의 다 손을 써서 일했습니다. 공장에서 일하거나, 도로나 고층건물을 건설하거나, 토지를 경작했죠. 그러다 보니

50대가 되면 지쳐서 은퇴에 마음이 끌립니다. 피곤한 탓에 육체적으로 덜 고된 삶을 기대하게 되니까요. 오늘날 우리는 정신적 세계에 삽니다. 사람들은 작은 칸막이 안에서 일해요. 컴퓨터 모니터 앞에 앉아 있고, 회의에 참가하고, 점심을 먹으면서 사업을 합니다. 그래서 몸을 움직이는 활동을 찾다 보니 헬스클럽에 사람이 붐비고 조깅, 자전거 타기, 테니스, 걷기 같은 운동을 하죠. 쉰여덟이 되어도 지치지가 않아요. 그러니 장수도 하프타임 운동의 한 요인이 될 수밖에요.

그러니까 후반부에서 계속 일하기 위해 전반부의 직업을 그만두는 건 전혀 겁낼 일이 아니에요. 겁나기는커녕 꽤 유혹적이죠. 게다가 지금 같은 정신적 시대에는 후반부에서 일할 기회가 훨씬 더 많이 열려 있어요. 지식 노동자는 자기 역할보다 자기 강점에 초점을 맞추면 새로운 일에도 적응을 잘하는 편이니까요.

존더반: 그건 무슨 뜻인가요?

버포드: 선생께서 인생 전반부에 마케팅 부사장을 했다고 가정합시다. 그건 선생의 역할입니다. 선생이 마케팅 부사장이라는 역할에만 초점을 맞춰 자신을 바라본다면 후반부에서 의미 있는 일을 찾을 기회가 제한적일 거예요. 사회 부문 조직 중에 마케팅 부사장을 구하는 곳은 많지 않을 테니까요. 하지만 선생은 그 역할을 하면서,

의사 결정이나 전략적 기획, 지도력, 소비자의 욕구, 소통 같은 선생의 강점을 바탕으로 거래를 했을 겁니다. 그 강점에 초점을 맞춰 자신을 바라본다면 후반부에는 무한한 기회가 펼쳐지죠. 그 강점 가운데 하나만 놓고 봐도 비영리 단체에서 대단히 값지게 쓰일 수 있거든요. 그러니까 선생이 다시 마케팅 부사장이 되지는 않겠지만, 그때의 강점을 살려서 선생에게 가장 소중한 소명을 실천하며 일할 기회는 무수히 많아요.

펩시코에서 최고경영자를 지낸 제 친구 스티븐 레이먼드가 좋은 본보기가 되겠네요.《하프타임의 고수들》*Finishing Well*, 국제제자훈련원 역간이라는 제 책에도 그 친구와의 대담을 실었어요. 이 친구는 대학에서 초청을 받아 강연을 하다가 자기가 젊고 활력이 넘치는 대학생들과 함께하는 일에 열정을 느낀다는 걸 알게 됐죠. 대학생들은 지금 당장 의미를 찾는 사람들이에요. 그래서 이 친구는 펩시코를 그만두면서 고등교육 기관으로 갔어요. 하지만 총장으로 간 건 아니었죠. 총장이라면 예전의 최고경영자 역할을 해야 했을 겁니다. 대신 자신의 강점을 살려 웨이크포레스트대학의 경영대학원 원장을 맡아 대학원을 이끌었습니다. 그가 훌륭한 대학 총장이 될 수 없었다는 이야기가 아니라, 앞으로 비즈니스 지도자가 될 학생들에게 직접적으로 영향을 주는 일에 열정을 쏟았다는 이야기예요. 총장이라면 할 수 없었던 일이죠.

역할 대 강점을 또 이렇게도 생각할 수 있어요. 지난 30년 동안 어떤 역할을 했든 강점은 늘 내 안에 있었죠. 하프타임은 바로 그런 강점들을 후반부 경력에 맞도록 재구성하는 법을 배우는 시간입니다.

존더반: "성공한 삶에서 의미 있는 삶으로"라는 말을 선생께서 만드셨다고 해도 과언이 아닌데요, 사람들은 전반적으로 의미에 관심을 둔다는 선생의 믿음은 지금도 변함이 없나요?

버포드: 그렇습니다. 그 증거로 비교적 최근에 나타난 현상 두 가지를 말씀드리죠. 첫째로, 요즘 20대 젊은이들은 자신이 만족할 수 있는 의미 있는 일을 찾으려고 중년까지 기다리지 않습니다. 아메리코AmeriCorps나 티치 포 아메리카Teach for America 같은 비영리 단체에는 늘 이력서가 넘쳐납니다. 티치 포 아메리카는 가난한 시골이나 도시에 있는 학교에서 어려운 과제를 수행할 교사들을 모집하는데, 그런 환경에서 일하기를 원하는 젊은 교사가 너무 많아서 지원자의 84퍼센트를 되돌려 보내야 하는 실정입니다. 그리고 현재 약 250개 대학이 비영리 경영 수업을 개설했고, 90곳은 대학원 수준의 수업도 진행하고 있어요. 그러니까 의미는 젊은 사

람들에게 대단히 매력적이라는 거죠.

둘째로, 전반부의 일에 의미를 부여하려는 사람이 갈수록 많아지고 있습니다. 〈타임〉은 최근 표지기사에서 세계적으로 영향력 있는 인물 100명을 꼽았는데, 그 사람들의 이력이 성공보다는 타인에게 기여한 점에 초점이 맞춰졌다는 게 인상적이었습니다. 최고경영자, 과학자, 기업가, 연예인 같은 사람이었는데 말이죠.

존더반: 선생께서는 하프타임을 선택한 사람들을 15년 동안 관찰하고 지도하셨는데, 그 과정에서 무엇을 배우셨나요?

버포드: 성공한 삶에서 의미 있는 삶으로 옮겨가는 기본 원칙은 변하지 않았습니다. 변한 게 있다면, 의미를 찾고자 하는 욕구가 제가 애초에 생각했던 것보다 더 강해지고 더 보편적이 되어간다는 점입니다. 저는 하프타임에서 마주칠 어려운 문제에 미리 대비하도록 사람들을 훈련하는데, 그게 많은 사람의 우려처럼 그리 간단하지 않다는 걸 최근 들어 더 실감하고 있습니다. 시간도 필요하고, 신중하고 비판적으로 고민도 많이 해야 하는데다가 첫발을 잘못 내딛는 경우도 많거든요.

댈러스카우보이스 소속 미식축구 선수였던 밥 브루닝은(미식축구였다가 부동산 사업가가 된 로저 스토배치와 같은 방을 썼던 친구) 선수생활을 하다가 곧바로 부동산 사업에 뛰어들어 지금까지도 그 일을 하고 있는데, 그 친구가 예전에 제게 그러더군요. 다른 일을 해보려고 고민 중인데 "무엇을 해야 할지 모르겠어요. 지난 31년 동안 무엇을 할지, 연습은 언제 할지, 누구를 어디서 만날지, 전부 시키는 대로만 했거든요". 똑똑하고 능력 있는 친구였지만 철저히 프로그램대로 움직여야 했던 거예요. 이 문제는 하프타임으로 들어가는 데 있어서 가장 큰 어려움일 겁니다. 우리는 일이 우리를 관리하게 만들지 말고 우리가 우리 자신을 관리하는 법을 터득해야 합니다. 하프타임으로 넘어가려면 내적 성찰을 해야 하고, 세미한 음성에 귀를 기울여야 하고, 답보다는 질문을 많이 해야 해요. 전반부에는 없던 낯선 영역이죠.

저는 이 일을 하면서, 사람들이 하프타임에 도착해 선택하는 것은 대개 셋 중 하나라는 걸 알게 됐습니다. 아예 떠나든지, 다시 되돌아가든지, 앞으로 나아가든지. 잡지 광고는 하나같이 떠나라고 말합니다. "이곳을 떠나면 유쾌한 후반부를 맞이하리라!" 기본적으로 '활발한 여가 생활'로 물러나는 건데, 많은 사람을 자석처럼 끌어당기는 유혹이죠. 피터 드러커는 다시 되돌아가는 이유를 "상상력 결핍" 때문이라고 보았어요. 상상력 부족으로 새로운 계절에 적응하지 못하고는 전에 하던 일로 돌아가는 겁니다. 앞으로 나아가는 것은 흥분과 두려움을 동시에 주는데, 낯선 지역을 여행하는 사람이라면 누구나 경험하는 일이고, 나중에 큰 보상이 따르는 일이죠.

존더반: 현재의 불경기 때문에 사람들이 하프타임으로 들어갈 의욕을 상실했다고 생각하지는 않으십니까?

버포드: 그렇지 않아요. 하프타임은 돈이 문제가 아니니까요. 더 긍정적으로 이야기하자면, 40, 50대에 들어서면 사명이나 의미, 열정 같은 것이 성공이나 심지어는 돈보다도 훨씬 더 중요해집니다. 이러한 경우를 잘 보여주는 이야기가 있어요. 리더십 네트워크에서 일하는 존 스나이더가 얼마 전에 제게, 기름값이 배럴당 20달러 하던 2000년에 자신이 갖고 있던 에너지회사 주식을 처분한 이야기를 해주더군요. 그 주식을 계속 갖고 있다가 기름값이 배럴당 125달러까지 치솟은 2008년에 팔았더라면 엄청난 돈을 벌었겠죠. 그 사람이 그러더군요. "제가 그 게임을 계속했더라면 억만장자가 됐을 거예요. 하지만 그때 나오길 잘했다는 생각이 들어요. 하마터면 제 생애 최고의 해를 놓쳐버릴 뻔했으니까요." 그 사람은 정신적 중압감을 받아가며 가족과는 동떨어진 그 일을 계속하기보다는 가급적이면 많은 시간을 아내와 함께 보내는 쪽을 택했어요. 아내는 어느 날

아침 돌연 세상을 떠났지만요. 존은 아들 셋과 가족 재단을 만들더니, 지금은 앞으로 25년간 교회에 무료 진료소 1만 개를 만들어 가난한 사람과 보험 혜택을 받지 못하는 사람들에게 의료 혜택을 제공하겠다는 목표를 실천하기 시작했어요. 저한테 그러더군요. "예전의 그 게임을 계속했더라면 아무것도 할 수 없었을 거예요."

존의 이야기는 극단적인 사례이지만, 저는 이런 일이 다양한 형태로 일어나고 있는 걸 직접 목격합니다. 사람들은 어느 순간, 자신의 순가치에 계속 0을 더하느니 의미를 찾는 편이 낫겠다고 생각하죠.

존더반: 선생께서는 교회 지도자들과 함께 일하면서 하프타임 사명을 수행하는 것 외에, 하프타임에서 품은 미래의 모습을 계속 유지하기 위해 어떤 일을 하시나요?

버포드: 제가 《하프타임》을 쓰자마자 사람들은 제게 궁금한 게 있다거나 자신의 경험을 공유하고 싶다는 이야기를 해 오기 시작했습니다. 그래서 《하프타임》이 단지 책 한 권으로 끝나는 게 아니라 어떤 잠재력을 갖고 있구나 생각했죠. 저는 다른 사람의 삶을 변화시키는 좋은 사람들과 이야기를 나누며 남은 삶을 보낼지도 모릅니다. 그리고 인터넷 덕에, 그 일을 제 웹사이트activeenergy.wordpress.com에서 할 수 있게 됐어요. 엄밀히 말하면

온라인 소식지 같은 건데, 저는 그곳을 탐험가들이 합류하는 지점으로 생각하고 싶어요. 새로운 삶이라는 경이로운 영역에 살면서 이따금씩 모닥불 주위에 모여 저쪽 원주민들은 어떻게 살아가는지 이야기를 나누는 겁니다. 저는 그 경이로운 영역을 "사회에 생산적으로 기여하며 나이 들기"라고 부릅니다. 인터넷이 있어서, 저는 마음속에 품은 생각을 조용히 사색하는 데 그치지 않고, 인터넷에 올라오는 반응을 보면서 훌륭한 피드백을 받습니다.

저는 '하프타임 그룹'이전에 페이스 웍스FaithWorks라고 불리는 조직도 새로 만들어서, 비즈니스와 전문직에 종사하는 유능한 지도자들을 비영리 단체 지도자들과 연결해줍니다. 뛰어난 직원들이 제 곁에서 함께 일하는 덕에 저는 성공에서 의미로 옮겨가려고 협상을 벌이는 사람들과 긴밀한 관계를 유지하며 일할 수 있어요.

마지막으로 저는 계속 글을 씁니다. 2004년에는 18개월 동안, 다양한 분야에서 후반부 경력을 쌓고 있는 남녀 126명을 만나 대담을 나눴고, 그 결과가 《하프타임의 고수들》이라는 책으로 나왔습니다. 켄 블랜차드, 로저 스토배치, 달라스 윌라드, 짐 콜린스(짐은 고맙게도 이 책의 훌륭한 서문을 써주었습니다) 같은 사람들이 모두 그 책에 등장합니다. 그리고 《하프타임》 시리즈도 계속

썼습니다. 하프타임에 들어선 사람들을 만나면서, 그들에게 용기와 자극을 주고 그들을 안내했던 제 경험을 적은 책입니다.

주

1. Connie Goldman, *The Ageless Spirit*(Minneapolis: Fairview, 2004).
2. John Donne, *Meditation X VII*.《명상록》.
3. 해당 연수회 안내 소책자에서. 현재는 발행되지 않음.
4. City Slickers, 감독 Ron Underwood, 각본 Lowell Ganz and Babaloo Mandel (Hollywood: Columbia Pictures, 1991). 〈굿바이 뉴욕 굿모닝 내 사랑〉.
5. Eric Hoffer, *Reflections on the Human Condition*(New York: HarperCollins, 1973).《인간의 조건》(이다미디어).
6. Larry Crabb, *Inside out*(Colorado Springs: NavPress, 1984).《영적 가면을 벗어라》(나침반사).
7. Dennis O'Connor and Donald M. Wolfe, "From Crisis to Growth at Midlife: Changes in Personal Paradigm," *Journal of Organizational Behavior* 12, no. 4(July 1991): 323-340.
8. Laura Nash, *Believers in Business*(Nashville: Nelson, 1994).
9. Charles Handy, *The Age of Paradox*(Watertown, Mass.: Harvard Business School Press, 1995).《역설을 넘어서 미래를 이해하기》(CM비지니스).
10. Dag Hammarskjold, *Markings*(New York: Knopf, 1964).
11. Steven R. Covey, *The Seven Habits of Highly Effective People*(New York:

Simon and Schuster, 1986).《성공하는 사람들의 7가지 습관》(김영사).
12. Andrew Carnegie, *Round the World*(Charleston, S.C.: Biblio Bazaar, 2007).
13. Richard Nelson Bolles, *What Color Is Your Parachute?*(Berkeley: Ten Speed, 2007).《나를 명품으로 만들어라》(북플래너).
14. Charles Handy, *The age of unreason*(Watertown, Mass: Harvard Business School Press, 1989).《비이성의 시대》(21세기북스).
15. Mihaly Csíkszentmihályi, *The Evolving Self*(New York: HarperCollins, 1993).《몰입의 재발견》(한국경제신문).
16. Robert Bellah and others, *Habits of the Heart*(New York: HarperCollins, 1988).《미국인의 사고와 관습》(나남).
17. Hans Selye, *The Stress of Life*(New York: McGraw-Hill, 1978).
18. Peter Senge, *The Fifth Discipline*(New York: Doubleday, 1990).《학습하는 조직》(에이지21).

참고 도서

- Blanchard, Ken. *Lead Like Jesus*. Nashville: Nelson, 2007.(*Lead Like Jesus* studying guide 포함).《예수는 어떻게 12제자를 위대한 리더로 키웠는가》(21세기북스).
- Bolles, Richard Nelson. *What Color Is Your Parachute? A Practical Manual for Job-Hunters and Career Changers*. Berkeley: Ten Speed, 2007.《나를 명품으로 만들어라》(북플래너).
- Brafman, Ori, and Rod A. Beckstrom. *Starfish and the Spider: The Unstoppable Power of Leaderless Organizations*. New York: Penguin, 2006.《불가사리와 거미: 분화하고 성장하고 진화하라》(리더스북).
- Brooks, David. *On Paradise Drive*. Farmington Hills, Mich.: Gale, 2004.《보보스는 파라다이스에 산다》(리더스북).
- Buckingham, Marcus, and Donald O. Clifton. *Now Discover Your Strengths*. New York: Simon and Schuster, 2001.《위대한 나의 발견 강점 혁명》(청림출판).
- Collins, Jim. *Good to Great for the Social Sector*. New York: HarperCollins, 2005.《좋은 조직을 넘어 위대한 조직으로》(김영사).
- Drucker, Peter. *The Effective Executive*. New York: HarperCollins, 2006.《피터 드러커의 자기경영노트》(한국경제신문).

- Drucker, Peter with Joseph A. Maciariello, *Management, Revised Edition*. Watertown, Mass.: HarperBusiness, 2008.《피터 드러커·매니지먼트》(청림).
- Edersheim, Elizabeth. *The Definitive Drucker*. New York: McGraw-Hill, 2006.《피터 드러커 마지막 통찰》(명진출판).
- Ellis, Charles, and John J. Brennan. *Winning in a Loser's Game*. New York: McGraw-Hill, 2002.《나쁜 펀드매니저와 거래하라》(중앙북스).
- Fournier, Ron, Douglas B. Sosnik, and Matthew J. Dowd. *Applebee's America*. New York: Simon and Schuster, 2007.
- Handy, Charles. *The Age of Paradox*. Watertown, Mass.: Harvard Business School Press, 1995.《역설을 넘어서 미래를 이해하기》(CM비지니스).
- _____. *The Age of Unreason*. Watertown, Mass.: Harvard Business School Press, 1990.《비이성의 시대》(21세기북스).
- Johansson, Frans. *The Medici Effect*. Watertown, Mass.: Harvard Business School Press, 2006.《메디치 효과》(세종서적).
- Kim, Chan W., and Renee Mauborgne. *Blue Ocean Strategy*. Watertown, Mass.: Harvard Business School Press, 2005.《블루 오션 전략》(교보문고).
- Maciariello, Joseph A., ed. *The Daily Drucker*. New York: HarperCollins, 2004.《피터 드러커 경영 바이블》(청림출판).
- McNeal, Reggie. *Present Future Church*. Hoboken, N.J.: John Wiley & Sons, 2003.
- Reeb, Lloyd. *From Success to Significance*. Grand Rapids, Mich.: Zondervan, 2004.
- Rilke, Rainer Maria. Ulrich Baer, ed. and trans. *The Poet's Guide to Life: The Wisdom of Rilke*. New York: Random House, 2005.
- Thumma, Scott, Travis Davis, and Rick Warren. *Beyond Megachurch Myths*. San Francisco: Jossey-Bass, 2007.
- Warren, Rick. *The Purpose-Driven Life*. Grand Rapids, Mich.: Zondervan, 2002.《목적이 이끄는 삶》(디모데).

국제제자훈련원은 건강한 교회를 꿈꾸는 목회의 동반자로서 제자 삼는 사역을 중심으로 성경적 목회 모델을 제시함으로 세계 교회를 섬기는 전문 사역 기관입니다.

하프타임 1

초판 1쇄 발행 2009년 9월 7일
개정판 1쇄 발행 2018년 6월 22일
개정판 4쇄(21쇄) 발행 2024년 1월 12일

지은이 밥 버포드
옮긴이 이창신

펴낸이 오정현
펴낸곳 국제제자훈련원
등록번호 제2013-000170호(2013년 9월 25일)
주소 서울시 서초구 효령로68길 98(서초동)
전화 02)3489-4300 **팩스** 02)3489-4329
이메일 dmipress@sarang.org

ISBN 978-89-5731-746-4 04230
978-89-5731-775-4 04230(세트)

※ 책값은 뒤표지에 있습니다. 잘못된 책은 구입하신 곳에서 교환해드립니다.